Kujawski

Wildbrethygiene – Fleischuntersuchung

Olgierd E. J. Graf Kujawski

Wildbrethygiene - Fleischuntersuchung

Versorgen · Verwerten Trophäenbehandlung

Wissenschaftliche Beratung:
Dr. med. vet. Odward Geisel

Dritte, überarbeitete und erweiterte Auflage

BLV

Die Deutsche Bibliothek – CIP-Einheitsaufnahme

Kujawski, Olgierd E. J. Graf:
Wildbrethygiene – Fleischuntersuchung:
Versorgen, Verwerten, Trophäenbehandlung /
Olgierd E. J. Graf Kujawski; Wiss. Beratung: Odward Geisel. –
3., überarb. und erw. Aufl. – München; Wien; Zürich:
BLV Verlagsgesellschaft, 1992
(BLV-Pirschbuch)
ISBN 3-405-14435-3

Text: O. Graf Kujawski
(300 Fotos und 4 Titelfotos)

Bildautoren:
O. Graf Kujawski
Archiv Heintges (20 Fotos,
davon Dr. K. Zettel/Dr. J. Brömel 19 Fotos,
Dr. v. Braunschweig 1 Foto).

Gedruckt auf chlorfrei gebleichtem Papier (Royal Focus)

BLV Verlagsgesellschaft m.b.H.
München Wien Zürich
8000 München 40

Lektorat: Gerhard Seilmeier

Gesamtherstellung: Pustet, Regensburg

Printed in Germany · ISBN 3-405-14435-3

Inhaltsverzeichnis

Bildserien sind kursiv gedruckt

7 Vorwort

9 Fleischuntersuchung gesetzlich vorgeschrieben

Bedenkliche Merkmale 10

Krankheitsbilder des Menschen, die sich durch die Infektion mit Erregern von bei Wildtieren vorkommenden Krankheiten ergeben 19

21 Der Bock ist tot – was dann?

Das Versorgen 21

Aufbrechen eines Rehbockes 23

Untersuchung des Wildkörpers, der Organe und des Gescheides 30

Wildkrankheiten 32

Besonderheiten bei Weidwundschuß und bei Verkehrsopfern 35

Versorgen bei Weidwundschuß 36

37 Versorgen von starkem Schalenwild und Wildbrethygiene im Sommer

Besonderheiten beim Versorgen 38

Versorgen eines Keilers 40

Das Bergen von Hochwild 43

Versorgen von Großwild 44

Wichtig für Präparieren 47

Abschwarten von Schwarzwild 48

49 Zwischen Bruch und Braten

Zerwirken und Zerlegen einer Rehgeiß 51

Was man wissen sollte 54

Zerwirken auf Tisch oder Schragen 55

58 Niederwild richtig versorgen

Zurichten von Wildbret 59

Ausdrücken der Harnblase genügt nicht 64

Abbalgen und Zerwirken 66

Fasan, Rebhuhn, Ente 67

Versorgen von Niederwild 68

Versorgen des Flugwildes 74

Versorgen von Flugwild 75

Wenn es zum Präparator geht 78

Gesund oder krank? 78
Nach dem Schuß auf Taube und Schnepfe 79

81 **Trophäenbehandlung**
Aufsetzen einer Rehkrone 83
Herrichten eines Hirschgeweihs 86
Zurichten einer Gamskrucke 89
Zurichten von Widderschnecken 93
Herrichten eines Keilergewaffs 95

98 **Abbalgen von Raubwild**
Auslösen von Fuchshaken 99
Abbalgen von Raubwild 100

103 **Bedenkenswerte Hintergründe und Ereignisse**

113 **Anhang (Auszüge aus Gesetzestexten)**
Bundesjagdgesetz 113
Fleischhygienegesetz 113
Fleischhygiene-Verordnung 123
Lebensmittel- und Bedarfsgegenständegesetz 147
Gesetz über die Beseitigung von Tierkörpern, Tierkörperteilen und tierischen Erzeugnissen 148
EG-Richtlinie vom 16. Juni 1992 149
Anhang I 165
Hygienevorschriften für die Zurichtung von Wild und die Zerlegung und Behandlung von Wildfleisch 165

Vorwort

In der Bundesrepublik erlegtes und für den Verzehr bestimmtes Haarwild unterliegt – bis auf genau festgelegte Ausnahmen – seit dem 1. Januar 1981 (!) der amtlichen Fleischuntersuchung. Es ist in erster Linie der Jäger, der vom Gesetz her die Verantwortung dafür trägt, daß das von ihm der eigenen Familie zugeführte wie an Wildhandel, Gastronomie und Privatpersonen abgegebene Wildbret für den menschlichen Genuß tauglich ist. Diese Verantwortung erfordert angesichts der zahlreichen auf den Menschen übertragbaren Wildkrankheiten und den für das Wild gegebenen Infektionsmöglichkeiten einen in der Wildbrethygiene bewanderten Jäger. Dieser Forderung wurde seitens des Bundesgesetzgebers bei der 1977 vollzogenen Novellierung des Bundesjagdgesetzes (§ 15, Abs. 5), der Änderung des seinerzeitigen Fleischbeschaugesetzes (1980) und heutigen Fleischhygienegesetzes (1987) sowie der Verabschiedung einer Fleischhygieneverordnung (1986) Rechnung getragen. So ist nicht nur der den ersten Jagdschein anstrebende Teilnehmer eines Jungjägerkurses verpflichtet, ausreichende Kenntnisse in der richtigen Behandlung erlegten Wildes und das Wissen um für den menschlichen Genuß bedenklich erscheinendes Wildbret zu erwerben, sondern auch der in der Jagd erfahrene Waidmann. Beiden soll dieses Buch eine Hilfe sein, den von den Verbrauchern und dem Gesetzgeber an sie gestellten Erwartungen gerecht zu werden. Insbesondere soll es helfen, im jagdlichen Betrieb auf jene »Merkmale« zu achten, die Wildbret als bedenklich zum Genuß für Menschen erscheinen lassen. Niedergelegt sind diese in Kapitel VI der Anlage 2 zur Fleischhygieneverordnung. – Mein Dank gilt allen, die bei der Erarbeitung des umfangreichen Bild- und Textmaterials mitgeholfen und beratend zur Seite gestanden haben. Vor allem gilt er all jenen in Forschung und Praxis tätigen Veterinärmedizinern, deren Erkenntnisse in der Lebensmittel- und Wildbrethygiene mit dazu beigetragen haben, daß dem Lebensmittel Wild die ihm gebührende Beachtung zuteil wird. Dank auch jenen Ausbildern von Jungjägern, die das Wissen um diese Erkenntnisse und die sich aus ihnen für den jagdlichen Betrieb ergebenden Verhaltensweisen den Jagdscheinanwärtern vermitteln. Eine wertvolle Hilfe bietet ihnen dabei das von der Heintges Lehr- und Lernsystem GmbH in Marktredwitz hierzu erarbeitete Unterrichtsmaterial, dem 20 in diesem Buch abgebildete Fotos entstammen.

Olgierd E. J. Graf Kujawski

Fleischuntersuchung gesetzlich vorgeschrieben

Mit einer Buße bis zu 5000 DM muß derjenige Jagdscheininhaber rechnen, der als Aneignungsberechtigter der Fleischuntersuchung oder der Trichinenschau unterliegendes Haarwild (Rot-, Dam-, Sika-, Muffel-, Gams-, Schwarz- und Rehwild, Hase und Wildkaninchen sowie andere Säugetiere, die üblicherweise nicht als Haustiere gehalten werden und nicht ständig im Wasser leben) oder Teile von diesen vorsätzlich oder fahrlässig in den Verkehr bringt, bevor die vorgeschriebene Fleischuntersuchung bzw. Trichinenschau durchgeführt wurde. Eine Bußgeldandrohung, die sich aus § 29 Abs. 2 und 3 des auch für erlegtes Haarwild geltenden Fleischhygienegesetzes ergibt. Noch schärfer ist die Strafandrohung nach dem auch für erlegtes und in den Handel gebrachtes Wild (Haar- und Federwild!) geltenden und vom Jäger ebenfalls zu beachtenden Lebensmittel- und Bedarfsgegenständegesetz. Von ihm wird mit einer Buße bis zu 50 000 DM bedroht, wer zum Verzehr nicht geeignete Lebensmittel gewerbsmäßig in den Verkehr bringt (§ 53 Abs. 2 Ziff. 1 b in Verbindung mit § 17 Abs. 1). Mit Freiheitsstrafe bis zu 5 Jahren hat nach dem gleichen Gesetz (§ 51 Abs. 4) derjenige zu rechnen, der entgegen dem § 8 Abs. 2 dieses Gesetzes ein Lebensmittel in den Verkehr bringt, das die Gesundheit einer großen Zahl von Menschen gefährdet ... (siehe »Bedenkenswerte Hintergründe und Ereignisse« sowie Anhang).

Für den in bundesdeutschen Revieren waidwerkenden Jäger ist es, nicht zuletzt im eigenen Interesse wichtig, zu wissen, auf was er alles achten muß, wenn er nicht gegen eines der das Lebensmittel Wild betreffenden Gesetze verstoßen will. Bereits im Bundesjagdgesetz wird ihm im § 15 Abs. 5 die Pflicht auferlegt, erlegtes wie überfahrenes sowie auf andere Weise getötetes Wild »unter besonderer Berücksichtigung der hygienisch erforderlichen Maßnahmen« richtig zu versorgen und dessen Wildbret »hinsichtlich seiner gesundheitlich unbedenklichen Beschaffenheit, insbesondere auch hinsichtlich seiner Verwendung als Lebensmittel« zu beurteilen. Neben der Kenntnis der Wildkrankheiten und ihrer Erscheinungsformen kommt es im wesentlichen auch darauf an, den Vorschriften des Fleischhygienegesetzes und der Fleischhygieneverordnung Rechnung zu tragen. Zwar haben Bundestag und Bundesrat (vertrauend auf das nach dem Bundesjagdgesetz vom Jäger geforderte Wissen) bei der seinerzeitigen Verabschiedung des Fleischhygienegesetzes und der Fleischhygieneverordnung Ausnahmen für die ansonsten obligatorische

Fleischuntersuchung in freier Wildbahn erlegten Haarwildes zugelassen, doch gelten diese nur unter bestimmten Voraussetzungen. So darf die Fleischuntersuchung unterbleiben, wenn keine Merkmale vorliegen, die das Wildbret (Fleisch) als bedenklich zum Genuß für Menschen erscheinen lassen und es in der eigenen Küche verwendet oder unmittelbar an einzelne natürliche Personen zu deren eigenen Verbrauch abgegeben wird. Unter den gleichen Voraussetzungen – keine bedenklichen Merkmale – kann die Fleischuntersuchung ebenfalls unterbleiben, wenn das erlegte Haarwild unmittelbar nach dem Erlegen in geringen Mengen an nahegelegene be- oder verarbeitende Betriebe (Gastronomie und Einzelhandel) zur Abgabe an Verbraucher zum Verzehr an Ort und Stelle oder zur Verwendung im eigenen Haushalt geliefert wird.
Die Feststellung der bedenklichen Merkmale obliegt neben dem das Stück Haarwild versorgenden Jäger in erster Linie dem Aneignungsberechtigten bzw. einer von ihm beauftragten sachkundigen Person (Jagdscheininhaber), sodann dem das Wild erwerbenden Händler oder Gastronomen. Während sich die Verpflichtung des Aneignungsberechtigten aus dem Bundesjagdgesetz, dem Fleischhygiene- und Lebensmittelgesetz sowie der Fleischhygieneverordnung ergibt, sind Handel und Gastronomie hierzu nach dem Fleischhygiene- und Lebensmittelgesetz sowie der Fleischhygieneverordnung verpflichtet. Als Aneignungsberechtigter gilt jede Person, der aufgrund jagdrechtlicher Vorschriften das Recht zur Aneignung des Wildes zusteht. Dies trifft in erster Linie auf die Inhaber privater und staatlicher Eigenjagden (sofern sie darin selbst die Jagd ausüben) sowie auf alle Revierpächter zu. Betroffen sind aber auch all jene Jagdscheininhaber, die im Einverständnis mit dem Revierinhaber Haarwild bejagen, es erlegen und dieses – was der Normalfall ist – anschließend versorgen.

Bedenkliche Merkmale

Offen war lange Zeit die Beschreibung der für die Anmeldung zur Fleischuntersuchung wesentlichen Merkmale. Eine Expertengruppe des für das Fleischhygienegesetz, die Fleischhygieneverordnung und das Lebensmittelgesetz federführenden Bundesministeriums für Gesundheit hat diese zusammengestellt. Wesentliche Teile dieser Auflistung finden sich auch in der entsprechenden, ab 1. Januar 1994 für alle Staaten der EG verbindlichen EG-Richtlinie »zur Regelung der gesundheitlichen Fragen beim Erlegen freilebender Wildtiere und beim Vermarkten von deren Fleisch«, kurz EG-Wildbrethygiene-Richtlinie genannt. Ausgewählt wurden die nachstehend aufgeführten und in

Kapitel VI der Anlage 2 zur Fleischhygieneverordnung festgeschriebenen Merkmale aufgrund von Erfahrungen, die einmal bei der allgemeinen Schlachttier-Fleischbeschau, zum anderen bei Untersuchungen von erlegtem Haarwild gewonnen wurden. Danach ist stets von einem für den menschlichen Genuß bedenklichen Zustand des Wildbrets auszugehen, wenn vor oder nach dem Erlegen eines Stückes Haarwild bei diesem folgende Feststellungen gemacht werden:

»Abnorme Verhaltensweisen und Störungen des Allgemeinbefindens«. Konkret bedeutet dies, daß das gegenüber dem Menschen überaus vertraut wirkende Schmalreh, die Ricke mit verschmutztem Spiegel, das stark abgekommene Wildkalb, der nur Haut und Knochen aufweisende Hase, der ungewöhnliche Laute äußernde Rehbock, die in ihrem Bewegungsablauf gestörte Ricke (z. B. Lahmheit, Blindheit mit Anrennen gegen Hindernisse u. a. m.) und die im Kessel beim Frischen angetroffene und kurz vor dem Verenden stehende Überläuferbache nach dem Erlegen zur Fleischuntersuchung anzumelden sind.

»Fehlen von Anzeichen äußerer Gewalteinwirkung als Todesursache (Fallwild)«. Fallwild, wie derartige Stücke im Jagdgebrauch genannt werden, sollte generell durch Ablieferung in einer Tierkörperbeseitigungsanstalt oder durch Vergraben (mindestens 50 cm tief) unschädlich beseitigt und erst gar nicht der Wildbretverwertung zugeführt werden. Hierzu zählt im Grunde auch jedes Stück Haarwild, das ohne vorher beschossen worden zu sein, kurz vor dem Verenden angetroffen und mit einem Schuß von seinen Qualen erlöst wird. In einem solchen Falle ist stets die Möglichkeit einer Tollwutinfektion zu bedenken und eine Untersuchung des ganzen Stückes zu veranlassen.

»Geschwülste oder Abszesse, wenn sie zahlreich und verteilt in den inneren Organen oder in der Muskulatur vorkommen«. *Geschwülste* sind gute oder bösartige Tumore in Form knotenförmiger Gewebewucherungen unterschiedlicher Größe, die einzeln oder in der Mehrzahl in allen Organen, auch z. B. im Knochen, vorkommen und sich über die Oberfläche der befallenen Organe vorwölben können. Sie sind unterschiedlich fest, ihre Farbe entspricht oft der des Organgewebes, gegenüber der Umgebung sind sie häufig nur unscharf abgegrenzt. *Abszesse* sind eitrige rahmartig aussehende Einschmelzungen, die von der Umgebung meist durch eine Bindegewebskapsel abgegrenzt sind. Sie können sich knotenförmig über die Organoberfläche vorwölben und haben eine weißlich-gelbe bis grünliche Farbe. Abszesse können gelegentlich auch in Geschwülsten auftreten. Somit gilt es, auf derart sichtbare Veränderungen an den inneren Organen zu achten, da sie bei zahlreichem Vorkommen stets Zeichen einer Erkrankung sind, die mit hoher Wahrscheinlichkeit das Wildbret genußuntauglich gemacht hat. Für den Jäger bedeutet das, er muß gesunde Organe von mit Krankheitsmerkmalen behafteten Organen sicher unterscheiden können. Auch im Abheilen begriffene, vereiterte Schußverletzungen stellen ebenso wie eine mit Eiterherden übersäte Lunge und ungewöhnliche Gewebewucherungen bedenkliche, die Fleischuntersuchung erforderlich machende Merkmale dar.

»Schwellungen der Gelenke oder Hoden, Hodenerweiterungen, Leber- oder Milzschwellungen, Darm- und Nabelentzündung«. Alles Anzeichen, die auf eine überwiegend durch Bakterien oder Viren verursachte Erkrankung hindeuten und erst beim Versorgen des Wildes feststellbar sind. Finden sich derartige Hinweise, z. B. beim Hasen eine durch Kokzidien verursachte Darmentzündung, wäre das betreffende Wild zur Fleischuntersuchung anzumelden.

»Fremder Inhalt in den Körperhöhlen, insbesondere Magen- und Darminhalt oder Harn, wenn Brust- oder Bauchfell verfärbt sind«. Magen- und Darminhalt in den Körperhöhlen ist im Jagdbetrieb stets bei weidwundgeschossenem Schalenwild, aber auch bei vielen mit Schrot geschossenen Hasen und Kaninchen gegeben. Zur Fleischuntersuchung ist solches Haarwild – vorausgesetzt, es lassen sich keine der übrigen Merkmale feststellen – nur dann anzumelden, wenn sich bereits Brust- oder Bauchfell verfärbt haben. Zu rechnen ist damit stets, wenn weidwundgeschossenes Schalenwild verspätet nachgesucht und verendet aufgefunden wird, oder Kanin und Hase nicht kurzfristig (!) nach dem Erlegen ausgeweidet werden. Wildhändler und Gastronomen, die am Tage nach einer Jagd unausgeweidete Kaninchen und Hasen ankaufen, deren Brust- oder Bauchfell sich wegen nicht stattgefundener sachgemäßer Versorgung durch den Jäger verfärbt hat – es dürften praktisch alle sein – sind verpflichtet, diese der amtlichen Fleischuntersuchung zuzuführen.

»Erhebliche Gasbildung im Magen- und Darmkanal mit Verfärbung der inneren Organe«. Ein für die Jagdpraxis kritisches Merkmal, demzufolge auf der Nachsuche und Stunden nach dem Schuß verendet aufgefundenes Haarwild ohne Ausnahme auch dann zur Fleischuntersuchung anzumelden ist, wenn sonst keine anderen, die Genußtauglichkeit des Wildbrets bedenklich erscheinenden Merkmale festzustellen sind. Jeder Jagdpraktiker weiß, daß der Körper von auf der Nachsuche verspätet aufgefundenem Wild durch eine zwischenzeitlich erfolgte erhebliche Gasbildung im Magen- und Darmkanal aufgebläht ist, und zumeist auch Leber, Milz und Lunge verfärbt sind.

»Erhebliche Abweichungen der Muskulatur oder der Organe in Farbe, Konsistenz oder Geruch«. Gemeint ist hier insbesondere das beim Aufbrechen bzw. Ausweiden stinkende Haarwild sowie Haarwild, dessen Wildbret oder Teile von diesem verfärbt sind, aber auch Rehbock, Gamsbock, Muffelwidder und Hirsch in der Brunft, insbesondere aber der rauschige Keiler, deren Wildbret einen mehr oder minder intensiven Geschlechtsgeruch aufweist und deswegen möglicherweise als minderwertig oder genußuntauglich beurteilt werden muß. Erhebliche Abweichungen im Geruch und Verfärbung von Wildbret bzw. dessen Wässerigkeit wird der Jäger fast immer beim Aufbrechen von auf der Nachsuche (vor allem in der warmen Jahreszeit!) verspätet aufgefundenen, verendeten Stücken Schalenwild und Hasen antreffen.

»Offene Knochenbrüche, soweit sie nicht unmittelbar mit dem Erlegen im Zusammenhang stehen«. Da der Gesetzgeber unter »erlegtem Haarwild« auch jenes Wild versteht, das durch andere äußere gewaltsame Einwirkungen (z. B. durch Zusammenstoß mit einem Verkehrsmittel, durch Anprall gegen ein Gatter oder bei der Hetze durch einen Hund) getötet wird, kommt es bei diesem Merkmal auf die Worte »unmittelbar mit dem Erlegen« an. Ein wegen einer älteren Lauf- oder Wildbretverletzung (Anmerkung: »alt« bedeutet bereits nach mehreren Stunden) getätigter Hegeabschuß eines Stückes Schalenwild erfordert bei diesem stets die Fleischuntersuchung, zumal wenn die Verletzung sich als ein offener Knochenbruch oder offene Fleischwunde darstellt. Hierzu zählen auch alle auf der Nachsuche durch Fangschuß zur Strecke gekommenen Stücke.

»Erhebliche Abmagerung oder Schwund einzelner Muskelpartien«. Diese sind fast immer gegeben, wenn ein laufkrankes Stück Schalenwild erlegt wird, die eigentliche Verletzung jedoch ausgeheilt ist. Außerdem betrifft dies alle Stücke, die ein gegenüber der Norm abweichendes erheblich geringeres Gewicht aufweisen. Die für derartige Stücke vorgeschriebene Fleischuntersuchung und meist auch nachfolgende bakteriologische Fleischuntersuchung dient vor allem der Ermittlung von im Wildbret noch vorhandenen Krankheitserregern.

»Frische Verklebungen oder Verwachsungen von Organen mit Brust- oder Bauchfell«. Derartige Veränderungen sind Folgen entzündlicher Vorgänge in Brust- und/oder Bauchhöhle, meist nach Infektionen, und können klein- oder großflächig sein. Ursächlich ist an Entzündungen durch bestimmte Bakterien, z. B. bei einer durch Pasteurellen verursachten Lungen-Brustfell-Entzündung, oder an Parasiten, z. B. bei starkem Leberegelbefall, zu denken. Infrage kommen auch örtliche Verletzungen, wenn dabei von außen Bakterien, Haare oder anderes Fremdmaterial in die Körperhöhlen gelangen, z. B. bei Schußverletzungen, die nicht tödlich sind. Je nach der Dauer des Entzündungsprozesses findet man beim Aufbrechen im akuten Stadium leicht lösbare Verklebungen zwischen den Organen. Verwachsungen hingegen sind ein Hinweis auf eine chronische oder bereits abgeheilte Entzündung; hierbei lassen sich die Organe nur mit Gewalt und meist nur mit Gewebezerstörung aus der betroffenen Körperhöhle lösen.

»Sonstige erhebliche sinnfällige Veränderungen außer Schußverletzungen, wie z. B. stückige Reifung«. Hierunter fallen alle Feststellungen, die dem erfahrenen Jäger das Gefühl vermitteln, daß mit dem Wild bzw. dem Wildbret etwas nicht in Ordnung ist. Diese Veränderungen (z. B. an Organen und Gewebe) müssen von der Norm abweichen und »erheblich sinnfällig« ins Auge fallen. Als derartige Veränderungen gelten u. a. jede äußerlich sichtbare Geschwulst, Räude oder beginnende Gamsblindheit, aber auch eine ausgedehnte Lungenentzündung oder das in der Tracht abgestorbene Jungtier. In jedem Falle einer vom Normalfall abweichenden Feststellung ist ein amtlich mit der Fleischuntersuchung beauftragter Veterinärmediziner zu Rate zu ziehen.

Festzustellen hat die vorgenannten Merkmale derjenige Jagdscheininhaber, der das Wild erlegt und es anschließend auch versorgt. Wird es von ihm, weil auf einer Treib- oder Drückjagd erlegt, nicht selbst aufgebrochen bzw. ausgeweidet, dann sollte der Revierinhaber als gesetzlich befugter Aneignungsberechtigter dafür Sorge tragen, daß das Aufbrechen bzw. Ausweiden von einer in Wildbrethygiene sachkundigen Person erfolgt. Sachkunde wird nach Gesetzeslage jedoch nur bei Jagdscheininhabern (nicht Treibern oder sonstiger Jagdbegleitung) vorausgesetzt. Ausnahme: Eine von berufswegen mit der Wildbret- und Lebensmittelhygiene vertraute und darin bewanderte Person. Dies wäre in jedem Falle ein Veterinärmediziner, nicht immer aber der das Wild erwerbende Händler oder Gastronom. Letzterem muß deshalb vom sachkundigen Revierinhaber oder der von ihm mit dem Verkauf von Haarwild betrauten Person stets mitgeteilt werden, ob bei dem zum Kauf angebotenen Stück eines jener Merkmale festgestellt wurde, die eine Anmeldung zur Fleischuntersuchung erforderlich machen. Diese Mitteilung würde den Käufer und damit über das Wild Verfügungsberechtigten verpflichten, die für diesen Fall gesetzlich vorgeschriebene Fleischuntersuchung durchführen zu lassen.

Die Mitteilung sollte deshalb nicht nur mündlich erfolgen, sondern vom Käufer dem Verkäufer schriftlich (siehe Anhang) rückbestätigt werden. Ein heikles Kapitel im Fleischhygienegesetz und der Fleischhygieneverordnung ist die bei der Festlegung der Ausnahmen von der Fleischuntersuchung benutzte Sprachregelung, wonach Haarwild stets dann der Fleischuntersuchung (auch beim Nichtvorhandensein bedenklicher Merkmale) unterliegt, wenn es nicht »unmittelbar nach dem Erlegen in geringen Mengen an nahegelegene be- oder verarbeitende Betriebe ... geliefert wird«. Zu dieser Sprachregelung gibt es bei den Experten des EG-Veterinärausschusses eine klare Meinungsbildung. Sie gehen davon aus, daß dem gesetzlichen Begriff »unmittelbar nach dem Erlegen« entsprochen ist, wenn das Wild innerhalb von 24 Stunden nach dem Schuß beim Händler oder Gastronom angeliefert wird. Vorausgesetzt wird jedoch, daß erlegtes Haarwild unmittelbar nach dem Aufbrechen und Ausweiden so aufbewahrt wurde, daß es gründlich auskühlen und in der Körperhöhle abtrocknen konnte. Gemäß Fleischhygieneverordnung muß es alsbald (!) nach dem Erlegen auf eine Innentemperatur von mindestens + 7 °C (gemessen im Zentrum der Keule) abgekühlt sein. Eine Vorschrift, die zumindest in der warmen Jahreszeit das Verbringen des Wildes in eine geeignete Kühleinrichtung erfordert. Allerdings darf Haarwild in der Decke/im Balg nicht eingefroren werden. Als »nahegelegen« wird im Normalfall eine Entfernung bis 100 Kilometer angesehen. Daß über diese Entfernung nur gut gelüftetes und ausgekühltes Wild transportiert werden sollte, versteht sich von selbst. Der Transport von Wild ohne entsprechende Kühlung ist auf max. zwei Stunden Fahrzeit (FLHV, Anlage 2, Kapitel IX) beschränkt. Gut beraten ist, wer bei sommerlicher Hitze einen in unmittelbarer Reviernähe ansässigen Wildhändler oder Gastronomen als Abnehmer seines Wildes gewinnt, um ein Verhitzen des Wildbrets auf einem zu langem Transportwege zu vermeiden. Im Winter, bei Temperaturen um null Grad, könnte dagegen auch ein mehr als 100 Kilometer vom Revier entfernter Abnehmer mit Wild beliefert werden. Entscheidend für diese Empfehlung ist neben der Verhitzungsgefahr auch die Tatsache, daß das für eine möglicherweise erforderliche Fleischbeschau benötigte Untersuchungsgut relativ frisch zur Verfügung stehen muß. Im Normalfall und bei sommerlichen Temperaturen ist es hierfür oft schon nach wenigen Stunden nicht mehr oder nur bedingt zu gebrauchen. Selbst wenn das Untersuchungsgut in eine Kühlung verbracht wird, ist es nach mehr als 30 Stunden hierfür nicht mehr verwendungsfähig. Deshalb sollte eine wegen bedenklicher Merkmale vorgesehene Anmeldung zur Fleischuntersuchung innerhalb dieser Zeitspanne erfolgen. Das hierfür vom Jäger mitzuliefernde Untersuchungs-

material umfaßt neben dem Lecker (Zunge), die Drossel (Luftröhre) mit Drosselknopf, den Schlund, die Lunge, das Herz, die Milz, die Leber mit – sofern vorhanden – Gallenblase, die Nieren samt Nierenfett. Werden jedoch an Pansen, Gescheide oder Harnblase ungewöhnliche Feststellungen getroffen, dann sind diese in jedem Falle zur Ermöglichung einer sicheren Diagnose zur Fleischuntersuchung mit vorzulegen.
Wer auch immer die Anmeldung zur Fleischuntersuchung vornimmt (Jäger, Händler oder Gastronom), zu erfolgen hat diese bei dem für das Revier bzw. den Wohnort amtlicherseits zuständigen Tierarzt. Dessen Anschrift bzw. Telefonnummer ist sowohl beim nächstgelegenen Veterinäruntersuchungsamt als auch beim nächsten Fleischkontrolleur bzw. Metzger zu erfahren. Wichtig für den Haarwild verkaufenden Revierinhaber ist in diesem Zusammenhang die Kenntnis, unter welchen Voraussetzungen der Fleischuntersuchung unterliegendes Haarwild vom mit der Untersuchung beauftragten Tierarzt für den menschlichen Verzehr nicht zugelassen wird. Schließlich muß der Revierinhaber damit rechnen, daß der Käufer eines zur Fleischuntersuchung anzumeldenden Stückes Wild dies erst bezahlt, wenn es zur Weiterverwendung als Lebensmittel freigegeben ist.
Die Untersuchung durch den amtlichen Tierarzt besteht aus der Besichtigung des Wildbrets sowie der inneren Organe und aus weiterführenden Untersuchungen, z. B. bakteriologische Untersuchung, pH-Wertmessung, Untersuchung auf Trichinen, sonstige Untersuchungen. Zum Abschluß dieser Untersuchungen werden Tierkörper und Organe hinsichtlich ihrer Genußtauglichkeit beurteilt. Es gibt vier Beurteilungsmöglichkeiten:

1. *Tauglich,* wenn keine bedenklichen Merkmale festgestellt worden sind, oder wenn eine Brauchbarmachung bedingt tauglich beurteilten Wildbrets erfolgt ist (siehe 3).
2. *Minderwertig,* wenn mäßige Abweichungen hinsichtlich Konsistenz, Farbe, Geruch, Geschmack, Zusammensetzung, Haltbarkeit und Fleischreifung vorliegen. Abweichungen in Farbe, Geruch, Geschmack und Zusammensetzung sind frühestens 24 Stunden nach dem Tode des Tieres zu beurteilen.
3. *Bedingt tauglich* wird der Tierkörper beurteilt, wenn bei bestimmten Infektionskrankheiten nur Organe verändert sind, das Wildbret, die Körper-Lymphknoten und die Knochen hingegen unverändert erscheinen, z. B. bei Tuberkulose, Salmonellose, Rotlauf, Aujeszkyscher Krankheit, Schweinepest und mäßigem Befall mit der Rehfinne (Schwachfinnigkeit). Der Tierkörper bzw. die Muskulatur sind in diesen Fällen nach Maßgabe des untersuchenden amtlichen

Tierarztes unter behördlicher Aufsicht in bestimmter Weise zu behandeln, z. B. durch Erhitzen in Freibankbetrieben oder – bei Finnenbefall – durch ein amtliches Gefrierverfahren. Nach dieser Brauchbarmachung erfolgt dann die Beurteilung »tauglich«.
4. *Untauglich* werden grundsätzlich alle veränderten Organe beurteilt, ferner Mägen und Därme von fleischfressendem Haarwild und nicht entleerte Mägen, Därme, Schlünde und Harnblasen. Der Tierkörper wird als untauglich beurteilt, wenn folgende auch beim Haarwild vorkommende Krankheiten festgestellt worden sind: Milzbrand, Rauschbrand, Starrkrampf, Botulismus, Brucellose, generalisierte (!) Tuberkulose, Trichinenbefall, Myxomatose, Tularämie und Starkfinnigkeit bei Rehfinnenbefall (mehr als 10 Finnen). Darüber hinaus erfolgt eine Beurteilung als untauglich, wenn infolge Organerkrankungen erheblich sinnfällige Veränderungen an der Muskulatur, an den Fleischlymphknoten oder am Fettgewebe vorliegen, z. B. bei Salmonellose, Rotlauf, Aujeszkyscher Krankheit, Schweinepest, Abszessen und Geschwülsten. Hierunter fällt auch starke Abmagerung aus anderer Ursache. Untauglich ist schließlich alles verunreinigte Wildbret. Herdförmige Verunreinigungen, die nicht abwaschbar sind, müssen großräumig ausgeschnitten werden. Liegen bei im Verdachtsfalle durchgeführten Rückstandsuntersuchungen die ermittelten Werte, z. B. von Blei oder Cadmium, in Organen oder in der Muskulatur über den festgesetzten Höchstmengen, so werden die Organe bzw. der Tierkörper gleichfalls untauglich beurteilt. Vom Jäger besonders zu beachten ist die Vorschrift, nach der Tierkörper und Organe untauglich sind bei natürlichem Tod oder Töten im Verenden sowie bei tot geborenen oder ungeborenen Jungtieren.

Die Untersuchung wird mit dem Anbringen von Beurteilungsstempeln an bestimmten Körperstellen abgeschlossen. Für jede Beurteilungskategorie gibt es bestimmte Kennzeichen (Stempelformen). Bedenken bestehen auch hinsichtlich des Verzehrs von Innereien, da in diesen immer häufiger über der Toleranzgrenze liegende Rückstände von Schwermetallen nachgewiesen wurden. Der Jäger jedenfalls sollte sich immer die Frage stellen, ob und wieviel er an Innereien im Verlauf eines Jahres verzehrt. Auch das ist wichtig zu wissen: An den Wildgroßhandel geliefertes Haarwild unterliegt ohne Ausnahme der Fleischuntersuchung. Der Revierinhaber muß, auch wenn keine bedenklichen Merkmale vorliegen, in diesem Falle die nach der EG-Wildbrethygiene-Richtlinie und der deutschen Fleischhygieneverordnung für eine Untersuchung erforderlichen Teile (Lecker,

Schlund, Drossel, Lunge, Herz, Leber, Milz und Nieren) mit anliefern. Der Erleger hat in diesem Falle auf das kleine Jägerrecht zu verzichten. Erscheint es zu umständlich, die inneren Organe mit dem Wildkörper zusammen dem Wildgewinnungsbetrieb (Großhandel) anzuliefern, kann die Untersuchung auch vor Ort durch den amtlichen Veterinärmediziner erfolgen. Mit seinem Testat wird das Stück dann dem Wildgewinnungsbetrieb übergeben, wo es dann nochmals einer Eingangskontrolle unterzogen wird. Die für die Fleischuntersuchung angefallene Gebühr läßt man sich vom Käufer erstatten. Haarwild, bei dem aufgrund vorliegender Verdachtsmomente noch eine bakteriologische Fleischuntersuchung durchgeführt wird, gilt bis zum Vorliegen des Ergebnisses als beschlagnahmt. Es kann zwar in der Kühlung verbleiben, darf jedoch nicht weiterverarbeitet werden.
Eine bakteriologische Untersuchung verursacht in jedem Falle zusätzliche Kosten, durch die die Gebühren für die Fleischuntersuchung so hoch werden können, daß sie im Einzelfalle (z. B. Hase, Kanin, Kitz) den Wert des Wildbrets übersteigen. Wenn also Merkmale vorliegen, aufgrund derer eine bakteriologische Untersuchung durchzuführen ist, sollte der Verfügungsberechtigte sich überlegen, ob eine derartige Untersuchung noch rentabel ist oder ob es nicht sinnvoller ist, das Wildbret von vornherein als untauglich zu beurteilen und zu behandeln. Die erwähnten Merkmale liegen laut Fleischhygieneverordnung vor bei: akuten Entzündungen; Leber- und Milzschwellung; offenen Knochenbrüchen, die nicht mit dem Erlegen im Zusammenhang stehen; fremder Inhalt in den Körperhöhlen, wenn Brust- und Bauchfell verfärbt sind; erhebliche Abmagerung; erhebliche Abweichung in Farbe, Konsistenz oder Geruch, ausgenommen artspezifischer Geschlechtsgeruch.
Wird das entsprechende Stück nach Vorliegen der Untersuchung nicht zum Verbrauch freigegeben, ist es anschließend unschädlich zu beseitigen. Im Normalfall geschieht dieses durch Übergabe an eine Tierkörperbeseitigungsanstalt. Erfolgt die Fleischuntersuchung im Revier bzw. im Haushalt des Jägers – hierzu sollte das betreffende Stück aus der Decke geschlagen, abgeschwartet bzw. abgebalgt sein – dann darf es, wenn es vom untersuchenden Tierarzt verworfen wurde, auch vergraben oder verbrannt werden. Wird das Stück vergraben, muß es mindestens von einer 50 cm dicken Erdschicht (siehe Anhang) bedeckt sein.
Schließlich ist in der Fleischhygieneverordnung auch geregelt, unter welchen Voraussetzungen ein Jäger Wild aus dem Ausland ohne besondere Formalitäten in die Bundesrepublik einführen darf. Erlaubt ist dies sowohl dem Erleger als auch dem Aneignungsberechtigten, sofern er keine eine Fleischuntersuchung bedingenden Merkmale beim Erlegen

und Versorgen festgestellt hat. Für den Nachweis der erforderlichen Sachkunde genügt der mitgeführte bundesdeutsche Jagdschein. Des weiteren muß das aus dem Ausland mitgebrachte Haarwild (ausgenommen ist alles Raubwild!) für den Verbrauch im eigenen Haushalt bzw. den von Freunden und Verwandten bestimmt sein. Als Höchstmenge dürfen unter den vorgenannten Voraussetzungen pro Erleger bzw. Aneignungsberechtigten 30 kg Wildbret ohne Decke oder ein Tierkörper in der Decke mitgebracht werden.

Wichtig: Zum Schutze des Menschen vor der rheumaartig verlaufenden, sehr schmerzhaften und gelegentlich tödlichen Infektion mit Trichinen ist bei Tieren, die Träger von Trichinen sein können, eine entsprechende Untersuchung vorgeschrieben. Zugelassen ist in Deutschland und ab 1. Januar 1994 in den meisten EG-Staaten nur die Untersuchung nach der Verdauungsmethode (Digestionsmethode). In Ausnahmefällen darf in einzelnen Ländern (Spanien) auch nach der althergebrachten Quetschmethode untersucht werden, vorausgesetzt die entnommenen Fleischproben stammen aus verschiedenen multifunktionalen Muskeln (u. a. auch aus dem Lecker/Zunge). Die Untersuchungspflicht auf Trichinen gilt für »Wildschweine, Bären, Füchse, Sumpfbiber, Dachse und andere fleischfressende Tiere«, wenn das Wildbret vom Menschen verzehrt werden soll. Die Anmeldung zur Untersuchung auf Trichinen obliegt entweder dem Aneignungsberechtigten oder – bei Weitergabe – dem be- oder verarbeitenden Betriebe oder der Privatperson als Abnehmer, soweit sie Jagdscheininhaber ist. Die Anmeldung erfolgt wie zur Fleischuntersuchung bei der jeweils für den Erlegungsort oder für den Wohnsitz des Abnehmers zuständigen Behörde bzw. dem zuständigen Fleischkontrolleur oder Veterinärmediziner. Vor Abschluß der Untersuchung auf Trichinen darf das Wildtier nicht zerlegt werden. Wird trichinenbeschaupflichtiges Wild an eine Privatperson, Gastronomie oder Einzelhandel abgegeben, ohne daß es zuvor auf Trichinen amtlicherseits untersucht wurde, dann ist der Käufer schriftlich zu verpflichten, die entsprechende Untersuchung durchführen zu lassen. Der Verkäufer hat sich die durchgeführte Untersuchung durch Vorlage einer entsprechenden Bescheinigung (Gebührenzettel) nachweisen zu lassen.

Krankheitsbilder des Menschen, die sich durch die Infektion mit Erregern von bei Wildtieren vorkommenden Krankheiten ergeben

(Es handelt sich hierbei nur um eine Auswahl von Wildkrankheiten)

Brucellose Eine durch Bakterien verursachte, fiebrige Erkrankung, die ein bis drei Wochen nach erfolgter Ansteckung zum Ausbruch kommt.

Brucellose verursacht wochen- bis monatelanges Wellenfieber mit Leber- und Milzschwellung. Ohne Behandlung oder Behandlung mit falschen Medikamenten kann sie zur Invalidität, ja sogar zum Tod führen.

Leptospirose Fiebrige Infektionskrankheit, die unter den Zeichen einer Grippe ein bis zwei Wochen nach Ansteckung ausbricht. Hirnhautentzündung sowie Leber- (Gelbsucht!) und Nierenentzündungen sind weitere Merkmale dieser Krankheit, die in schweren Fällen tödlich verlaufen kann.

Listeriose Eine wenige Wochen nach Ansteckung ausbrechende, akut fiebrige Infektionskrankheit. Eine sehr gefährliche Krankheit, da sie in uncharakteristischen Erscheinungsformen, wie Mandelentzündung, Angina, Grippe, Lungenentzündung und Gehirnhautentzündung auftritt. Bei Schwangeren führt sie zur Schädigung des ungeborenen Kindes und oft auch zur Fehlgeburt.

Salmonellose Eine Darminfektion, die zwischen 8 und 48 Stunden nach Ansteckung zum Ausbruch gelangt. Fieber, Brechdurchfall und Kreislaufkollaps sind ihre Erscheinungsformen. Eine typhusähnliche Erkrankung, die in Einzelfällen zum Tode führt.

Tuberkulose Eine nicht nur auf die Lunge beschränkt bleibende Infektionskrankheit. Man kennt u.a. Lungentuberkulose, Hauttuberkulose, Tuberkulose des Harn- und Genitialbereiches. Äußeres Erscheinungsbild sind die Bildung von Geschwüren und Abzessen, d. h. knotenförmigen Gewebewucherungen, z. T. mit Einschmelzungen und Verkäsung.

Pseudotuberkulose Eine durch Bakterien hervorgerufene tuberkuloseähnliche Krankheit.

Tularämie (auch Hasenpest genannt) Ausbruch 2 bis 5 Tage nach Infektion. Hochfieberhafte Erkrankung mit je nach Erreger-Aufnahme unterschiedlichen Formen: Ansteckung durch Kontakt beim Zerwirken erkrankter Tiere; äußere Form mit Hautgeschwüren und Lymphknotenschwellung; nach Aufnahme von nicht ausreichend durchgekochtem Wildbret innere Form mit Lungenentzündung, Darmentzündung und zentralnervösen Störungen, jeweils starke Lymphknotenschwellung. In 2 bis 5% der Fälle tödlich verlaufend.

Milzbrand Eine durch Milzbrand-Bazillen hervorgerufene und 1 bis 3 Tage nach Ansteckung ausbrechende Erkrankung. Erscheinungsformen sind Haut-Milzbrand, Lungen-Milzbrand und Darm-Milzbrand, wobei Haut-Milzbrand am häufigsten angetroffen wird. Erscheinungsform des Hautmilzbrandes ist ein schmerzloser Karbunkel mit schwärzlichem Zentrum, tiefrotem Hof. Sterblichkeit bei Hautmilzbrand – sofern unbehandelt – 10%, bei innerem Milzbrand bis 100%.

Der Bock ist tot – was dann?

Die Situation ist jedem Jäger geläufig: Man sitzt auf dem Hochsitz und erwartet das Auswechseln eines Stückes Schalenwild, z. B. eines Rehbockes. Plötzlich, fast wie hingezaubert, steht das Wild auf der Fläche. Die Hand greift zum Fernglas – der Augenblick, in dem Wildbrethygiene beginnt, ist gekommen. Bereits beim Ansprechen des Wildes vor dem Schuß muß der Jäger sein Augenmerk nicht nur der begehrten Trophäe, sondern der Gesamterscheinung widmen. Ein anormales Verhalten (übermäßige Vertrautheit, unsichere und apathische Bewegungen), ein verdächtiges Erscheinungsbild (schmutziger Spiegel, im Wildbret stark abgekommen) oder ungewohnte Lautäußerungen (Husten, Schnauben) lassen auf eine Erkrankung schließen. Parasitenbefall (Lungenwürmer, Leberegel, Magen- und Darmwürmer, Rachenbremsen, Protozoen wie Kokzidien) kann ebenso die Ursache sein, wie durch Viren (Tollwut), und Bakterien (Brucellose, Leptospirose, Listeriose, Salmonellose, Tuberkulose, Pseudotuberkulose, Tularämie u. a.) hervorgerufene Infektionen. Das Wildbret von solchen Stücken kann – je nach Art und Stärke der Erkrankung – hinsichtlich seiner Genußtauglichkeit bedenkliche Merkmale aufweisen. Auch ein äußerlich gesund erscheinendes Stück Rehwild kann bereits Träger einer Infektion und sein Wildbret dadurch für den menschlichen Genuß bedenklich erscheinen.
Ein guter Ernährungszustand, dessen sicherste Erkennungszeichen Feistablagerungen und hohes Wildbretgewicht sind, läßt vermuten, daß keine chronische Infektionskrankheit vorliegt und das Stück bei sachgemäßer Versorgung für den menschlichen Genuß geeignet ist.

Das Versorgen

Drei Situationen gibt es üblicherweise in der Praxis, in denen der Jäger ein Stück Rehwild versorgen muß:

- nach dem erfolgreichen Schuß
- nach erfolgreicher Nachsuche auf ein angeschweißtes Stück
- nach einem für das Wild tödlich verlaufenen Zusammenstoß mit einem Kraftfahrzeug.

In allen drei Fällen sollte das Stück bei gutem Licht noch an Ort und Stelle aufgebrochen werden. Sind die Lichtverhältnisse schlecht (Dämmerung) und die gut beleuchtete Wildkammer nur wenige Minuten entfernt, dann sollte das Stück unaufgebrochen dorthin gebracht und in der Wildkammer ausgeweidet werden. Wie das am zweckmäßigsten geschieht, wird nachstehend anhand der für die Wildbretgewinnung optimalen, in den skandinavischen und osteuropäischen Ländern und in Österreich bereits seit Jahren gebräuchlichen und in jüngerer Zeit auch bei uns immer mehr praktizierten *skandinavisch/osteuropäischen Aufbrechmethode* für Schalenwild dargestellt:

1. Mit dem Rücken zum Haupt vor die gespreizten Hinterläufe treten. Oberhalb des Weidlochs (zum Rücken hin) die Decke fassen und mit einem kleinen, quer zum Weidloch verlaufenden Schnitt aufschärfen. Das am Ende des Weiddarmes hängende Deckenstück fassen und durch Rundumschnitt das Weidloch freischärfen. Das Ende des Weiddarmes

1 Weidsack (Pansen), **1a** Drüsenmagen (Labmagen), **2** Kleines Gescheide (Darm mit Gekröse), **3** Leber, **4** Milz, **5** Nieren, **6** Lunge mit Drossel (Luftröhre), **7** Herz, **8** Zwerchfell. Ausgeweidete Organe dürfen nach den heutigen Erkenntnissen niemals ins Gras gelegt werden – wie hier als negatives Beispiel im Bild zu sehen ist. Die Unterlage muß hygienisch einwandfrei sein.

Aufbrechen eines Rehbockes

1

2

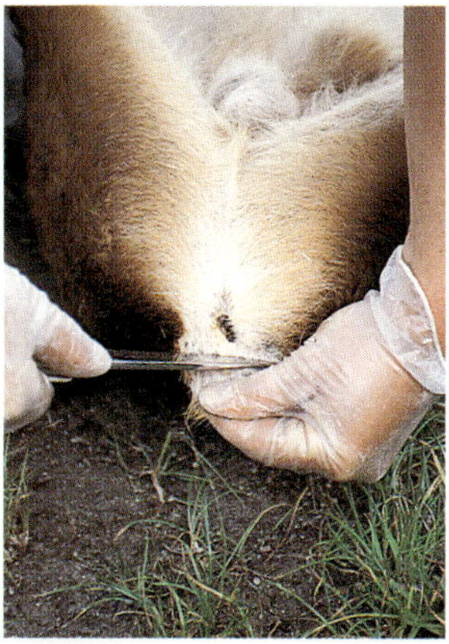

3

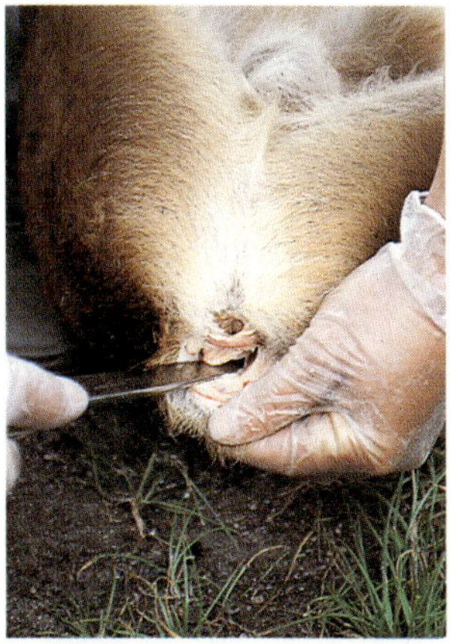

4

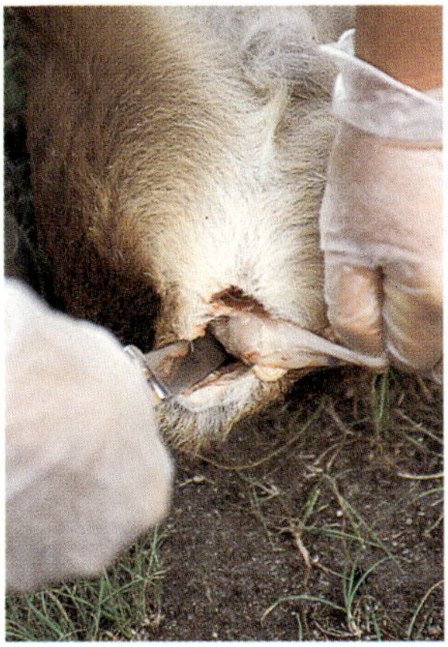

5

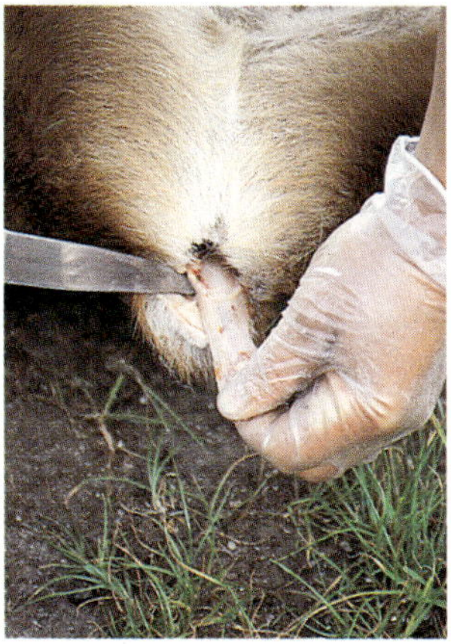

6

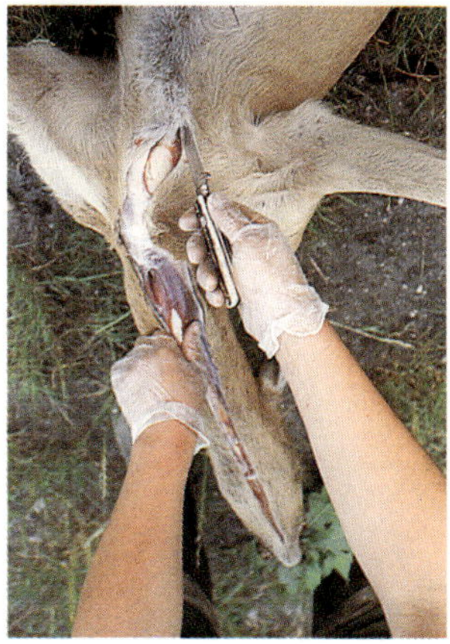

1 Ein Rehbock ist erlegt. Er soll fachgerecht versorgt werden. Hierfür bieten sich verschiedene Aufbrechmethoden an. Bei uns immer häufiger angewendet wird die skandinavisch/osteuropäische Aufbrechmethode, auch in den Alpen – besonders in Österreich – ist sie gebräuchlich.

2 Zuerst erfolgt das Umschärfen des Weidlochs. Oberhalb des Weidlochs wird mit dem Messer durch einen kleinen Querschnitt die Decke aufgeschärft. Dabei spannt die eine Hand die Decke, während die andere Hand den Messerschnitt ohne Verletzung des Wildbrets ausführt.

3 Mit der nach innen gegen den Schloßknochen zeigenden Messerspitze den Ausgang des Weiddarmes sorgfältig rundum freischärfen. Dabei darauf achten, daß die Messerschneide nicht den Darm verletzt und durch austretenden Darminhalt verschmutzt wird.

4 Das Ende des Weiddarmes mit einer Hand fassen und zur Seite ziehen. Das Messer tief in das Schloß führen. Die Häute, die den Weiddarm mit dem Knochen verbinden, rund um den Weiddarm durchschärfen. Das Ende des Weiddarmes muß danach völlig frei in der Schloßknochenhöhle liegen und sich später leicht herausziehen lassen.

5 Wurde die Schnittführung richtig durchgeführt, dann läßt sich der Weiddarm anschließend ein Stück aus dem Wildkörper ziehen. Ist beim Umschneiden des Weiddarmes die Blase angestochen worden, fließt der Blaseninhalt ohne das Wildbret zu verschmutzen nach außen.

6 Als nächster Schritt folgt das Aufschärfen des Trägers. Dies erfolgt von der Kinnspitze entlang der Unterseite des Kiefers und des Trägers bis zum Brustkorb. Der Schnitt wird entlang des Brustbeins fortgesetzt. Danach die Drossel mit dem darunterliegenden Schlund freilegen.

Aufbrechen eines Rehbockes

7

8

9

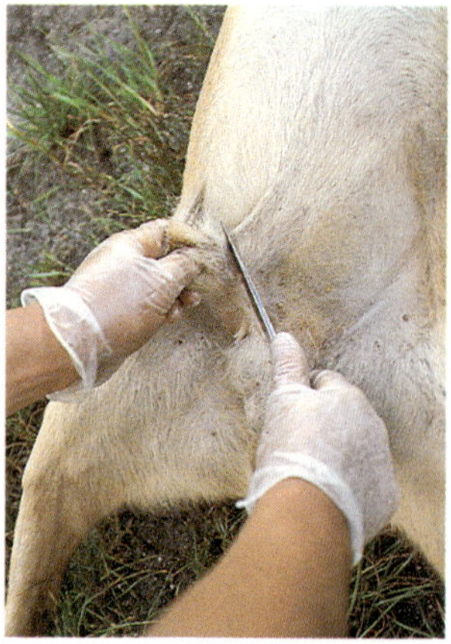

10

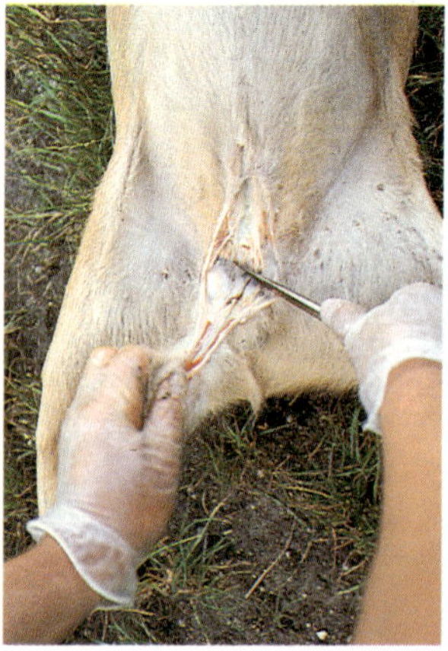

11

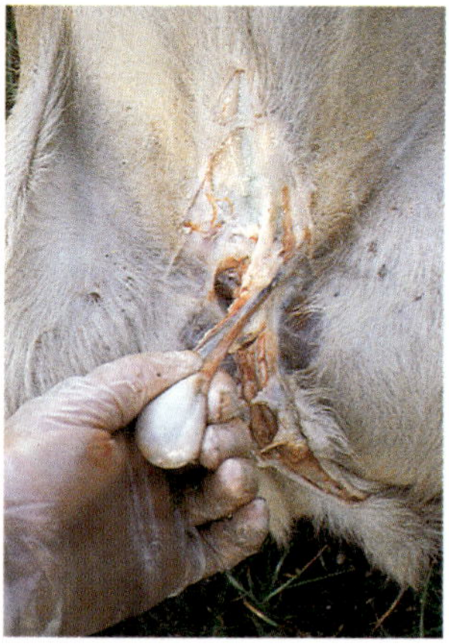

12

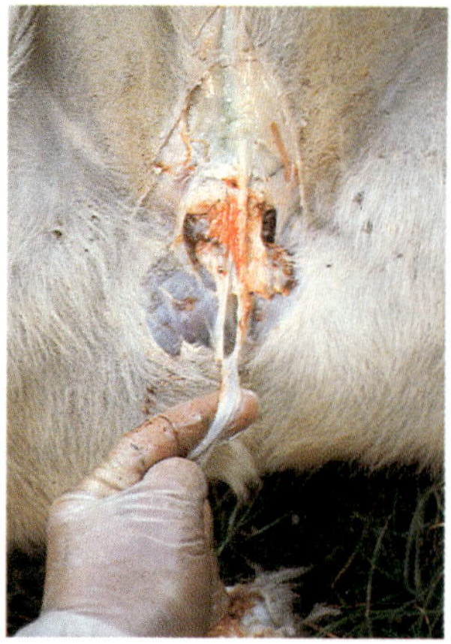

7 Es folgt das Auslösen des Leckers aus dem Unterkiefer. Dazu entlang der Kieferknochen die verbindenden Muskeln durchschärfen. Mit einer Hand den Lecker zur Seite drücken und das am Schlundeingang beidseitig sitzende Gaumenbein mit dem Messer brechen und durchschneiden.

8 Den ausgelösten Lecker aus dem Kiefer heben. Die anhängende Drossel mit Schlund unter Spannung halten und mit dem Messer von der Unterseite des Trägers bis zum Brustkorb ablösen. Dabei alle die Drossel/Schlund mit dem Träger verbindenden Muskeln rundum durchschärfen.

9 Es folgt das Ablösen von Pinsel und Kurzwildbret. Dazu zwischen die gespreizten Hinterläufe treten. Mit einer Hand den Pinsel bzw. die Brunftrute fassen und anheben. Die gespannte Decke zwischen Pinsel und Bauchdecke halbkreisförmig durchschärfen, ohne die Bauchhaut zu verletzen.

10 Den Pinsel nach rückwärts in Richtung Keulen ziehen und den Trennschnitt soweit fortsetzen, bis die Brunftkugeln (Hoden) offen vor einem liegen. Seitlich an den Brunftkugeln vorbei die Decke bis zum Schloßknochen abschärfen. Den Pinsel nach rückwärts ablegen.

11 Jede Brunftkugel aus der sie umgebenden Haut mit der Hand auslösen. Die Brunftkugeln einzeln fassen und mit der anderen Hand den in die Bauchhöhle gehenden Samenstrang mit kräftigem Zug herausziehen. Die Hoden auf bedenkliche Merkmale durch Aufschärfen untersuchen.

12 Den Pinsel bzw. die Brunftrute fassen und die sie mit dem Wildkörper verbindende Decke auf Höhe des Schloßes durchschärfen. Anschließend die Brunftrute in Richtung der Hinterläufe bis zum Schloß von der Bauchhaut abziehen. Dann die Brunftrute ablegen und später abschärfen.

Aufbrechen eines Rehbockes

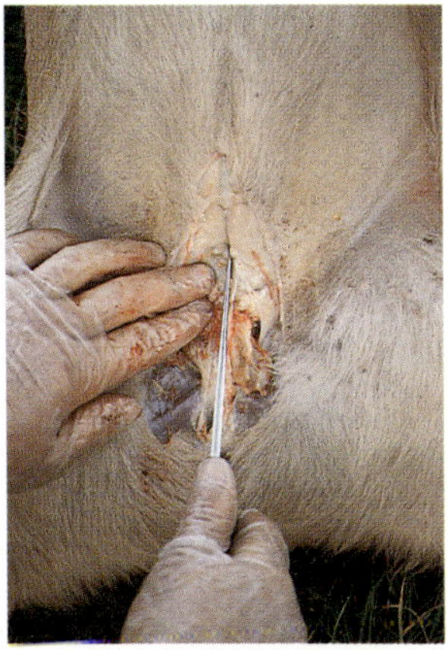

14

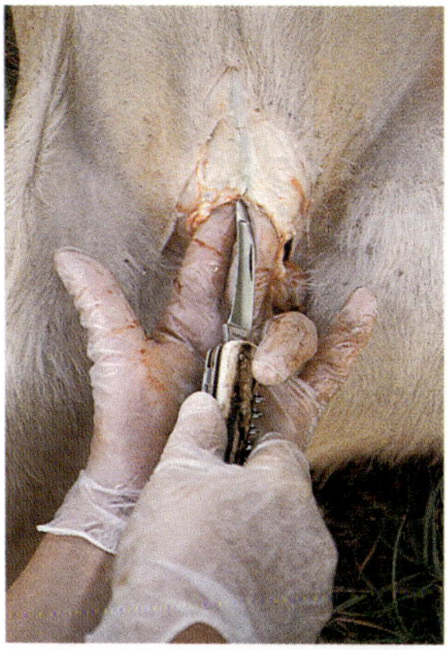

15

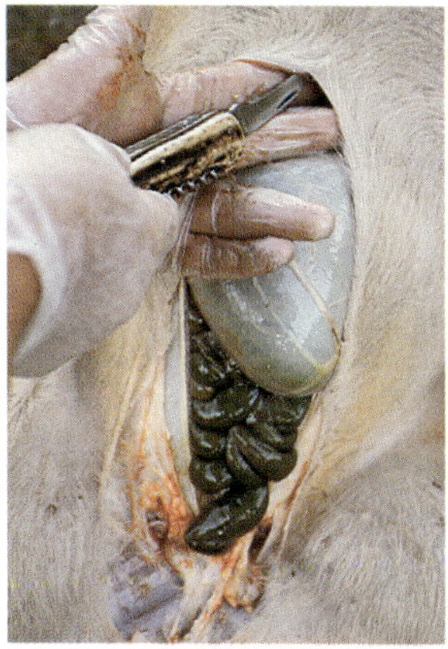

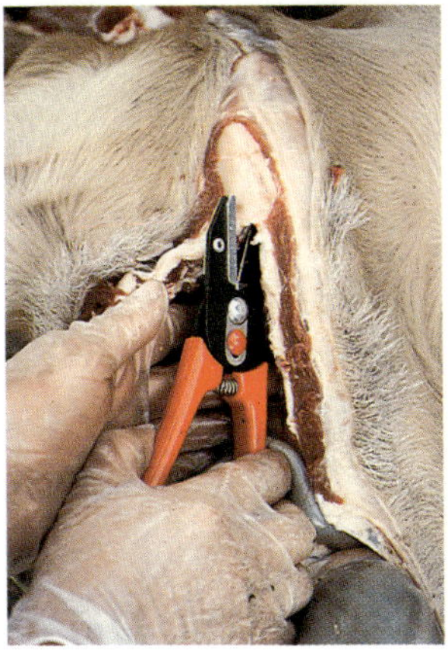

17

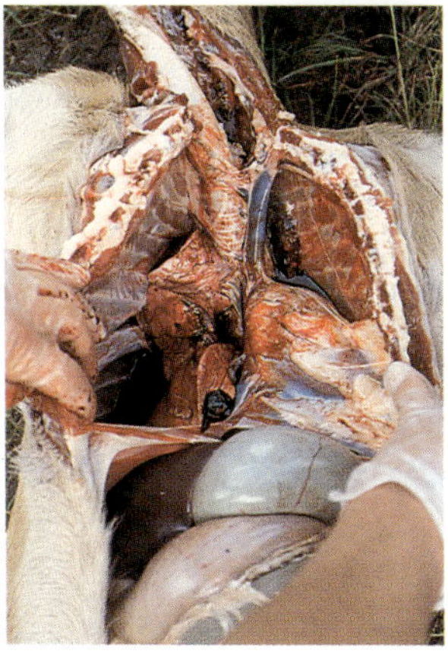

18

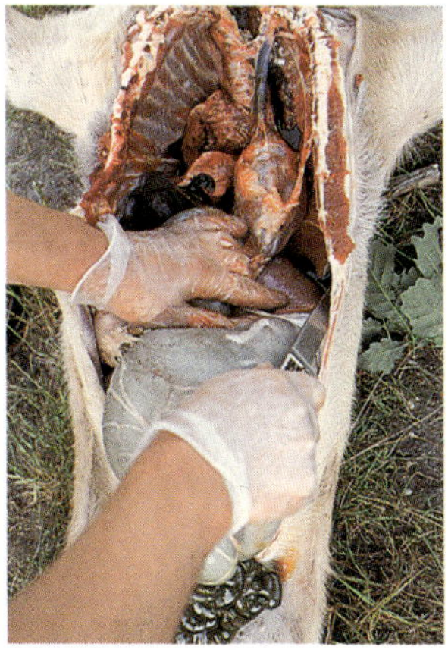

13 Es folgt die Eröffnung der Bauchhöhle. Ein Vorgang, bei dem weder das Gescheide noch der nach oben gegen die Bauchdecke drückende Pansen angeschnitten werden dürfen. Ihr Inhalt würde das Wildbret verschmutzen. Über dem Schloß mit der Messerspitze eine kleine Öffnung in die Bauchhaut ritzen. Sie sollte so groß sein, daß Zeige- und Mittelfinger hineinpassen.

14 Mit den Fingern die Haut anheben. Das Messer mit der Schneide nach oben zwischen den Fingern führen und die Bauchdecke aufschärfen. Am einfachsten geht dies mit einer Aufbrechklinge.

15 Den Eröffnungsschnitt bis zum Brustbein führen. Dabei mit den Fingerrücken das nach oben drängende Gescheide nach unten drücken. Auf eine flache Messerführung achten, damit bei normaler Messerschneide die Spitze den Pansen nicht verletzt und dieser seinen Inhalt in die Bauchhöhle entleert. Am einfachsten geht dies im Knorpelbereich.

16 Sofern noch nicht geschehen die Decke über dem Brustbein aufschärfen. Dann mit einer Aufbrechzange oder der sich am Messer befindenden Sägeklinge das Brustbein von der Bauchhöhle bis zum Träger auftrennen.

17 Der eröffnete Brustkorb. Zu sehen sind der Eingang von Drossel und Schlund, die Lunge, das Herz und das den Brustraum vom Bauchraum trennende Zwerchfell. Eine erste Kontrolle dient zur Ermittlung von Geschwulsten oder Verwachsungen im Bereich des Brustkorbs.

18 Das Auslösen der inneren Organe und des Gescheides erfolgt bei schwachem Wild, wie einem Reh, in einem Zug. Damit dies leichter vonstatten geht, das Zwerchfell an den Rippenbögen bis zur Hälfte sowie alle Drossel/Schlund am Wildkörper haltenden Häute durchschärfen; dann alles herausziehen.

Aufbrechen eines Rehbockes

19

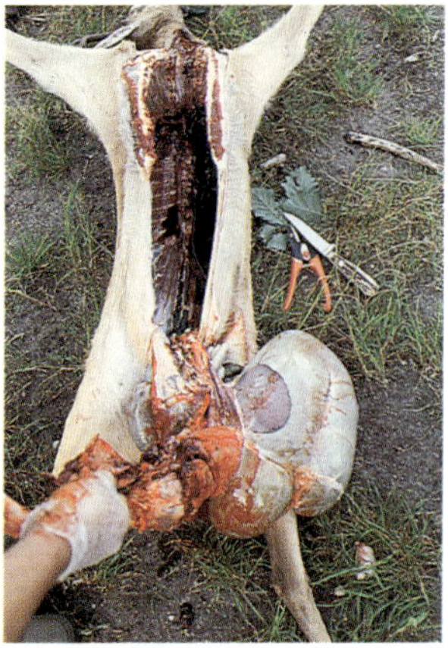

20

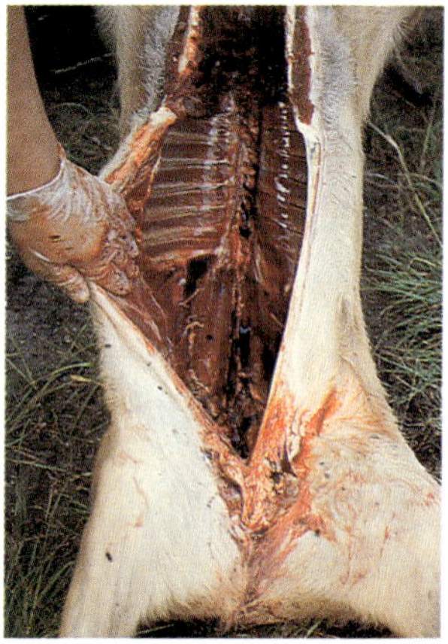

21

22

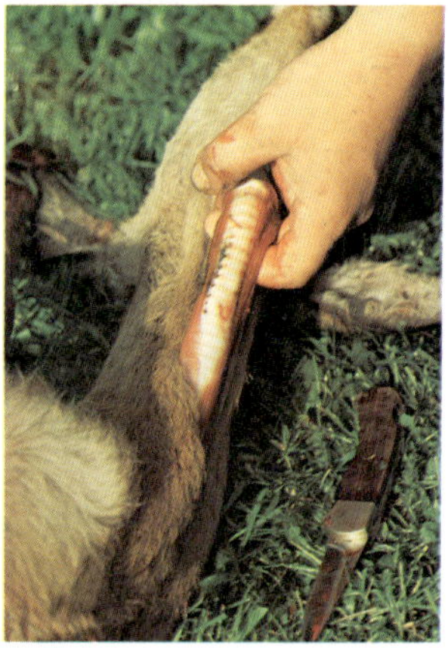

23

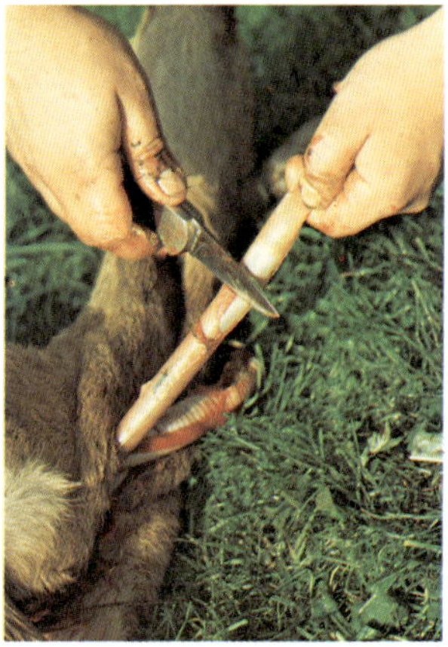

24

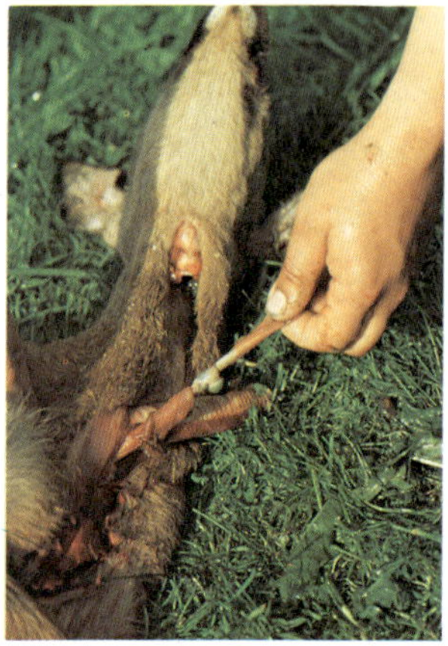

19 Es folgt das Ausweiden des Wildes. Dazu den Lecker mit der Drossel mit beiden Händen ergreifen und mit kräftigem Zug nach oben aus dem Brustkorb und weiter aus dem Wildkörper ziehen. Automatisch mit herausgezogen werden die an der Drossel hängenden Lungenflügel und das Herz, sodann das Zwerchfell mit der Leber und dem gesamten Gescheide.

20 Nach dem Ablegen des gesamten Aufbruchs neben dem Wildkörper (möglichst auf einer sauberen Unterlage) den noch im Wildkörper verbliebenen Weiddarm mit der Blase aus dem Schloß nach innen in die Bauchhöhle ziehen und zum Aufbruch neben das Stück legen. Der Blick in den Wildkörper zeigt ein sauber ausgeweidetes Wild.

21 Die oberhalb des Schloßes liegenden Brandadern durchschärfen, das Stück ausschweißen lassen und an luftigem Ort zum Auskühlen aufhängen.

22 Bei Anwendung der konventionellen Aufbrechmethode den Träger vom Kinnwinkel bis zum Brustkorb aufschärfen. Die Drossel freilegen und mitsamt dem Schlund vom Träger lösen. Beides vor dem Kinnwinkel durchschärfen, Schlund und Drossel voneinander trennen.

23 Zum Verschließen des Schlundes sind zwei Verfahren gebräuchlich: Das Anbringen eines kleinen Längsschnittes in den Schlund und mehrfaches Durchschlingen des Schlundes durch den Schnitt bzw. das Verknoten des Schlundes. Beim zuletzt genannten Verfahren das Muskelgewebe mit dem Messer rundum vom Schlund abschaben.

24 Ist das Fleisch auf einer Länge von mehreren Zentimetern vom Schlund entfernt, wird er zweimal verknotet. Anschließend erweitert man die Eingangsöffnung in den Brustraum, um später Schlund und Drossel bequem in den Brustraum ziehen zu können.

Aufbrechen eines Rehbockes

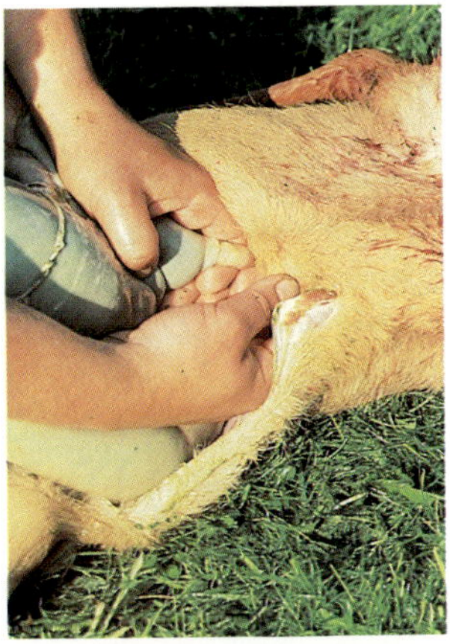

26

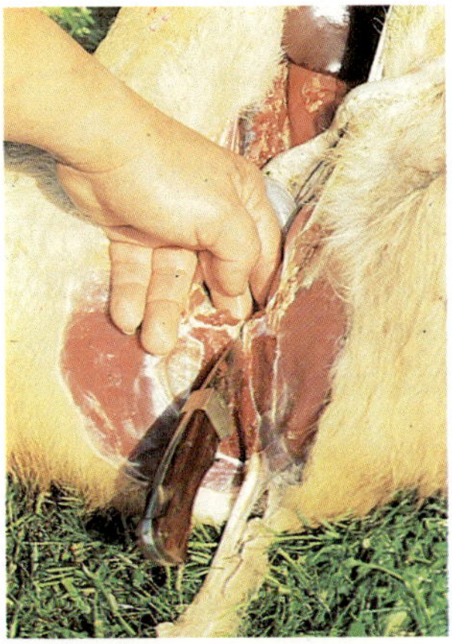

27

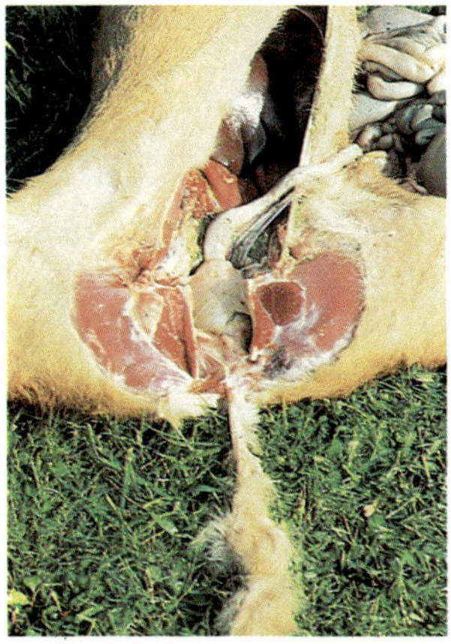

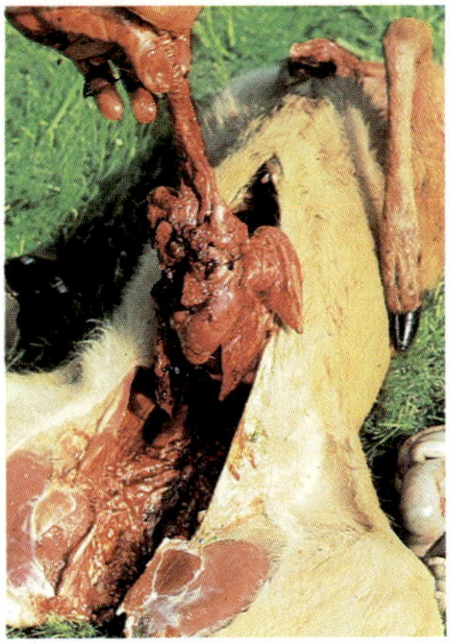

29

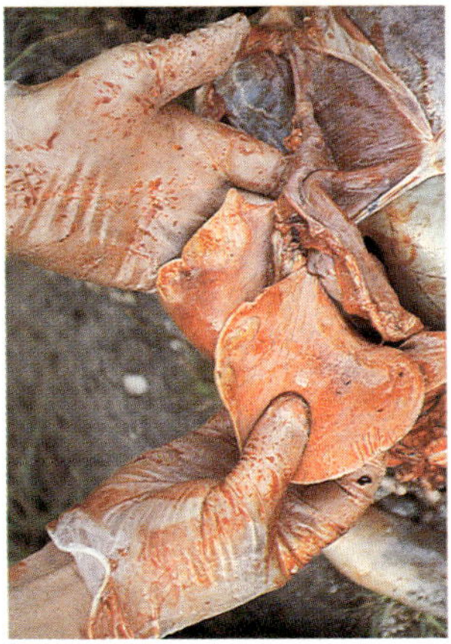

30

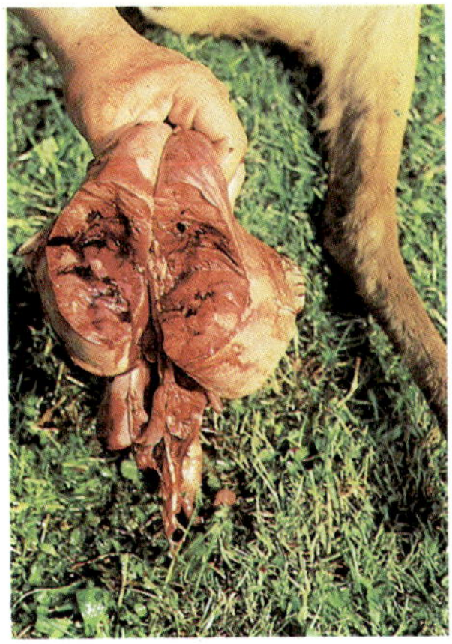

25 Das Abreißen des Schlundes beim Herausziehen läßt sich vermeiden, wenn die eine Hand den Pansen nach rückwärts drückt und die andere Hand nach dem Ertasten des Ansatzes den Schlund vom Zwerchfell ablöst. Anschließend den Schlund soweit wie möglich vorne fassen und herausziehen.

26 Zum Eröffnen des Schloßes mit Zeige- und Mittelfinger von der Bauchhöhle aus unter den Schloßknochen greifen und die Schloßnaht ertasten. Am Scheitelpunkt die Messerklinge, Aufbrechzange oder das Sägeblatt für den Eröffnungsschnitt ansetzen und die Naht durchtrennen.

27 Nach dem Auftrennen der Schloßnaht mit beiden Händen ins Schloß greifen und durch Auseinanderdrücken der Knochenhälften aufbrechen. Anschließend Weiddarm und Blase aus dem Schloß herausschärfen. Die oberhalb des Schloßes liegenden Brandadern durchschärfen.

28 Das große und kleine Gescheide, Leber und Nieren sind aus der Bauchhöhle entfernt. Jetzt mit der Hand tief in den Brustkorb greifen, die Drossel fassen und diese mit kräftigem Ruck samt anhängendem Herz und Lunge in einem Zug aus der Kammer ziehen und auf einer sauberen Unterlage ablegen.

29 Während das sauber aufgebrochene Stück auskühlt, die inneren Organe auf für den menschlichen Verzehr des Wildbrets bedenkliche Merkmale untersuchen. An der Lunge ist der Befall mit Lungenwürmern zu erkennen. Die gelben Verdickungen sind Abkapselungen von Lungenwurmeiern.

30 Zur Untersuchung der Bronchialäste bei der Lunge einen Schnitt durch beide Lungenflügel machen, so daß sie nach unten wegklappen. Nach der Lunge, Herz, Leber, Milz und Nieren, dann das Gescheide und die Brunftkugeln (Hoden) auf bedenkliche Merkmale untersuchen.

seitlich wegziehen, die Messerspitze zwischen Weiddarm und Schloßknochen schieben und den Weiddarm im Schloß rundum so freischärfen, daß er sich ein Stück herausziehen läßt.

2. Das Haupt mit einer Hand fassen und so drehen, daß die Äserunterseite nach oben zeigt. Von der Unterkieferspitze die Decke entlang der Trägerunterseite bis zum Brustkorb und darüberhinaus entlang des Brustbeins aufschärfen. (Alternativ kann der Eröffnungsschnitt auch nur bis zum Brustkorb geführt werden. In diesem Falle wird der Eingang von Drossel und Schlund in den Brustkorb durch Rundschnitt so erweitert, daß später Drossel mit Drosselknopf und Lecker leicht in den Brustraum hineingezogen werden können.) Den Lecker (Zunge) durch an der Innenseite der Unterkieferknochen geführte Schnitte aus dem Kiefer herauslösen. Die Drossel mit dem Schlund mit den Händen stumpf vom Träger ablösen.

3. Zwischen die gespreizten Hinterläufe treten, den Pinsel mit einer Hand fassen und die Decke dabei spannen. Durch halbkreisförmigen zwischen Pinsel und Bauchdecke geführten Schnitt die Decke in Richtung Keulen aufschärfen. Die auf diese Weise freigelegten Brunftkugeln fassen, mit den Samensträngen aus dem Wildkörper ziehen und zur Seite legen. Den Pinsel von der Bauchdecke lösen und nach rückwärts zwischen die Keulen legen. Hinweis: Bei weiblichem Wild ein eventuell vorhandenes Gesäuge auf die geschilderte Weise von der Bauchdecke abschärfen.
Die Bauchdecke (bei weiblichem Wild Decke und Bauchdecke) oberhalb der Keulen durch einen kleinen Längsschnitt eröffnen. Zeige- und Mittelfinger einer Hand in die Bauchhöhle stecken, die Messerklinge mit der Schneide nach oben zwischen den Fingern führen und die Bauchdecke bis zum Brustkorb aufschärfen. Dabei hochdrückendes Gescheide und Pansen mit den Fingerrücken nach unten drücken. Hinweis: Zweckmäßig ist es, für diesen Eröffnungsschnitt eine spezielle Aufbrechklinge (wie sie z. B. beim *Puma*-Jagdgebrauchsmesser gegeben ist) einzusetzen. Die stumpf verdickte Spitze und die gebogene Klinge verhindern zuverlässig eine Verletzung von Gescheide und Pansen (Magen).
Nach dem Eröffnungsschnitt entlang des Brustbeins die Brusthöhle durch Auftrennen des Knochens mit einer Aufbrechzange oder einer Sägeklinge eröffnen.

4. Die Leber vom Pansen mit den Händen stumpf ablösen. Den Schlund im Bereich des Zwerchfells freilegen. Pansen und Gescheide aus dem Wildkörper heben und seitlich ablegen. Von innen in das Schloß greifen und den Weiddarm sowie die Blase in die Bauchhöhle ziehen, herausheben und zum Gescheide legen. Die noch anhängende Brunftrute abschärfen. Die Drossel mit anhängendem Schlund fassen und in einem Zug einschließlich der anhängenden Brustorgane aus dem Wildkörper ziehen. Hinweis: Bei schwächeren Stücken können das Ablösen der Leber vom Pansen in der Bauchhöhle und die Freilegung des Schlundes im Zwerchfellbereich unterbleiben. In diesen Fällen die Zwerchfellpfeiler an den Rippenbögen anschärfen und die Brustorgane einschließlich der Bauchorgane an Drossel und Schlund in einem Zug aus dem Wildkörper herausnehmen.

Die oberhalb des Schlosses, seitlich unter dem Rücken erkennbaren Brandadern aufschärfen. Das Stück an den Vorderläufen anheben und nach rückwärts ausschweißen lassen. Anschließend den Wildkörper an luftigem Ort zum Auskühlen aufhängen oder auf dem Rücken liegend bis zum Eintritt der Totenstarre auskühlen lassen. Anschließend das Stück in eine Kühlkammer verbringen.

Die vielfach noch praktizierte *konventionelle Aufbrechmethode* unterscheidet sich von der *skandinavisch/osteuropäischen Aufbrechmethode* in folgenden Punkten:

1. Den Träger unterhalb des Drosselkopfes bis zum Brustkorb aufschärfen, Drossel und Schlund freilegen. Die Drossel mit dem Schlund unterhalb des Drosselkopfes abschärfen und den Schlund von der Drossel abziehen. Auf ca. 10 cm Länge das den Schlund umgebende Wildbret rundum abschaben und den Schlund zweimal verknoten.

2. Nach dem Ablösen des Pinsels von der Bauchdecke und Entfernen der Brunftkugeln die Bauchhöhle, wie zuvor beschrieben, bis zum Brustkorb eröffnen. Den Schlund oberhalb des Pansens ertasten und mit den Fingern bis in die Brusthöhle freilegen. Den Schlund nach innen ziehen, mit dem Pansen und dem Gescheide aus dem Wildkörper heben und seitlich ablegen.

3. Die Decke zwischen den Keulen durch einen Längsschnitt aufschärfen und das darunterliegende Wildbret bis in die Schloßnaht durchschärfen. Mit den Fingern von innen die Schloßnaht ertasten und entlang der Naht das Schloß mit Aufbrechzange oder Sägeklinge auftrennen. Einen Fuß unter das Kreuzbein schieben, mit beiden Händen in das Schloß greifen und das Schloß aufbrechen. Den Weiddarm und die Blase aus dem Schloß heraus-, den noch anhängenden Pinsel abschärfen.

4. Die Drossel mitsamt Lunge und Herz aus dem Brustraum ziehen und zusammen mit der Leber, den Nieren und der vom Pansen abgelösten Milz auf eine saubere Unterlage (damit keine Bodenbakterien die inneren Organe verschmutzen) legen. Das Stück ausschweißen und auskühlen lassen. In der Zwischenzeit die inneren Organe und das Gescheide (bei männlichen Stücken auch das Kurzwildbret/Hoden) auf für den Genuß des Wildbrets bedenkliche Merkmale untersuchen.

Hinweis: Eine Kombination der einen mit der anderen Aufbrechmethode (Auslösen des Weiddarmes durch Rundumschnitt im Schloß und Eröffnen des Brustkorbes entlang des Brustbeins bzw. Auftrennen von Brustbein und Schloßnaht) ist ebenfalls gebräuchlich. Wichtig ist in jedem Falle ein optimales, den Wildkörper noch Teile von ihm verschmutzendes Ausweiden.

Untersuchung des Wildkörpers, der Organe und des Gescheides

Eine Vorschrift, nach der ein Jäger das von ihm versorgte Stück Haarwild und dessen Organe nach festgelegten Regeln hinsichtlich der Genußtauglichkeit zu untersuchen hat, gibt es nicht. Dennoch ist es empfehlenswert, sich nach den Bestimmungen zu richten, die in der Fleischhygieneverordnung für die amtliche Fleischuntersuchung vorgeschrieben sind. Die darin festgelegte Vorgehensweise bietet die beste Gewähr dafür, daß keine krankhaften Veränderungen übersehen werden. Die Untersuchung hat die Überprüfung des Tierkörpers und der inneren und äußeren Organe einerseits auf krankhafte Veränderungen, andererseits auf nach dem Tode eingetretene Veränderungen zum Ziel. Sie hat stets bei ausreichender Beleuchtung zu erfolgen und besteht zunächst aus einer eingehenden Besichtigung.
Bei dieser Betrachtung fallen am Tierkörper besonders folgende Veränderungen ins Auge: Abmagerung, Entartung (Sulzigkeit) des Körpers- und Organfettes (u. a. Hinweis auf Verdauungsstörungen), Wässerigkeit der Muskulatur (Hinweis auf eine mögliche Blutarmut), Verfärbungen wie Gelbsucht (Hinweis auf Blutzersetzung oder Leberschaden) oder stickige Reifung und Fäulniszustände (z. B. bei verspätet auf der Nachsuche aufgefundenen Stücken). An den Organen sind Schwellungen am auffälligsten und stets Hinweis auf akute oder chronische Entzündungen (z. B. bei Leber- und/oder Milzschwellung).
Darüber hinaus empfiehlt es sich, bestimmte Organe, wie Lunge, Herz, Leber, Nieren, Milz, Milchdrüse, Geschlechtsorgane zu durchtasten. Hierbei werden nicht selten krankhafte Veränderungen, die in der Tiefe des Gewebes verborgen sind und der Besichtigung entgehen, aufgefunden, sei es in Form von Knoten, wie bei tiefen Abszessen, oder als Veränderung der Konsistenz (Festigkeit) des Gewebes wie bei der Leberzirrhose.
Bei einer Reihe von Organen sollten schließlich Schnitte angelegt werden, um innere Hohlräume zu überprüfen. Hierzu gehören die Luftröhre (Dros-

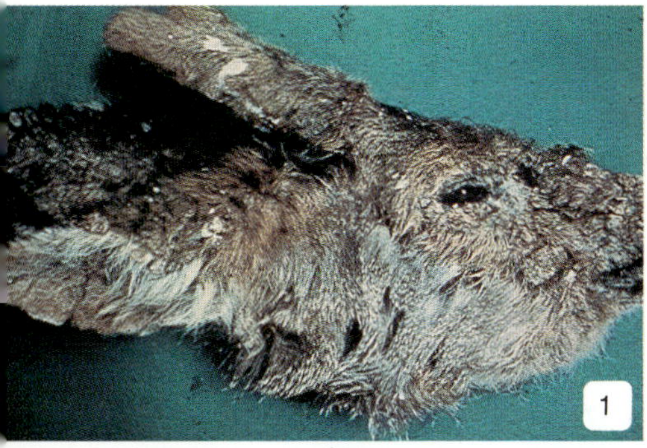

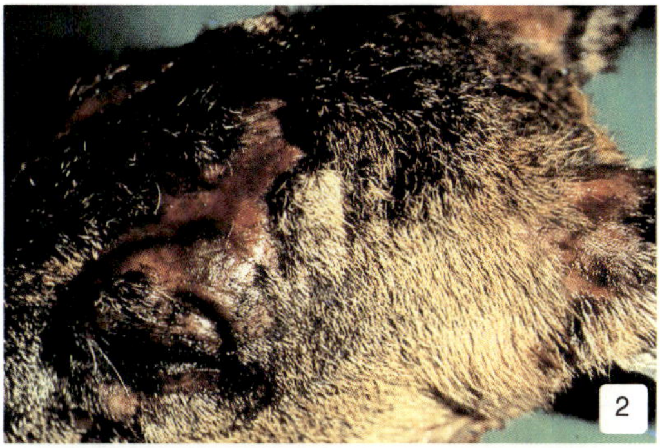

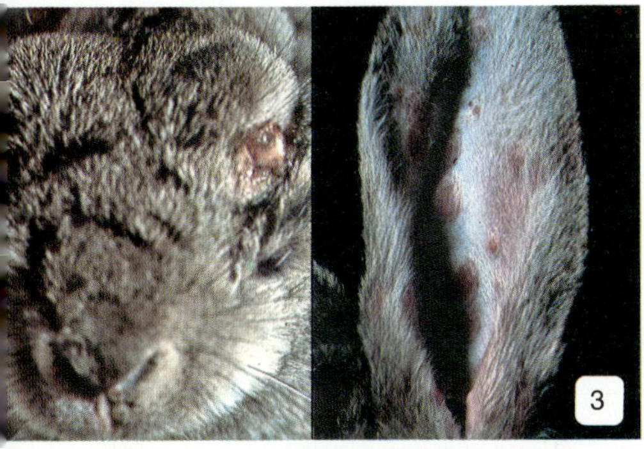

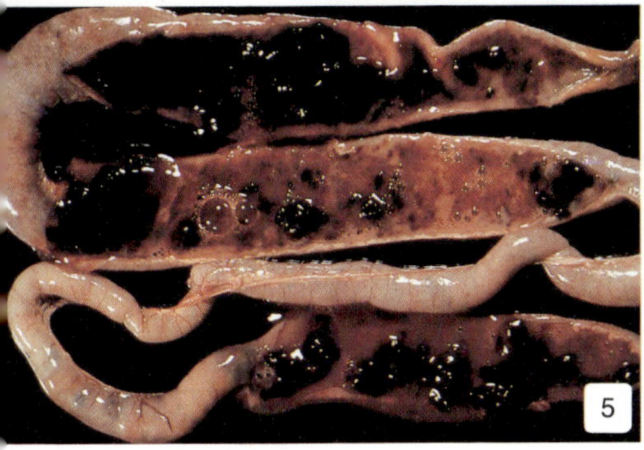

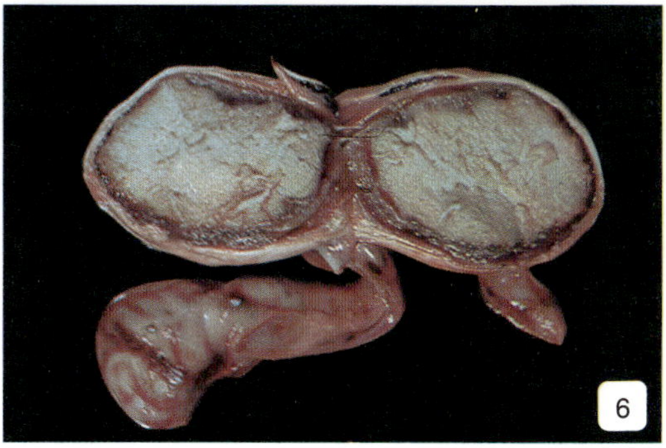

1 Mit Grabmilben (Räude) befallenes Stück Rehwild. Anzutreffen auch bei Gamswild und Schwarzwild sowie Fuchs, Dachs und Hund. Wildbret von mit Grabmilben befallenen Stücken ist genußuntauglich.

2 Für eine Tollwuterkrankung im fortgeschrittenen Stadium typische Kopfverletzung. Ein solches Stück ist untersuchungspflichtig, der Wildkörper unschädlich zu beseitigen.

3 Ein mit Myxomatose infiziertes Kaninchen, das unschädlich zu beseitigen ist.

4 Typische Erscheinungsform einer Darmkokzidiose mit kleinen Knötchen. Überwiegend anzutreffen bei Hasen und Wildkaninchen, aber auch bei Schalen- und Flugwild.

5 Darmkokzidiose bei einem Fasan. Das Wildbret von mit Darmkokzidiose befallenen Stücken ist genußuntauglich, die Tierkörper sind zu beseitigen.

6 Infektion einer hier in der Mitte aufgeschnittenen Brunftkugel (Hoden) eines Hasen mit Brucellose, zu erkennen an der Gewebsnekrose und an der Vergrößerung des Organs. In der Regel liegt eine Milzschwellung vor. Das Wildbret ist genußuntauglich. Ansteckungsgefahr für den Menschen.

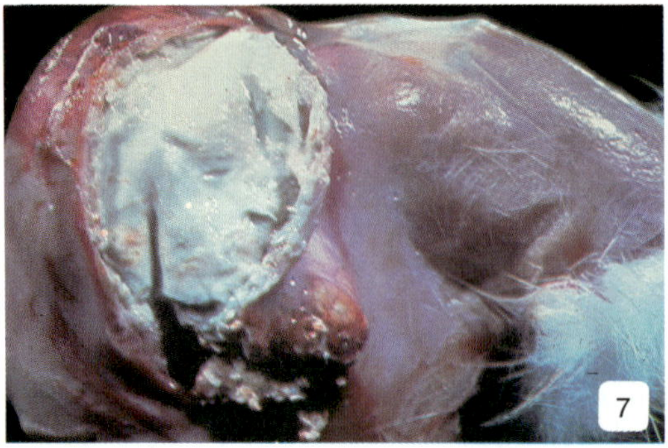
7

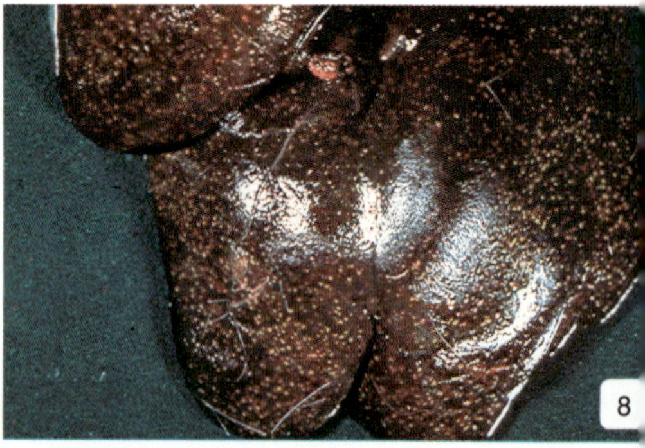
8

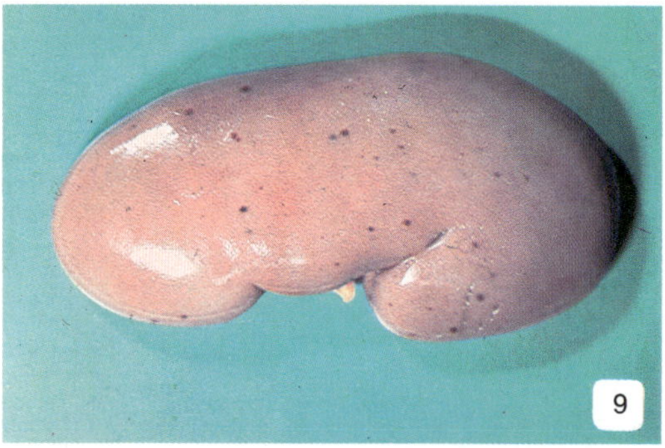
9

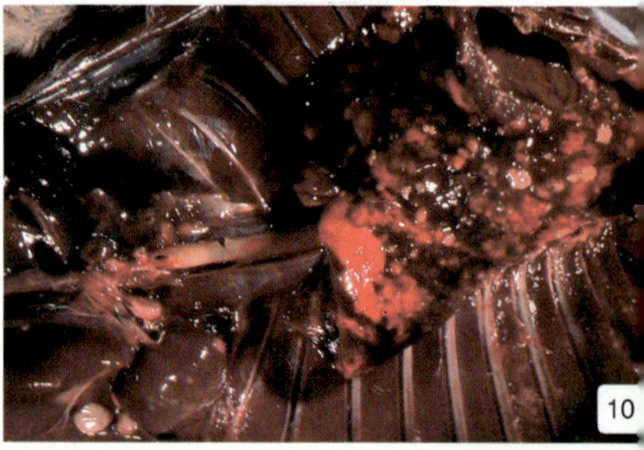
10

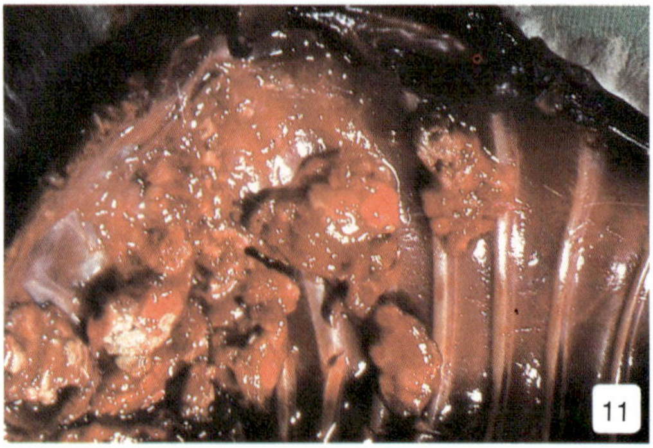
11

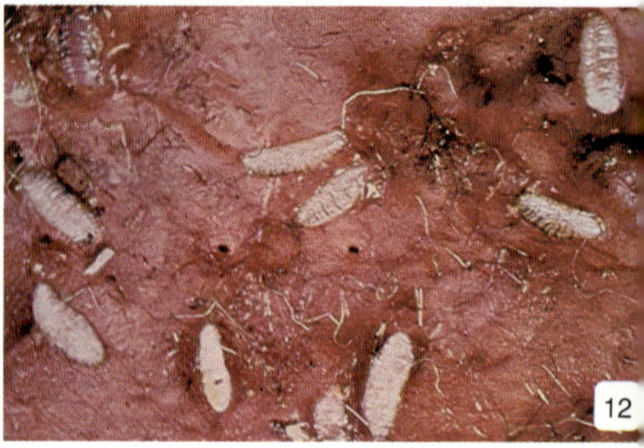
12

7 Durch Staphylokokken hervorgerufener Abszeß in der Unterhaut eines Hasen. Die inneren Organe sind meist unverändert. Das Wildbret ist genußuntauglich. Ansteckungsgefahr für den Menschen.

8 Zahlreiche Entzündungsherde (Nekrosen) in der Leber eines Hasen bei Pseudotuberkulose. Das Wildbret ist genußuntauglich. Ansteckungsgefahr für den Menschen.

9 Punktförmige Blutungen auf zahlreichen Organen wie hier auf der Niere sind typische Zeichen der Schweinepest. Anzeigepflicht. Das Wildbret bedingt tauglich oder untauglich.

10 Graugelbe Einschmelzungen oder Knoten sind Anzeichen für eine bakterielle Infektion, z. B. Tularämie oder Pseudotuberkulose. Das Wildbret ist genußuntauglich. Ansteckungsgefahr für den Menschen.

11 Brustfellentzündung bei einem Hasen vom Typ der Pasteurellose. Das Wildbret ist genußuntauglich. Ansteckungsgefahr für den Menschen.

12 Befall mit Hautdasseln, den Larven der Dasselfliege. Überwiegend bei Rehwild anzutreffen. Nach Entfernung der Larven und des zerstörten Gewebes ist das Wildbret genußtauglich, wenn es nicht erheblich sinnfällig verändert ist.

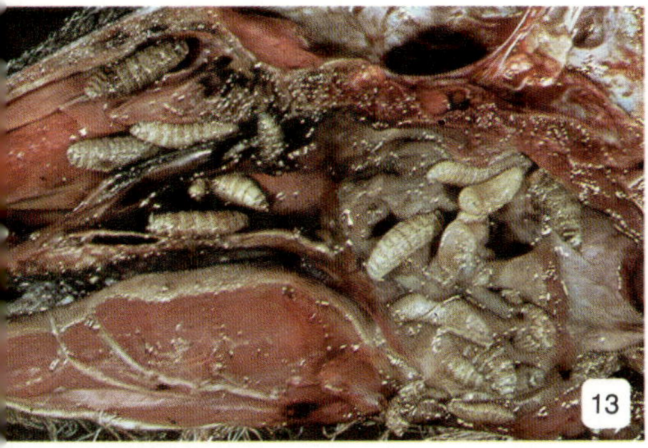

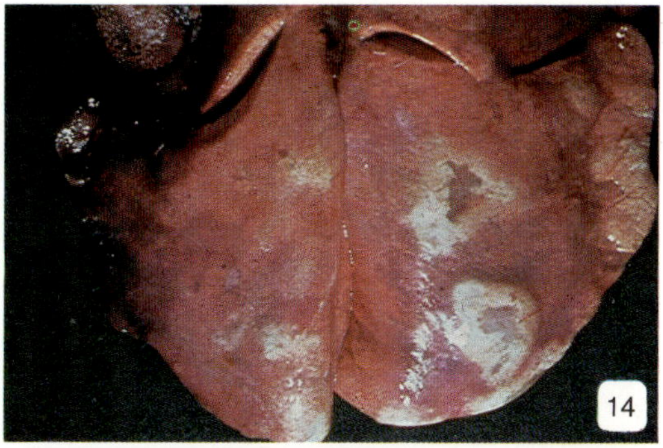

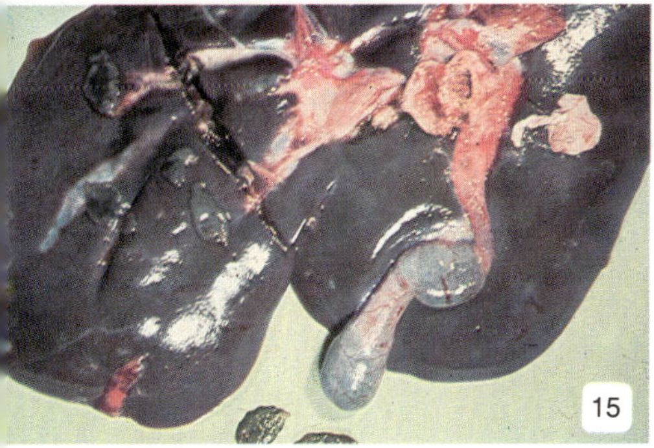

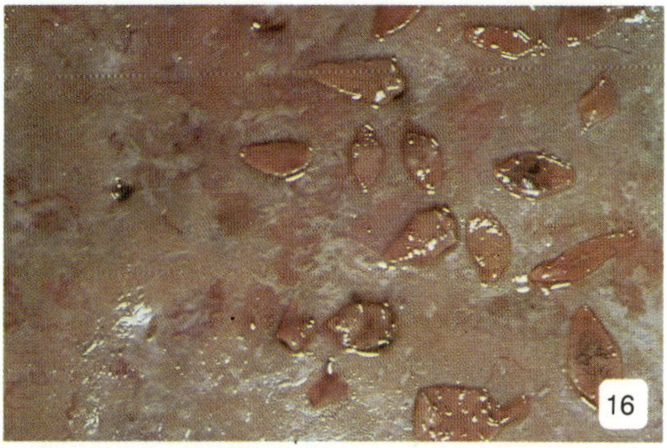

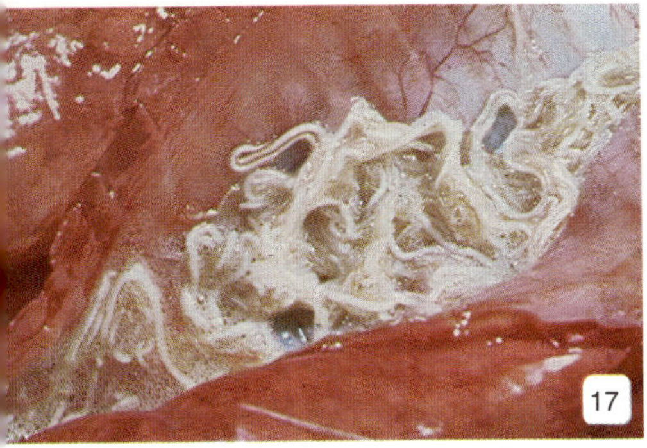

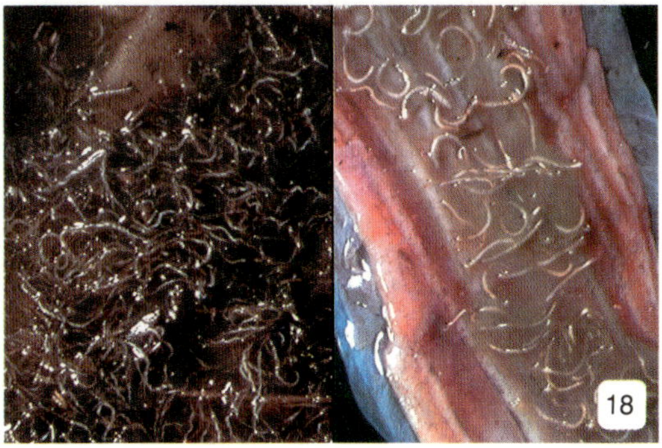

13 Befall mit Rachendasseln, den Larven der Rachenbremsenfliege. Anzutreffen vor allem bei Reh- und Rotwild. Soweit das Stück nicht zu stark abgekommen ist, ist das Wildbret voll genußtauglich.

14 Rehlunge mit Wurmbrutknoten des kleinen Lungenwurmes. Während die Lunge selbst nicht zu verwerten ist, kann das übrige Wildbret dem menschlichen Genuß zugeführt werden.

15 Muffelwildleber mit herausgedrückten großen Leberegeln. Diese Parasitenart kommt bei allen Haarwildarten vor. Die Leber ist genußuntauglich, das Wildbret, außer bei stark abgekommenen Tieren, genußtauglich.

16 Durch die Larven des großen Leberegels stark zerstörte Leber eines Wildkaninchens. Herausgedrückte Leberegel auf der Oberfläche.

17 Eröffnete Luftröhre eines Rehs mit großen Lungenwürmern. Vorkommen bei allen Schalenwildarten. Nach der Entfernung der Lunge ist das Wildbret meist genußtauglich.

18 Labmagen eines Rehes mit gedrehten Magenwürmern (links) und Enddarm (rechts) eines Rehes mit Palisaden- und Peitschenwürmern. Das Wildbret ist genußtauglich, wenn nicht stark abgemagert.

sel) und die Hauptluftröhrenäste, die in Längsrichtung aufzuschärfen und auf Lungenwürmer, Fremdkörper, Eiter usw. zu untersuchen sind. Die Lunge ist im unteren Drittel beidseits durch einen Querschnitt durch die Bronchien zu eröffnen, wobei vor allem auf entzündliche Veränderungen und Parasiten zu achten ist. Empfehlenswert ist darüber hinaus die nähere Untersuchung des Rachens auf Rachendassellarvenbefall, insbesondere wenn am lebenden Stück Niesen oder Atembeschwerden beobachtet worden sind. Hierfür ist die Zunge (Lecker) aus dem Unterkiefer zu trennen oder der Unterkiefer mit Zunge vom Schädel abzusetzen.
Bei allen inneren Organen ist auf das Vorliegen herdförmiger Veränderungen zu achten, wobei es sich um Geschwülste, entzündliche Herde, wie Abszesse, oder um Gewebseinschmelzungen (sogenannte Nekrosen) handeln kann. Erforderlichenfalls sind die Herde durch Anschneiden näher zu untersuchen, z. B. in der Leber bei Verdickung der Gallengänge, um einen Leberegelbefall nachzuweisen. Ist allerdings schon bei der äußeren Besichtigung der Organe klar, daß es sich bei den knotigen Herden um Abszesse handelt, sollte von einem Anschneiden derselben abgesehen werden, um die im Abszeßinneren befindlichen Eitererreger nicht an das Messer und anschließend an das Wildbret zu bringen. Unter den herdförmigen Veränderungen, die nicht angeschnitten werden sollten, sind auch Bandwurmfinnen zu nennen, die tropfen- oder blasenförmig beispielsweise im Netz und am Gescheide (Finnen vom geränderten Bandwurm der Hunde, Füchse und Marderartigen), in Leber und Lunge (Echinokokken vom dreigliedrigen Hundebandwurm) oder in der Muskulatur (Rehfinnen von einem Bandwurm des Fuchses) zu finden sind.
Vor dem Zerwirken das Stück an einem sauberen, kühlen, luftigen, fliegengeschützten Ort aufhängen. Man läßt es ca. 20 Stunden auskühlen. In der Fleischhygieneverordnung vorgeschrieben ist, daß das Wild alsbald eine Kerntemperatur von +7 °C erreicht. Dies erfordert sein Verbringen in eine entsprechende Kühlung. Erfolgen sollte dies nach Beginn der Totenstarre. Wenn das für den Reifungsprozeß des Wildbrets wesentliche, äußerlich von der Totenstarre begleitete Stadium (Dauer je nach Größe des Wildkörpers 36 bis 92 Stunden) durchlaufen ist, wird es aus der Decke geschlagen, zerwirkt, gehäutet, dem jeweiligen Bedarf entsprechend portioniert und in der Tiefkühltruhe eingefrostet. Bei sachgemäßer Lagerung (mindestens −18 °C) kann Wildbret von Hirschwild (hierzu zählt auch Rehwild) bis zu 12 Monate und, wenn absolut fettfrei, länger aufbewahrt werden.

Besonderheiten bei Weidwundschuß und bei Verkehrsopfern

Weidwund geschossenes und meist nach längerer Nachsuche zur Strecke gekommenes sowie überfahrenes Schalenwild haben in den meisten Fällen eines gemeinsam: Eine mit einem Gemisch von Pansen- und Darminhalt sowie mit Blut gefüllte Bauchhöhle. Das Aufbrechen ist wenig erfreulich und unappetitlich. Um so größere Sorgfalt ist angebracht! Eine relativ gute Sauberkeit des Wildbrets ist zu erreichen, wenn man nach dem Entfernen der gröbsten Verunreinigung das Zwerchfell entlang der Rippenbögen abschärft und es zusammen mit der an ihm hängenden Bauchhöhlenhaut kräftig in Richtung Schloß herauszieht. Bauchlappen und Rippen (Ausschuß!), an denen noch Panseninhalt hängt, sind hiervon zu säubern, besser noch herauszuschärfen und zu beseitigen.
Das Auswischen der Bauchhöhle mit Gras und Moos ist auf jeden Fall zu unterlassen, da hierdurch Tausende von Bakterien an das Wildbret herangebracht werden. Sie vermehren sich innerhalb von Stunden explosionsartig und machen das Wildbret für den menschlichen Genuß untauglich. Nach der Fleischhygieneverordnung (Anlage 2, Kapitel III, Abs. 2.9) ist auch die Verwendung von Tüchern und Schwämmen zum Reinigen ausdrücklich verboten. Dagegen können Bauchhöhle und Brustkorb mit Leitungswasser unbedenklich ausgespritzt werden, wie überhaupt das Abwaschen mit Leitungswasser und die anschließende Lufttrocknung ein erprobtes Mittel der Reinigung sind. Das Wildbret verliert hierdurch weder von seiner Substanz noch von seinem Wohlgeschmack.
Was der Jäger ebenfalls wissen sollte: Die Genußfähigkeit des Wildbrets kann durch einen Harn- und/oder Geschlechtsgeruch erheblich beeinträchtigt sein. *Harngeruch* entsteht in der Regel als Folge einer Erkrankung der Harnorgane (Niere, Harnleiter, Harnblase, Harnröhre), wodurch es zur Anreicherung der sogenannten harnpflichtigen Stoffe im Blut und von dort zur Verteilung und Ablagerung in alle Organe, auch in die Muskulatur kommt. Der *Geschlechtsgeruch* ist ein Merkmal männlicher Tiere, der in der Brunft besonders ausgeprägt auftritt und der vor allem beim rauschigen Keiler auffällig ist. Sowohl der Harn- als auch der Geschlechtsgeruch verlieren sich mehr oder weniger im Verlaufe der Fleischreifung (ausgenommen beim rauschigen Keiler) durch die dabei ablaufenden Zersetzungsvorgänge. Darum darf z. B. die Beurteilung im Rahmen der Fleischuntersuchung, wenn bei frisch erlegten Tieren derartige Gerüche bemerkt worden sind, frühestens nach 24 Stunden vorgenommen werden, und zwar möglichst von zwei geeigneten Prüfern.
Hierbei ist allerdings ein Hilfsmittel erforderlich, die sogenannte Koch-

Versorgen bei Weidwundschuß

1
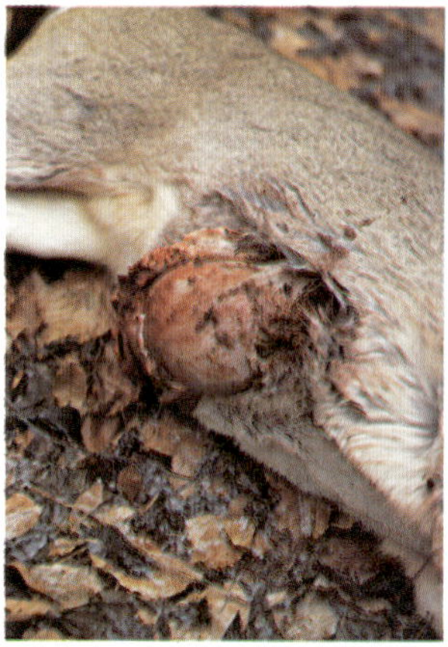

2
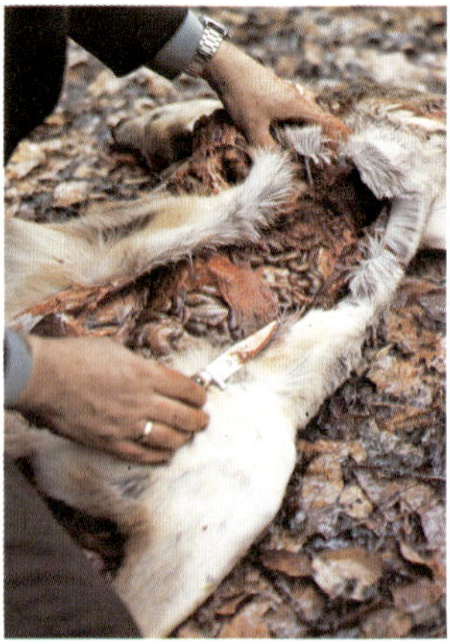

3
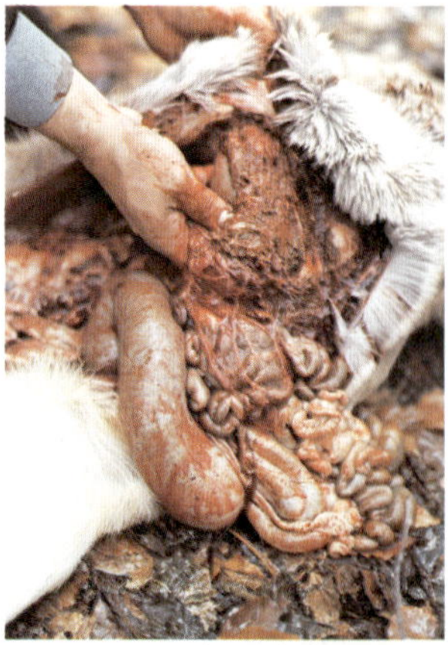

4
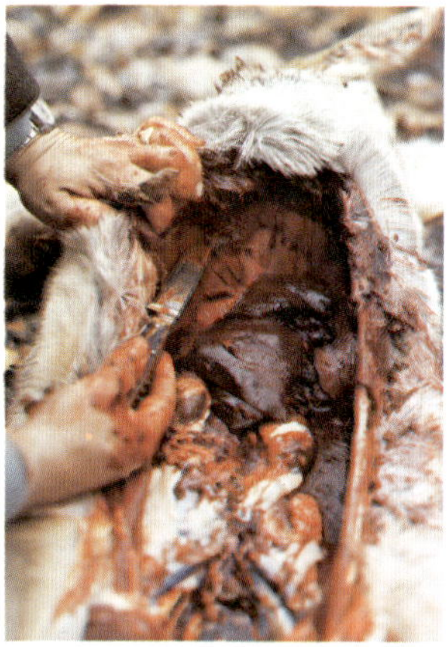

5
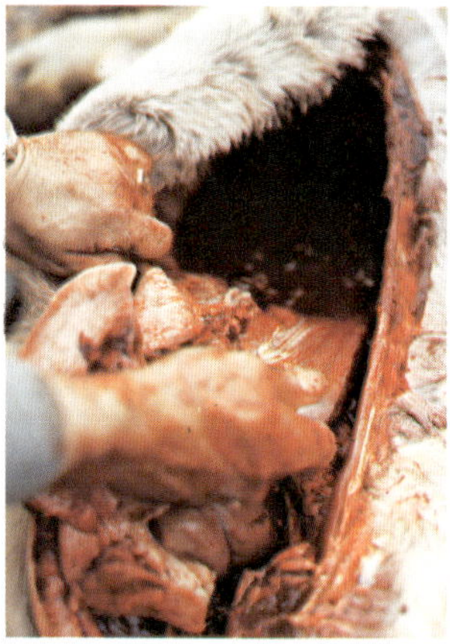

6

1 Im Jagdbetrieb bleibt es nicht aus, daß ein Stück Schalenwild mit Weidwundschuß zur Strecke kommt. Eine Schußverletzung, die eine schnelle und sorgfältige Versorgung des Stückes erfordert, um eine Qualitätsminderung des Wildbrets zu vermeiden.

2 Das Stück wird nach herkömmlicher Art, wie zuvor dargestellt, aufgebrochen. Dabei ist besonders darauf zu achten, daß beim Aufschärfen der Bauchdecke keine weiteren Verletzungen des Gescheides und Pansens erfolgen.

3 Durch den Ausschuß herausgedrücktes Gescheide bzw. Teile des Pansens werden vorsichtig nach innen in die Bauchhöhle gezogen. Anschließend ertastet man den Schlund und zieht diesen, sofern er nicht durch den Schuß abgerissen wurde, in die Bauchhöhle. Pansen und Gescheide hebt man anschließend vorsichtig aus der Bauchhöhle.

4 Die folgenden Arbeitsschritte sind von entscheidender Bedeutung für das Endergebnis, das ein stets sauber versorgtes Stück Wild sein sollte. Vom Brustbein wird nach links und rechts entlang der Rippenbögen das Zwerchfell so weit abgeschärft, daß es an der Rückenpartie noch anhaftet.

5 Während die eine Hand den Wildkörper festhält, greift die andere Hand in die Kammer, erfaßt die Drossel mitsamt dem Geräusch und zieht es zusammen mit den Zwerchfell-Lappen und den in der Bauchhöhle verbliebenen Nieren, Leber und Milz bis hinunter zum bereits vorher eröffneten Schloß. Beim Herausziehen wird die verunreinigte Bauchhaut vom Wildkörper mit abgelöst.

6 Zum Schluß werden Ein- und Ausschuß sowie durch Pansen- und Gescheideinhalt verschmutzte Bauchlappen und Rippenteile einschließlich der Decke großzügig vom Wildkörper abgeschärft.

probe. Grob gewürfeltes Wildbret, beim Keiler auch gesondert Speicheldrüsen- und Fettgewebe, wird in kaltem Wasser angesetzt und aufgekocht (Kaltansatz). Überprüft werden der Geruch des dabei entstehenden Wasserdampfes sowie Geruch und Geschmack der heißen und erkalteten Brühe. Man kann Wildbret auch in bereits kochendes Wasser einlegen und dann Geruch und Geschmack im Inneren des Fleischstückes überprüfen (Heißansatz). Das Ergebnis der Kochprobe führt je nach der Stärke der Geruchs- und/oder Geschmacksabweichung zur Beurteilung »tauglich«, »minderwertig« oder »untauglich«.
Die Kochprobe wird nicht nur bei Verdacht auf Harn- oder Geschlechtsgeruch angewandt, sondern auch bei verspätet ausgeweidetem Haarwild, um einen möglichen Zersetzungsgeruch festzustellen. Hierfür ist die Verwendung von Filet- und Bauchmuskulatur vorgeschrieben.

Versorgen von starkem Schalenwild und Wildbrethygiene im Sommer

Zwei Beispiele: Der beim Nachtansitz beschossene und angeschweißt wegflüchtende Schwarzkittel und der in einer schwer zugänglichen Wand geschossene Gams. In beiden Fällen dauert es oft Stunden, ehe der Jäger in den Besitz seiner vielleicht schon längst verendeten Beute gelangt und mit der Versorgung beginnen kann. Das gleiche gilt auch für alles andere Wild, das noch im letzten Büchsenlicht eine dichte Deckung annimmt und in vielen Fällen erst am nächsten Morgen nachgesucht werden kann. Die herrschenden Temperaturen zusammen mit den Auswirkungen eines schlechten Schusses, besonders beim Weidwundschuß, können bereits zum Verhitzen des Wildbrets geführt und es damit für den menschlichen Genuß untauglich gemacht haben. Ob dies tatsächlich der Fall ist, wird letztlich bei der in solchen Fällen stets erforderlichen amtlichen Untersuchung ermittelt. Schließlich, und das sollte man als hin und wieder auch im Ausland waidwerkender Jagdscheininhaber wissen, hat der Bundesminister für Gesundheit in den seit dem 1. Januar 1975 geltenden »Hygienischen Mindestanforderungen« an Wildbret-Importe in die Bundesrepublik (11. November 1974, Bundesgesetzblatt I, Seite 3165) festgelegt, daß bei verspätetem Auffinden und Aufbrechen das Wildbret für den menschlichen Genuß generell auszuschließen ist.

Ein für den Hochwildjäger angesichts des materiellen Wertes, den z. B. das Wildbret eines Stückes Schwarz- oder Rotwildes für ihn darstellt, wenig erfreulicher Aspekt. Aus gesundheitlichen Gründen ist diese Forderung jedoch verständlich. Deshalb sollte der Jäger, wenn ihm beim Aufbrechen Zweifel an der Genußtauglichkeit kommen (stickiger Geruch, veränderte Farbe und Wäßrigkeit des Wildbrets), zur eigenen Sicherheit das erlegte Stück zu der in diesen Fällen vorgeschriebenen amtlichen Fleischuntersuchung anmelden.
Keinesfalls aber sollten die Anforderungen an eine ordentliche Wildbrethygiene dazu verleiten, bei Nacht und Nebel ein krankes Stück Schalenwild nachzusuchen, wenn nach guter, alter Regel bis zum nächsten Morgen gewartet werden müßte. Auf jeden Fall, bei dem ein unweit in der Dickung verendetes Stück vor Wertminderung oder Verderb bewahrt werden könnte, kommen bestimmt mehrere Fälle, in denen das kranke Stück vorzeitig aufgemüdet, ihm weitere unnötige Qualen zugefügt und die Erfolgsaussichten der Nachsuche überhaupt vereitelt werden. Einzige Ausnahme: Am Anschuß finden sich eindeutige Schußzeichen (z. B. Lungen- oder Leberschweiß), die mit hoher Wahrscheinlichkeit erwarten lassen, daß das beschossene Stück auf den ersten 200 m seiner Flucht verendet zusammengebrochen ist.
Die einzige Konsequenz, die aus dem drohenden Verlust des Wildbretwertes gezogen werden muß, ist: Vor Abgabe eines Schusses noch vorsichtiger und bedächtiger zu sein, als dies mit Rücksicht auf das Leiden des Wildes ohnehin schon oberstes Gebot ist. Den Finger gerade lassen, wenn damit gerechnet werden muß, daß das beschossene Stück noch die nächste Deckung erreicht oder in unwegsamem Gelände nicht mehr rechtzeitig geborgen werden kann!

Besonderheiten beim Versorgen

Meist wird alles starke Schalenwild so aufgebrochen, wie man es vom Rehwild gewohnt ist. Bei Schwarzwild, Gams- und Muffelwild ist die Gallenblase von der Leber abzuziehen. Beim Schwarzwild ist bei der konventionellen Aufbrechmethode zu beachten, daß der Drosselschnitt quer zum Hals geführt und der Schlund nicht verknotet wird (kein Wiederkäuer!). Zweckdienlich und immer häufiger in der Praxis anzutreffen ist auch eine von dem in der Lebensmittelhygiene jahrelang in Gießen tätigen Professor *Dr. R. M. Hadlok* empfohlene moderne Aufbrechmethode. Bei ihr wird der die Bauchhöhle eröffnende Schnitt von der Kinnspitze entlang des Trägers bis zum Brustbein und vom Schloß durch das Brustbein (mit

Aufbrechzange oder Sägeklinge) bis zum Träger geführt. Der Vorteil dieser Methode: Lecker, Schlund, Drossel, Lunge, Herz, Leber, Pansen, Nieren und Gescheide lassen sich in einem Zug sauber herauslösen. Eine besonders bei Weidwundschuß stets zu empfehlende Verfahrensweise, die fast immer eine saubere Bauchhöhle zur Folge hat. Insbesondere dann, wenn mit dem Zwerchfell gleichzeitig die mit ihm verbundene innere Bauchhaut herausgezogen wird.

Muß starkes Schalenwild aus schwierigem Gelände geborgen werden, dann ist der Eröffnungsschnitt am Träger zum Freilegen und Verknoten des Schlundes so klein wie möglich zu halten. Beim Schloß wird nach der *skandinavisch/osteuropäischen Methode*, wie sie beim Versorgen von Rehwild geschildert ist, verfahren. Ein Auftrennen des Brustbeins unterbleibt ebenfalls. Das Durchtrennen des Brustbeines bzw. das Lüften der Blätter erfolgt nach der Anlieferung in der Wildkammer bzw. an dem erwählten Aufbewahrungsort. Gleichzeitig müssen Brustraum und Bauchhöhle auf eventuell eingedrungene Fremdkörper (Laub, Erde, Fichtennadeln etc.) überprüft und von diesen durch Ausspritzen mit Leitungswasser gereinigt werden.

Schwarzwild (ob selbst verwertet oder veräußert) mußte schon bisher aufgrund gesetzlicher Bestimmungen von einem Veterinärmediziner oder Fleischbeschauer auf Befall mit Trichinellen untersucht werden. Dies ist auch künftig der Fall, wobei die Möglichkeit gegeben ist, es gleichzeitig durch den Veterinärmediziner untersuchen zu lassen. Wird das Stück in der Schwarte an einen Wildbrethändler oder Gastwirt verkauft, so hat dieser vor dem Zerwirken die Trichinenschau zu veranlassen. Der Jäger läßt hierfür beim Aufbrechen an beiden Seiten einen ordentlichen Fetzen vom Zwerchfell stehen, das beim übrigen Wild rundum sauber abgeschärft wird.

Zur Trichinenschau werden vor allem Teile vom Zwerchfell, aber auch Stücke aus der vorderen Beinmuskulatur benötigt. Die Nieren wiederum sind wichtig für die Untersuchung auf Schweinepest, die unter anderem an auf der Nierenoberfläche vorhandenen, stecknadelkopfgroßen und Blutspritzern ähnlichen Punkten erkennbar ist. Im Verdachtsfall wären neben den Nieren auch die übrigen zur amtlichen Untersuchung erforderlichen Teile (Lecker, Schlund, Drossel und Drosselknopf, Herz, Lunge, Leber, Gallenblase und Milz) zur veterinärmedizinischen Untersuchung anzuliefern. Magen, Darm und Harnblase sollen bis zum Ergebnis der Untersuchung verwahrt werden.

Beim Rothirsch sind die der Brunftrute vorgelagerten Deckenpartien (sogenannter Brunftfleck) zusammen mit der Brunftrute und den sie umgebenden Deckenteilen vor Öffnung der Bauchhöhle abzuschärfen.

Versorgen eines Keilers

1

2
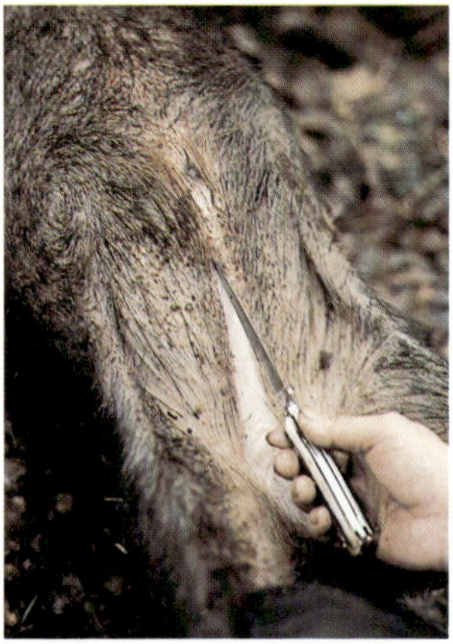
3
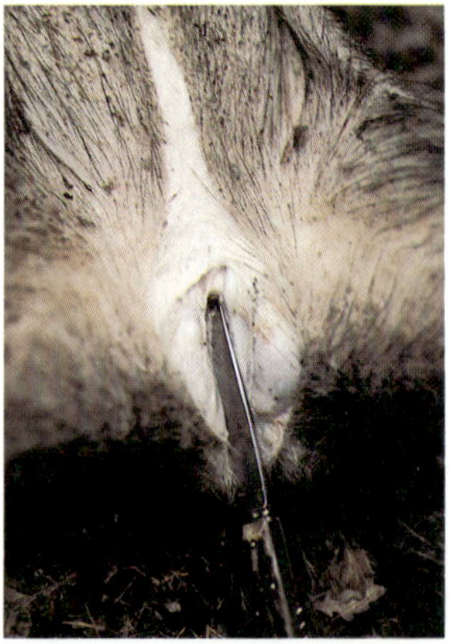
4
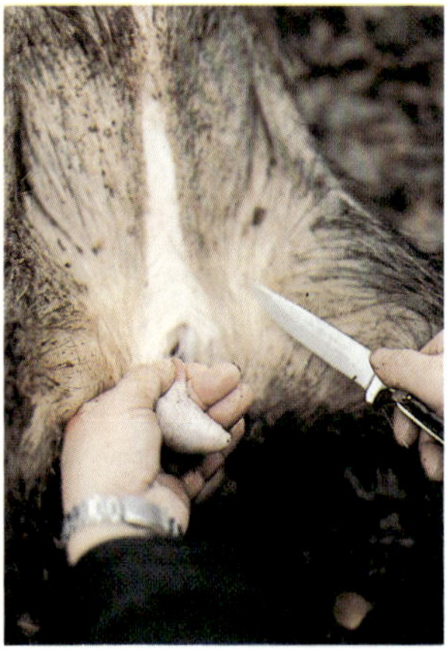
5
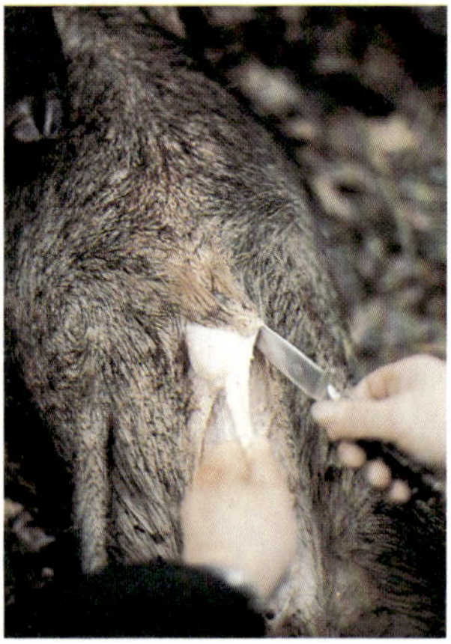
6
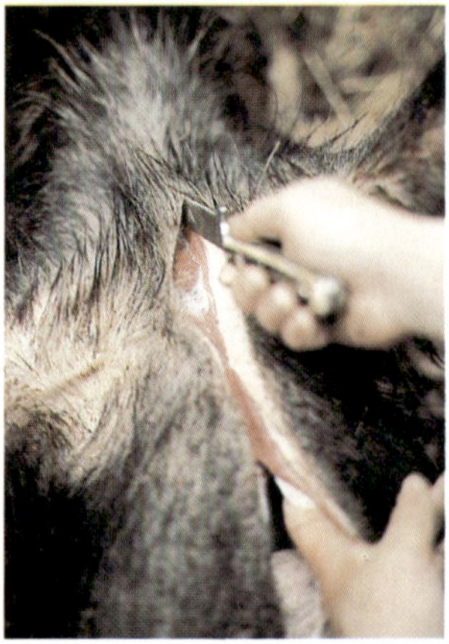

1 Wesentliche Voraussetzung für gute Wildbrethygiene ist die möglichst umgehende Versorgung erlegten Wildes. Dies gilt ganz besonders bei stärkerem Schalenwild, insbesondere Schwarzwild, das bei sommerlichen Temperaturen schon in kurzer Zeit verhitzt.

2 Sofern nicht, wie dargestellt, der spätere Aufbrechschnitt durch das Brustbein bis in die Kinnspitze geführt wird, schärft man den Träger in Längsrichtung etwas auf und durchtrennt die freigelegte Drossel nebst Schlund. Ein Verknoten des Schlundes erübrigt sich bei Schwarzwild, da es kein Wiederkäuer ist. Anschließend ritzt man, unmittelbar über dem Weidloch beginnend, die Schwarte mit der Messerspitze entlang der Brunftrute bis zum Pinsel auf.

3 Mit einem Längsschnitt zwischen den Steinen (Kurzwildbret) eröffnet man die sie verhüllende Hautfalte.

4 Die freigelegten Steine werden einzeln mit der Hand gefaßt und zusammen mit dem anhängenden Samenstrang nach rückwärts unter kräftigem Zug herausgezogen.

5 Anschließend faßt man mit der einen Hand die Brunftrute und löst sie durch vorsichtige Messerschnitte einschließlich des Pinsels von der Bauchdecke. Die Schnittführung erfolgt dabei so, daß auch Teile der um den Pinsel liegenden Schwarte (Brunftfleck) mit entfernt werden. Dadurch wird vermieden, daß anhaftende Geruchsstoffe auf das Wildbret übertragen werden.

6 Oberhalb des Schloßes ritzt man die Bauchdecke auf, steckt Zeige- und Mittelfinger hinein und schärft mit dem zwischen ihnen geführten Messer die Bauchhaut bis zum Brustbein auf, ohne das Gescheide zu verletzen. Der Schnitt wird entlang des Brustbeins bis in den Unterkieferwinkel fortgesetzt.

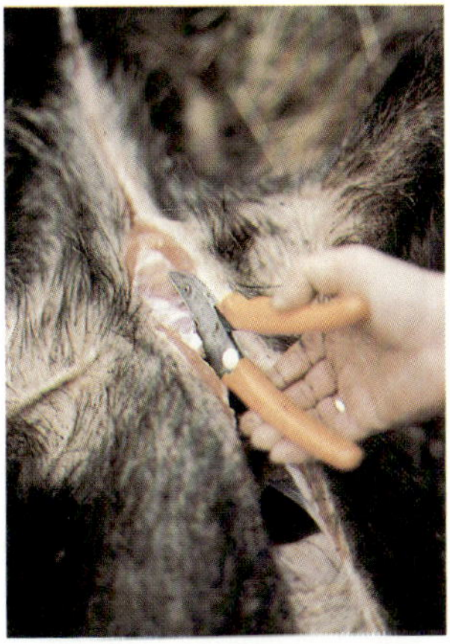

8

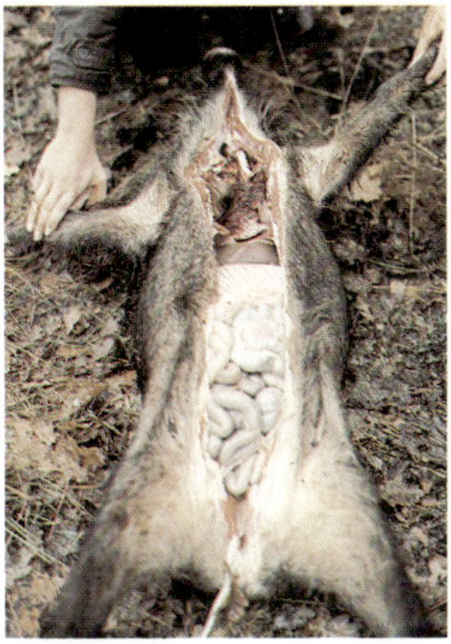

9

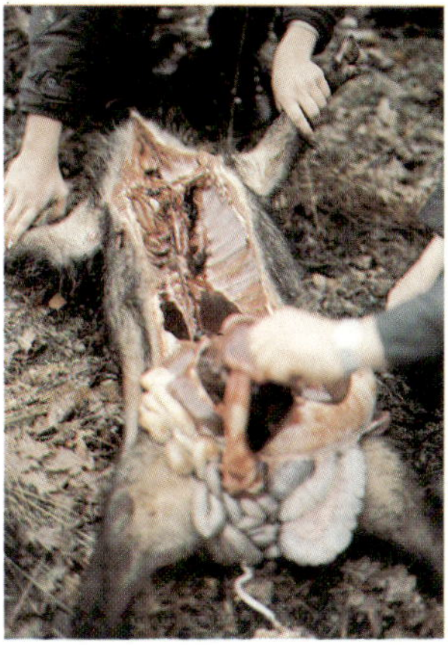

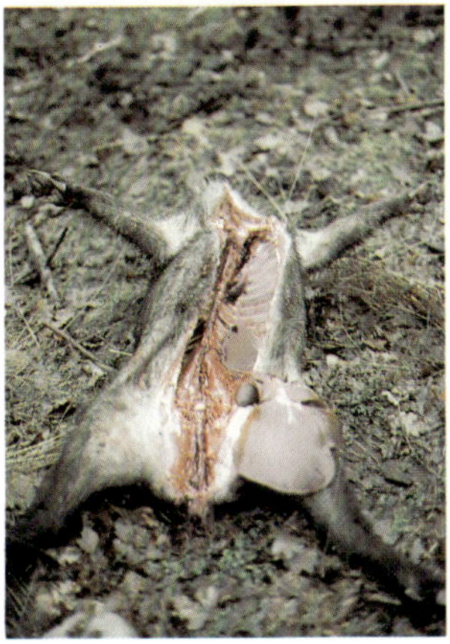

11

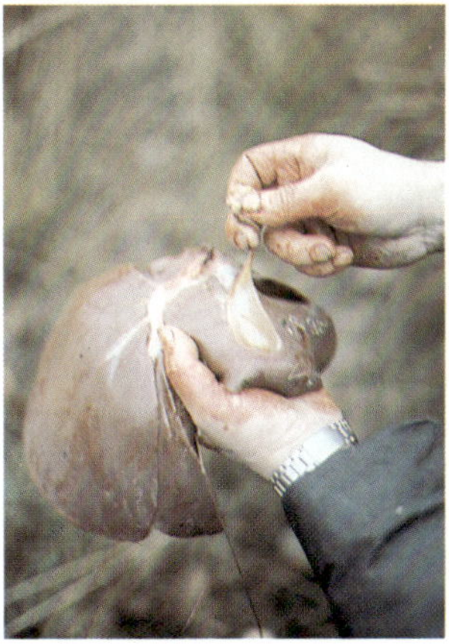

12

7 Da das Durchtrennen des Brustbeinknochens mit der Messerklinge (ausgenommen bei Frischlingen und schwachen Überläufern) nicht möglich ist, verwendet man hierfür eine Aufbrechzange oder die sich am Messer befindende Knochensäge. Das Eröffnen erfolgt von der Bauchhöhle zum Stich.

8 Bei dem in voller Länge aufgebrochenen Keiler liegen Drossel, Schlund, Lunge, Herz, Zwerchfell, Leber, Magen und kleines Gescheide offen zu Tage. Bereits jetzt kann der Jäger einen ersten Überblick über Verwachsungen und auf Krankheiten hinweisende Merkmale gewinnen.

9 Nach dem Auslösen des Leckers und Drosselknopfes sowie dem Durchschärfen des Zwerchfells links und rechts der Rippenbögen (ca. 2 cm Zwerchfell verbleiben für die spätere Untersuchung auf Trichinen an den Rippen) werden Geräusch und Gescheide in einem Zug nach hinten gezogen.

10 Ist das Schloß eröffnet und sind Harnblase sowie Weiddarm mit vorsichtigen Messerschnitten herausgelöst, wird die Brunftrute abgeschärft. Nach dem Öffnen der Brandadern läßt man das Stück ausschweißen.

11 Sofern keine Merkmale vorliegen, die es ratsam erscheinen lassen, das Stück zur Fleischbeschau anzumelden, kann die Gallenblase von der Leber abgezogen werden. Geht das Stück zur Fleischbeschau, verbleibt die Gallenblase an der Leber.

12 Hinweise auf den Befall von Schalenwild mit Hunde- oder Fuchsbandwurmlarven gibt die Untersuchung des Netzes. Dieses wird gespreizt gegen das Licht gehalten. Sind in ihm wasserblasenähnliche Einschlüsse, dann handelt es sich hierbei um Bandwurmfinnen. In diesem Falle müssen Kammer und Bauchraum auf das Vorhandensein weiterer Finnen überprüft werden.

Obwohl dieses Abschärfen meist nur beim Rothirsch erwähnt wird, empfiehlt sich das gleiche bei allem männlichen Schalenwild, besonders natürlich in der Brunft- bzw. Rauschzeit.
Wie beim Rehwild ist auch beim stärkeren Schalenwild auf krankhafte Veränderungen am Tierkörper und an den inneren Organen zu achten. Die feststellbaren Merkmale sind denen beim Rehwild vergleichbar.
Bei der Untersuchung der Bauch- und Brusthöhle sowie beim Abschwarten bzw. Aus-der-Decke-Schlagen ist auf Gewebewucherungen, Abszesse und eitrige Einschlüsse im Wildbret zu achten, oftmals verursacht durch alte Forkelstiche oder Schußverletzungen, die zu Entzündungen und Gewebewucherungen in Verbindung mit bakteriellen Infektionen führen. Durch das Eindringen der Bakterien oder deren Stoffwechselprodukt in das Blut (Blutvergiftung!) kann das Wildbret für den menschlichen Genuß untauglich werden. Inwieweit das der Fall ist, läßt sich nur durch eine bakteriologische Untersuchung feststellen. Über derartige Untersuchungsmöglichkeiten verfügen nicht nur Veterinäruntersuchungsämter, sondern auch nahezu jeder größere Schlachthof. Das benötigte Untersuchungsmaterial besteht aus dem Abszeß bzw. der Gewebewucherung selbst, der Leber, der Milz, einer Niere, bestimmten Lymphknoten und einem weiteren Stück an anderer Stelle dem Wildkörper entnommener Muskulatur. In Plastikfolie verpackt und in der Tiefkühltruhe vorgefrostet, wird es durch Boten oder, wenn das nicht möglich, in einem Kühlbehälter (Styropor) per Bahnexpress dem nächsten veterinärmedizinischen Labor übermittelt. Zwei Tage nach Eingang kann das Untersuchungsergebnis telefonisch abgefragt und je nach Befund über die Verwertung des inzwischen in einer Kühlkammer hängend aufbewahrten Stückes entschieden werden. In jedem Falle ist es zweckmäßig, im Verdachtsfalle bis zum Zeitpunkt des Abschwartens bzw. Aus-der-Decke-Schlagens die für eine Untersuchung benötigten und vorgeschriebenen Teile kühl aufzubewahren. Geht das Stück Schalenwild an den Wildhandel oder die Gastronomie, sind dem Käufer alle Organe in einem Plastikbeutel mitzuliefern. Im übrigen lassen sich unter der Decke oder Schwarte liegende Geschwülste und Eiterbeutel bei der vom Jäger nach dem Aufbrechen durchzuführenden Körperbeschau ertasten. Unter der mit leichtem Druck über alle Partien des Wildkörpers streichenden Hand sind sie meist deutlich spürbar.
Vor dem Abschwarten bzw. Aus-der-Decke-Schlagen sollte das Wildbret an einem luftigen und kühlen Ort (möglichst in einem hierfür geeignetem Kühlhaus) seinen Reifeprozeß durchmachen. Ständige Kontrollen auf Oberflächen- bzw. Tiefenfäulnis und Stickigkeit sind ebenso erforderlich wie bei einer Aufbewahrung außerhalb eines Kühlhauses der Schutz vor

Fliegen. Dieser ist durch das Überstreifen eines aus Gaze oder Nesselstoff genähten und durch Kochen keimfrei gemachten Sackes möglich.
Eine längere Lagerzeit (oft Wochen und Monate) benötigt das Wildbret von brunftigen Stücken, bevor es von seinem Geschmack her für den menschlichen Genuß geeignet ist. Bei konstanten Kühlhaustemperaturen wenig über null Grad und entsprechender Belüftung oder bei Tiefgefrostung über mehrere Wochen verfliegt der Brunftgeruch weitestgehend. Gleiches gilt auch für Wildbret von brunftigem Muffel- und Gamswild. Wildbret von rauschigen Keilern wird weder durch Abhängen im Kühlhaus, noch durch Tiefgefrosten für den menschlichen Genuß tauglich. Empfehlenswert ist es, bei derart behandeltem Wildbret vor seiner Zubereitung eine Kochprobe durchzuführen.
Bei jedem stärkeren Stück Schalenwild ist zum besseren Durchlüften der Brustkorb entlang des Brustbeins – sofern nicht bereits beim Aufbrechen geschehen – zu spalten und mit einem Holzstück zu sperren. Erforderlich ist bei Stücken über 40 kg auch das sogenannte Lüften der Blätter. Hierzu wird der Lauf gefaßt und das Blatt nach außen vom Brustkorb abgespreizt. Mit dem Messer durchtrennt man anschließend die das Blatt mit dem Brustkorb verbindende Decke sowie das darunterliegende Wildbret. Wer Schwarte oder Decke später gerben will, dem sei empfohlen, zuvor einen vom Lauf in Richtung Brustkorb führenden Schnitt durch die Schwarte/Decke zu machen und die Schwarte/Decke nach oben wie unten (wie beim Aus-der-Decke-Schlagen üblich) vom Wildbret ein Stück abzulösen. Ein Verschneiden der Schwarte/Decke wird auf diese Weise vermieden. Im Normalfall reicht bei schwachen Stücken (Hirschwild unter 50 kg, Schwarzwild unter 40 kg) das Spalten des Brustkorbes zum Auskühlen aus.

Das Bergen von Hochwild

Je nach örtlicher Gegebenheit ergeben sich Probleme beim Bergen erlegten Hochwildes, abhängig vom Gelände und von der Stärke des Wildes. Während Gams und teilweise auch Muffelwild noch im Rucksack oder im »Gamsträger« auf dem Rücken getragen werden können, ebenso wie Frischlinge und Kälber, entfällt diese Möglichkeit bei stärkeren Stükken. Oft nur zu zweit – vielleicht auch allein – im Revier, gilt es, das Stück zum nächsten befahrbaren Weg zu bringen. Bewährt hat sich hier eine aus 3 bis 4 Meter langen, mittelstarken Stangen mit dazwischengebundenen Reisern an Ort und Stelle hergestellte Trageschleppe, auf die das Stück entweder in Rücken- oder Seitenlage gebunden wird. An der Vorderseite

Versorgen von Großwild

1

2

3

4
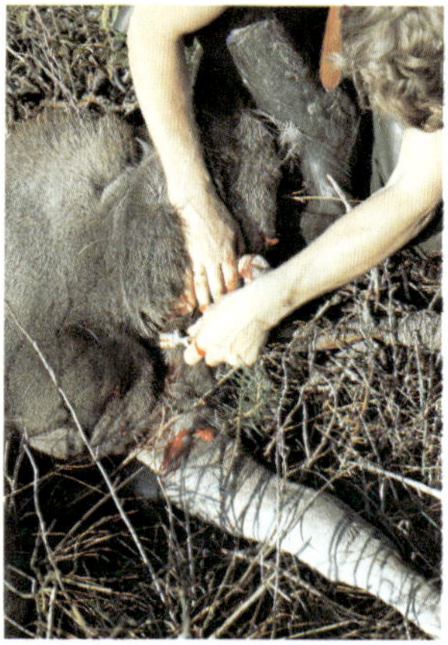

5
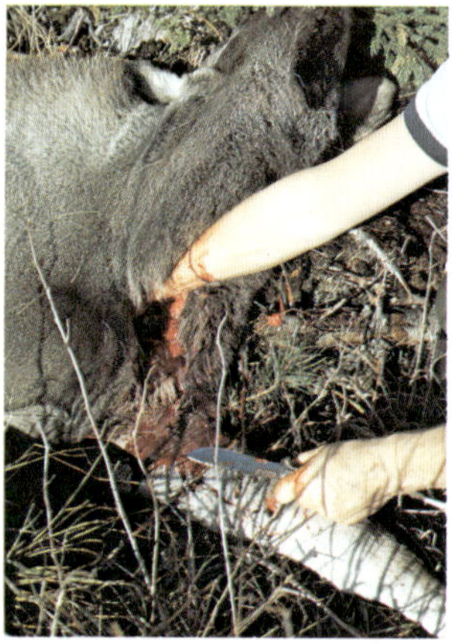

6
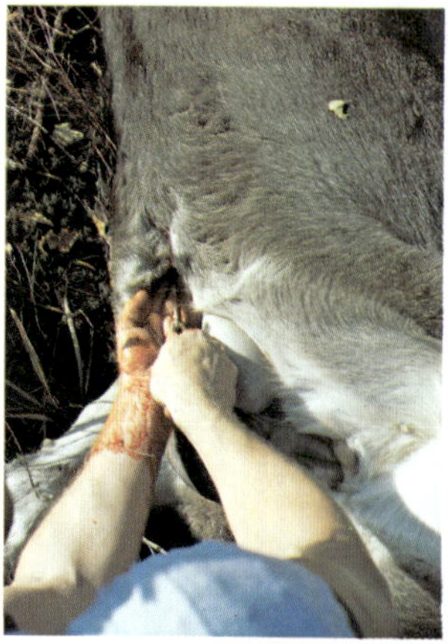

1 Nicht nur in heimischen Revieren, sondern auch im Ausland ist Wildbrethygiene und damit das ordentliche Versorgen von Großwild gefragt. Wer z. B. in Skandinavien auf Elchwild jagt, der sollte in der Lage sein, auch dieses Wild sauber aufzubrechen.

2 Im Gegensatz zu kleinerem Schalenwild, das zum Aufbrechen meist in Rückenlage gebracht wird, bleibt Großwild aus verständlichen Gründen auf der Seite liegen. Begonnen wird die Versorgung, wie beim Schalenwild üblich, mit einem Öffnungsschnitt am Träger, der unterhalb des Kinnwinkels beginnt und bis in den Stich reicht.

3 Es folgt das Herauslösen von Drossel und Schlund. Die eine Hand erfaßt Drossel und Schlund, während mit dem in der anderen Hand geführten Messer beides vom Träger abgeschärft wird. Nach dem Durchschärfen von Drossel und Schlund über dem Drosselknopf löst man den Schlund von der Drossel und verknotet ihn danach zweimal.

4 Um zu vermeiden, daß beim späteren Hineinziehen von Drossel und Schlund in den Brustkorb (Kammer) zu viel Kraft aufgewendet werden muß, wird mit dem Messer am Stich der Eingang in den Brustkorb erweitert.

5 Durch die Öffnung am Stich stopft man anschließend Drossel und Schlund tief in den Brustkorb hinein. Sollte sich dies beim ersten Versuch als etwas schwierig gestalten, muß die Öffnung am Stich nochmals erweitert werden.

6 Die Eröffnung der Bauchhöhle ist bei einem auf der Seite liegenden Stück Großwild nicht ganz einfach. Um die Bauchhöhle zu eröffnen, kniet man zwischen den gespreizten Hinterläufen, setzt das Messer unmittelbar über dem Schloß an und schärft die Decke einschließlich darunterliegender Bauchhaut in einem Zug bis zum Brustbein auf.

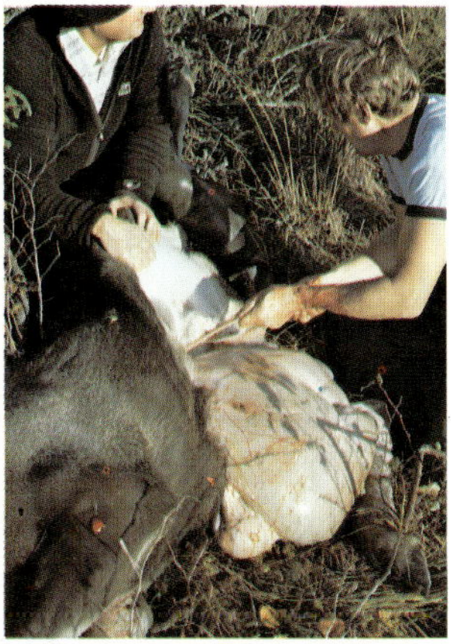

8

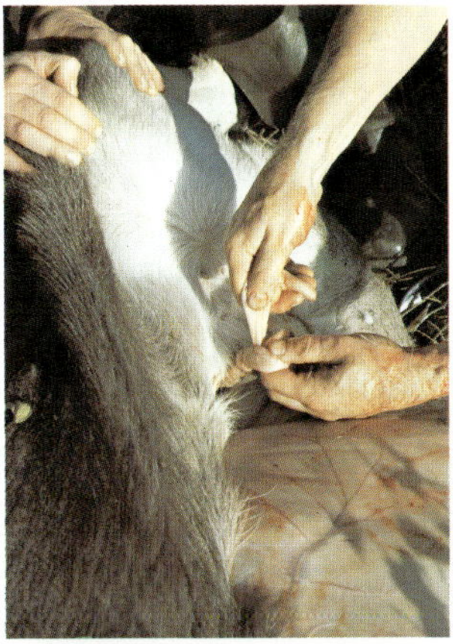

9

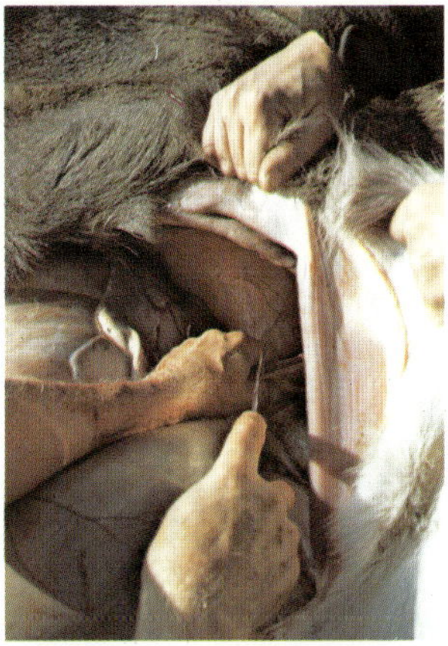

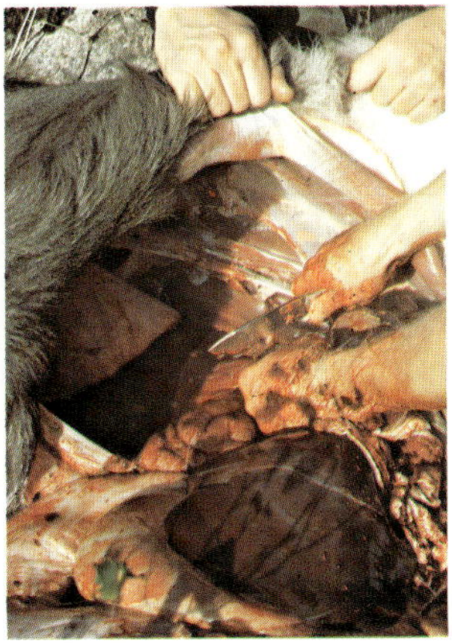

11

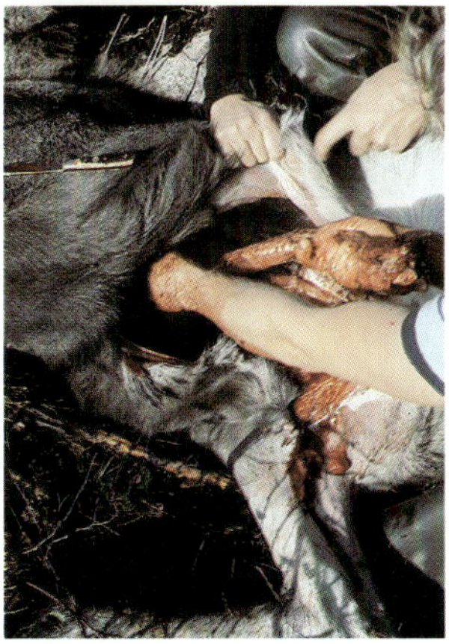

12

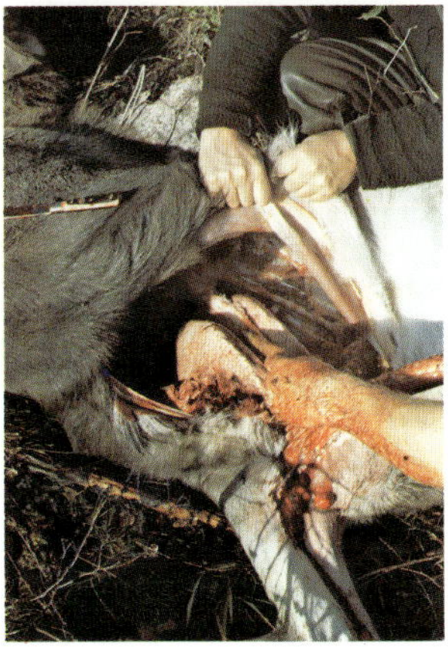

7 Da bei Großwild wegen der oft schwierigen Bergung das Schloß meist nicht eröffnet wird, um beim Transport ein Verschmutzen des Wildbrets zu vermeiden, verfährt man bei der Versorgung des Stückes wie folgt: Nach dem Zurseiteschieben des Pansens und eines Teiles des Gescheides ergreift man den unteren Teil des Weiddarmes und drückt dessen Inhalt zum Weidloch heraus.

8 Anschließend wird der Weiddarm angehoben und so abgeschärft, daß ein ausreichend langes Stück bis zum Weidloch verbleibt. Dieses wird durch zweimaliges Verknoten verschlossen. Eine ebenfalls bewährte Versorgungsmethode bei starkem Schalenwild: Am Weidloch den Weiddarm durch einen Rundumschnitt von der angrenzenden Decke sowie im Schloß zu lösen und ihn nach innen in die Bauchhöhle zu ziehen.

9 Sind die Gescheide und Wildkörper miteinander verbindenden Häute durchtrennt, hebt man den Pansen und das übrige Gescheide aus der Bauchhöhle. Des weiteren werden Leber, Milz und Nieren herausgenommen.

10 Als nächster Schritt folgt die Eröffnung der Kammer. Dazu wird mit dem Messer das Zwerchfell links und rechts entlang der Rippenbögen durchschärft.

11 Mit beiden Händen wird anschließend in den Brustkorb gegriffen und die zuvor durch die Öffnung im Stich in den Brustkorb gedrückte Drossel nebst Schlund erfaßt und in Richtung Bauchöffnung gezogen.

12 Durch mehrfaches Nachgreifen zieht man die an der Drossel hängende Lunge nebst Herzen aus der Kammer. Das Geräusch legt man anschließend auf Pansen und Gescheide, um eine Berührung mit dem Erdboden zu vermeiden.

Versorgen von Großwild

13
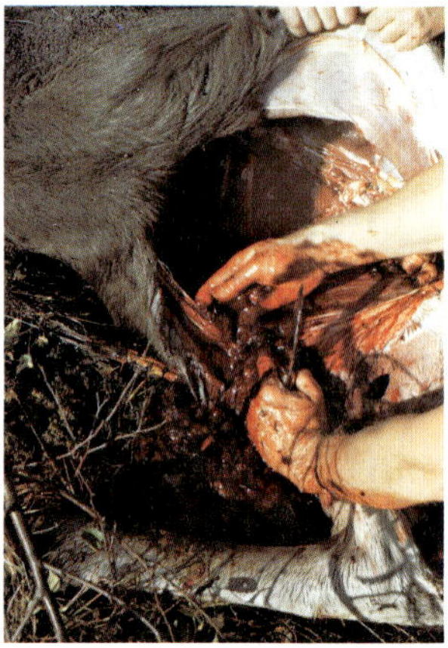

14
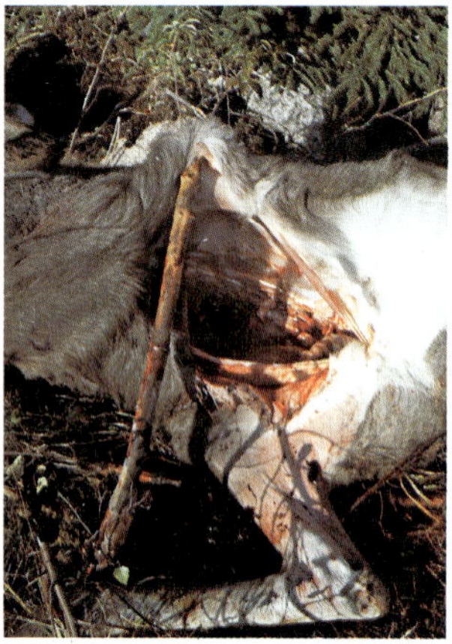

15

16

17

18

13 Da es bei Großwild nicht möglich ist, das Stück durch Anheben an den Vorderläufen ausschweißen zu lassen, wird nach dem Öffnen der Brandadern der sich im Bauchraum sammelnde Schweiß mit der Hand herausgeschöpft.

14 Um eine einigermaßen gute Auskühlung des Wildes bis zum Abtransport zu erreichen, sperrt man die Bauchhöhle mit einem kräftigen Stock.

15 Die Zeit bis zum Abtransport mit einem Fahrzeug bzw. Eintreffen der Jagdhelfer wird zur Gewinnung des eßbaren Aufbruches sowie zur Untersuchung von Herz, Lunge, Leber, Milz, Nieren und Gescheide auf krankheitsbedingte Merkmale genutzt. Hierzu werden Milz, Leber und Nieren vom Gescheide bzw. Bindegewebe und das Herz von der Drossel abgeschärft.

16 Anschließend wird der Herzbeutel aufgeschärft, der Herzmuskel entnommen und die Herzkammern durch einen Schnitt eröffnet. Das in ihnen noch enthaltene, gestockte Blut entfernt man mit der Hand bzw. schabt man mit dem Messer heraus.

17 Milz und Leber werden sodann optisch auf ihren Zustand überprüft und mit den Händen auf punktuelle Verhärtungen durchtastet, um eventuell vorhandene Krankheitssymptome festzustellen. Wurde ein zu den Hornträgern zählendes Stück Großwild erlegt, muß anschließend noch die Gallenblase entfernt werden.

18 Die Bergung von Großwild ist, wie bei diesem 110 Kilogramm schweren Elchkalb, das in unwegsamem Gelände erlegt wurde, nicht ganz einfach. Entweder wird das Stück an Ort und Stelle aus der Decke geschlagen und die Einzelteile huckepack weggetragen, oder mehrere Jäger (Jagdhelfer) ziehen das Stück an Gurten zu einem befahrbaren Weg.

der Stangen kann, um das Abschleppen zu erleichtern, ein breites Lederband oder ein starkes Seil befestigt werden, das man sich zur besseren Gewichtsverteilung beim Abtransport über die Schultern legt. Beim Transport schleifen die Stangenenden über den Boden. Eine auch bei Rettung Verletzter aus unwegsamem Gebiet bewährte Konstruktion.
Ein entsprechend langes und starkes Seil hat jeder erfahrene Hochwildjäger in unwegsamem Gelände im Rucksack. Damit läßt sich, zumindest in abschüssigem Gelände, oft auch ein stärkeres Stück recht gut ziehen. Wo man allein nichts mehr ausrichten kann, muß das Stück oft längere Zeit bis zum Eintreffen von Helfern, Zugtieren oder einem Geländefahrzeug liegen bleiben. Es muß dann sorgfältig aufgebrochen und so gelegt sein, daß es gut ausschweißen kann (mit dem aufgespreizten bzw. vom Dickdarm befreiten Schloß hangab, wenn nötig durch Steine oder Äste in der entsprechenden Lage gehalten, durch ein an Haupt oder Geweih befestigtes Seil, über einen Ast gezogen, vorne erhöht). Natürlich soll das Stück möglichst im Schatten lagern und gegen Raubwild verblendet und verwittert werden. Im Gebirge sind oft die Kolkraben gleich zur Stelle. Vor ihrem scharfen Auge können wir ein Stück Wild nur durch völliges Abdekken mit Zweigen verblenden. Gegen die Fliegenplage hilft aber auch das nicht – im Gegenteil, dagegen ist freier Luftzug am besten oder aber das sofortige »glasierende« Eintrocknen der Wildbret-Oberfläche in direkter warmer Sonnenbestrahlung (die nur nicht zu lange einwirken darf).

Wichtig fürs Präparieren

Wer sich Haupt und Träger von Widder, Gamsbock, Keiler oder Hirsch präparieren lassen möchte, der sollte folgendes beachten: Der Drosselschnitt muß unterbleiben, weil der Präparator den Auslöseschnitt und die spätere Naht immer entlang des Nackens führt. Das Aus-der-Decke-Schlagen erfolgt von den Hinterläufen aus. Vom Brustkorbansatz her wird die Decke wie beim Hasenabbalgen vorsichtig rundum vom Wildbret so weit gelöst, daß der Träger ohne Schwierigkeiten vom Rückenstrang abgetrennt werden kann. Die Decke wird ebenfalls auf Höhe des Trägeransatzes unmittelbar vor den Vorderläufen durchschärft. Merke: Je mehr Decke am Träger verbleibt, desto günstiger ist das für die Präparation.
Wird das Stück nicht selbst aus der Decke geschlagen, z. B. beim Verkauf an den Wildhandel, erfolgen Durchtrennung von Träger und Decke so nah wie möglich am Wildkörper. Bis zur Ablieferung beim Präparator sollten die offenliegenden Wildbret- und Deckeninnenteile eingesalzen und das Ganze in der Tiefkühltruhe aufbewahrt werden.

Abschwarten von Schwarzwild

1

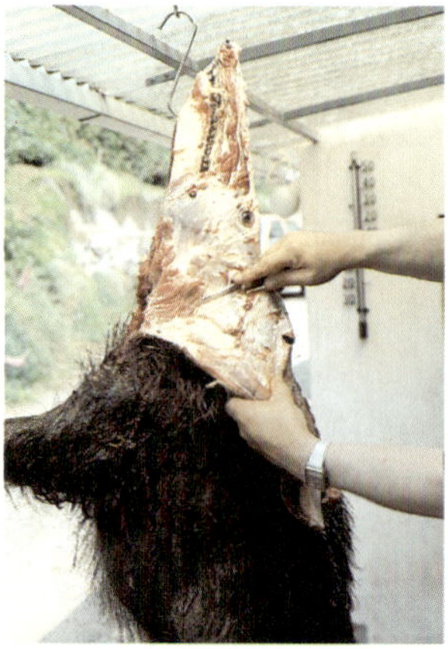

2

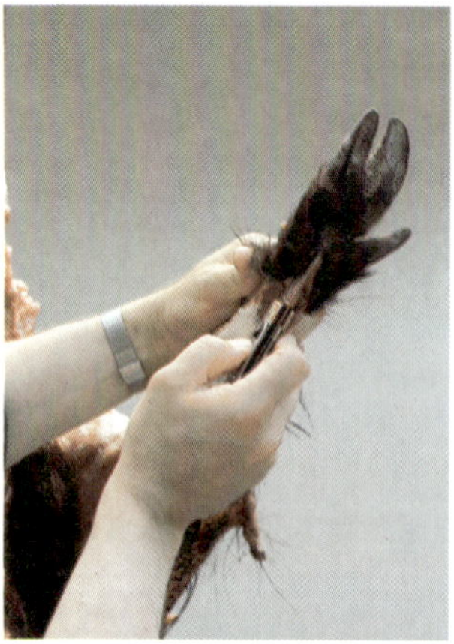

3

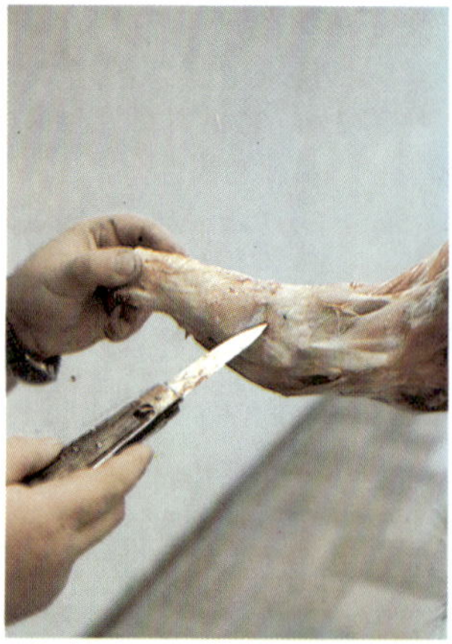

4

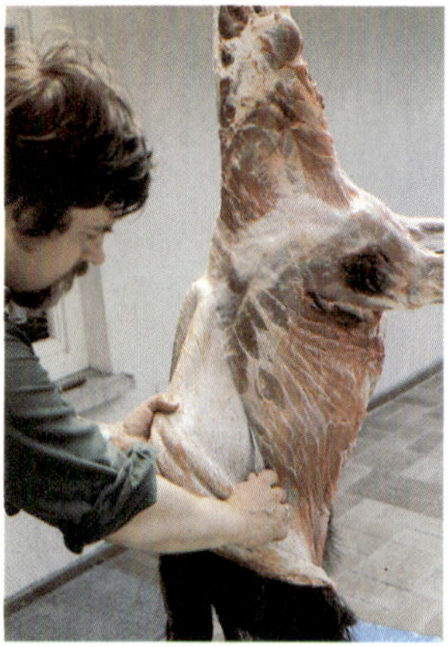

5

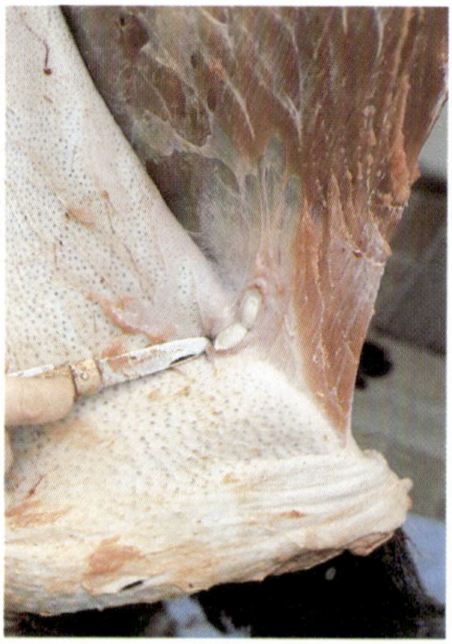

6

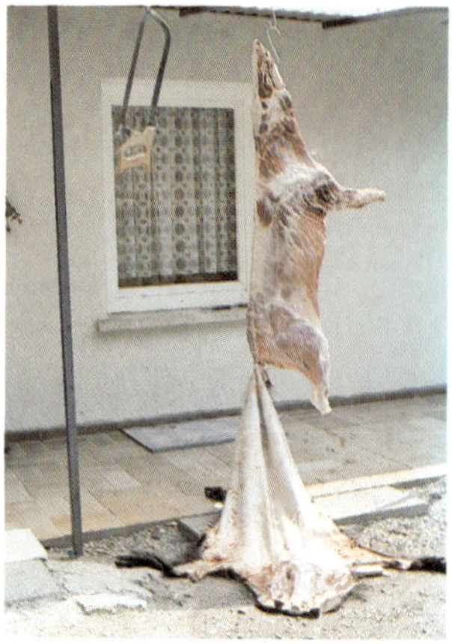

1 Das Abschwarten von Schwarzwild erfordert einige Geduld, da die Schwarte überaus fest mit dem Wildkörper verbunden ist. Soll die Schwarte später gegerbt werden, darf an ihr so wenig wie möglich Wildbret und Weißes verbleiben. Außerdem sind Schnitte in die Schwarte zu vermeiden. Begonnen wird das Abschwarten am Haupt.

2 Nach dem Auftrennen der Schwarte vom Brustkorb entlang der Innenseite von Blatt und Lauf, wird der Schnitt bis zu den Schalen fortgesetzt. Sollen die Schalen an der Schwarte verbleiben, müssen alle Fußknöchel herausgelöst werden.

3 Da Schwarzwild häufig flüchtig oder bei ungünstigen Lichtverhältnissen beschossen wird, bleiben Verletzungen durch Streifschüsse bzw. Durchschüsse im Laufbereich nicht aus. Sie führen selten zum Verenden des Stückes und heilen meist aus. Das Ergebnis ist z. B. eine Verdickung durch verschoben zusammengewachsene Knochen.

4 Ist die Schwarte von Haupt, Träger und Blättern gelöst, trennt man sie mit kleinen Messerschnitten weiter ab. Die Schwarte wird dabei mit der einen Hand stets an ihrer Fleischseite gefaßt und unter Spannung gehalten.

5 Beim Durchstreifen von Dickicht und Dornenhecken bleibt es nicht aus, daß sich in die Schwarte Dornen bohren und zu einer eitrigen Entzündung führen. Derartige, meist Daumennagel große Eiterherde müssen großzügig herausgeschnitten werden. Kommt die Klinge mit Eiter in Berührung, ist sie vor weiterer Verwendung sorgfältig zu reinigen.

6 Ist die Schwarte rundum vom Wildkörper abgelöst, wird sie an der Unterseite des Pürzels bis zu dessen Ende aufgeschärft und mit kleinen Schnitten rundum abgelöst. Anschließend wird die Schwarte innen und außen gesalzen.

Zum Schluß noch ein Hinweis: Wie in jedem Berufsstand gibt es auch bei den Präparatoren unterschiedliche Qualifikationen. Manch einer nennt sich Präparator, ist dies jedoch nur nebenberuflich und verfügt über keine qualifizierte Ausbildung mit Lehrzeit einschließlich entsprechender Prüfungen. Wird einem solchen Hobby-Präparator eine Schalenwildtrophäe zur Bearbeitung anvertraut, kann das Ergebnis für den Erleger enttäuschend sein. Eine gute, von einem Fachmann angefertigte Dermoplastik hat halt ihren Preis, und wer des Preises wegen »den billigen Jakob« vorzieht, der sollte lieber auf eine Präparation verzichten, ehe er sich später auf Dauer ärgert. Auch hier gilt, sich vorher sachkundig zu machen, ehe man »Lehrgeld« bezahlt.

Zwischen Bruch und Braten

Die spannenden Geschichten über den heimlichen Bock oder den starken Hirsch enden meist mit dem Bruch und der Totenwacht. Die lehrreichen Rezepte aus der Wildküche beginnen gerne mit »Man nehme einen Rehrücken ...«. Was jedoch geschieht dazwischen? Wer Wildbret für die eigene oder die Küche von Freunden und Bekannten gewinnen will, muß auch im sachgerechten Abschwarten, Aus-der-Decke-Schlagen bzw. Abbalgen bewandert sein. Er muß weiter in der Lage sein, das Wildbret ordentlich zu zerwirken und küchenfertig herzurichten.

Am Beispiel eines Stückes Schalenwild, in diesem Falle eines Stückes Rehwild, werden nachstehend die wichtigsten Arbeitsabläufe erläutert. Beschrieben wird das Aus-der-Decke-Schlagen an einem am Haupt aufgehängten Stück. Das umgekehrte Verfahren, an den Hinterläufen beginnend und in Richtung Haupt zu arbeiten, ist ebenfalls weit verbreitet und wird vor allem in Betrieben angewendet, die Wild in größerem Umfange zu verarbeiten haben. Der Waidmann jedoch sollte bei kleinen Stücken Schalenwild (Reh, Frischling, Überläufer, Kalb) jenem Verfahren den Vorzug geben, bei dem vom Haupt in Richtung Keulen gearbeitet wird. Es gewährleistet, daß Schwarte und Decke weitestgehend frei von Bindegewebe und Feist bleiben – etwas, das eine bessere Konservierung von Schwarte und Decke mit Salz für das spätere Gerben ermöglicht. Auch geht das Zerwirken später leichter von der Hand.

Ist das zum Auskühlen und Ausschweißen mit einem Fleicherhaken an einem luftigen und schattigen Ort aufgehängte und vor Fliegenanflug mit

einem luftdurchlässigen Netzsack geschützte Wild gut ausgeschweißt und ausgekühlt (höchstens +7 °C Kerntemperatur), wird es nach einer Reifezeit von 36 bis 92 Stunden (abhängig von der Wildgröße und gerechnet jeweils vom Zeitpunkt des Erlegens) abgeschwartet bzw. aus der Decke geschlagen. Das Ablösen der Decke beginnt am Äser und wird über das Haupt hinweg fortgesetzt. Während die eine Hand die Decke straff anzieht, drückt der Daumen der anderen Hand das Wildbret von der Decke ab. Zum Auslösen der Vorderläufe wird vom Vorderfußwurzelgelenk aus zum Brustkern hin die Decke aufgeschärft. Ebenso wird die Decke von der Bauchhöhle her entlang des Brustkernes zum Träger durchtrennt. Entlang des Rückens und der Bauchlappen löst man dann die Decke mit dem Daumen vom Wildkörper. Über Keulen und Sprunggelenke hinweg wird sie dann herabgezogen. Die am Einschuß wie Ausschuß sich im Wildbret befindenden Blutergüsse werden weggeschnitten, da an diesen Stellen die Fäulnis zuerst beginnt.
Das Zerwirken des Wildkörpers beginnt mit dem Abtrennen der Blätter, wobei der Schnitt nahe am Brustkorb und entlang der »Achselhöhlen« geführt wird. Sind die Blätter abgetrennt, folgt das Ablösen der Keulen. Während der erste Schnitt durch das Hüftgelenk geführt wird, erfolgt der zweite Schnitt rückwärts vom Weidloch kommend entlang der Wirbelsäule bis zum Hüftknochenansatz. Mit einer kräftigen Drehung läßt sich die Keule aus der Hüfte herauslösen. Was jetzt noch am Haken hängt sind Haupt, Träger, Rücken, die am Brustkorb verbundenen Rippen sowie die an ihnen hängenden Bauchlappen. Mit einer Säge oder einer Aufbrechzange durchtrennt man jetzt das Brustbein und löst anschließend die beiden Rippenstücke unterhalb und entlang des Rückens ab. Dies erfolgt wiederum mit Säge oder Aufbrechzange. Nach dem Abtrennen des Rückens am Übergang zum Träger wird der Träger kurz hinter dem Haupt abgesägt. Wer sein Jagdmesser geschickt zu führen weiß, dem gelingt dies auch ohne Zuhilfenahme einer Säge.
Für die weitere Zurichtung werden die einzelnen Wildbretteile auf einer sauberen Unterlage parat gelegt. Beim Fertigmachen für die Küche ist es wichtig, daß bei den Blättern der auf der Innenseite in einer Hautfalte verborgene Lymphknoten ebenso entfernt wird, wie das über der Verbindungsstelle zwischen Blattschaufel und erstem Röhrenknochen liegende Lymphdrüsengewebe. Beides verändert bei der Zubereitung des Wildbrets den Geschmack. Daß durch den Schuß zerstörtes Wildbret sowie alle ersichtlichen Blutergüsse sauber herauszuschneiden sind, sollte für jeden, der gutes Wildbret in der Küche schätzt, selbstverständlich sein. Relativ leicht geht das Häuten von Blättern und Keulen, wobei nur die Haut entfernt wird, die sich mit den Fingern leicht abheben läßt. Vom Rücken

Zerwirken und Zerlegen einer Rehgeiß

1

2
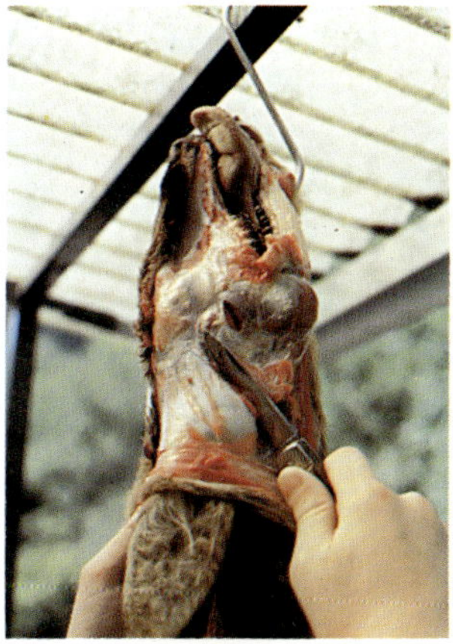

3
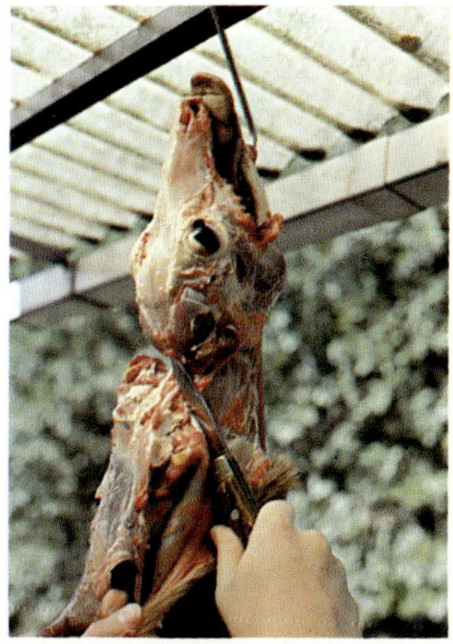

4
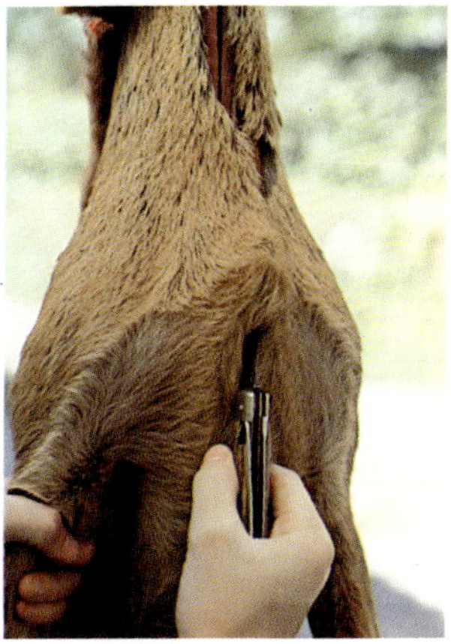

5

6
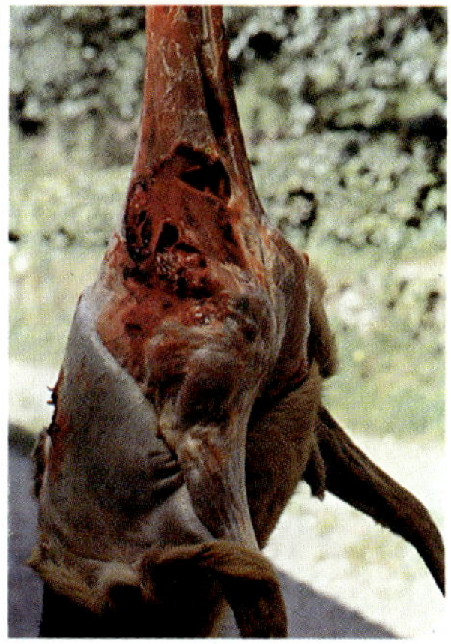

1 Aufgebrochenes und zum Auskühlen an einem luftigen Ort aufgehängtes Schalenwild ist bis in die Herbstmonate hinein Anziehungspunkt von Schmeißfliegen und Wespen. Um das Wildbret vor einer Verschmutzung durch die Ablage von Fliegeneiern zu bewahren, sollte es während des Auskühlens vor Insektenanflug durch ein Fliegennetz geschützt werden.

2 Bewährt hat es sich, das aus der Decke zu schlagende Stück Schalenwild an einem Fleischerhaken oder einer um das Haupt geknüpften Schnur aufzuhängen. Vor dem Aufhängen des Wildes wird die Decke zwischen den Unterkieferästen bis vorne aufgeschärft und so weit abgelöst, daß das Haupt freiliegt.

3 Während mit der einen Hand die Decke vom Wildkörper abgezogen wird, durchschärft man im Kopf- und Trägerbereich die Decke und Wildkörper verbindenden Häute. Die in die Lauscher mündenden Gehörgänge schärft man unmittelbar über dem Knochen durch.

4 Sind das Haupt und der obere Teil des Trägers freigelegt, wird die Decke von der Bauchhöhle entlang des Brustbeins bis zum Träger aufgeschärft und links und rechts vom Wildkörper abgelöst.

5 Für ein sauberes Auslösen der Vorderläufe spreizt man mit der einen Hand den Lauf vom Wildkörper ab und schärft die Decke an den Schalen beginnend entlang der Innenseite des Laufes bis zum Brustbein auf. Bei sorgfältiger Schnittführung läßt sich eine Verletzung des unter der Decke liegenden Muskelfleisches vermeiden.

6 Anschließend wird die Decke vom Träger her über die Schulter bis zu den Vorderläufen vom Wildkörper abgezogen. Dabei ist darauf zu achten, daß die Decke und Wildkörper miteinander verbindende Haut am Wildkörper verbleibt.

Zerwirken und Zerlegen einer Rehgeiß

7
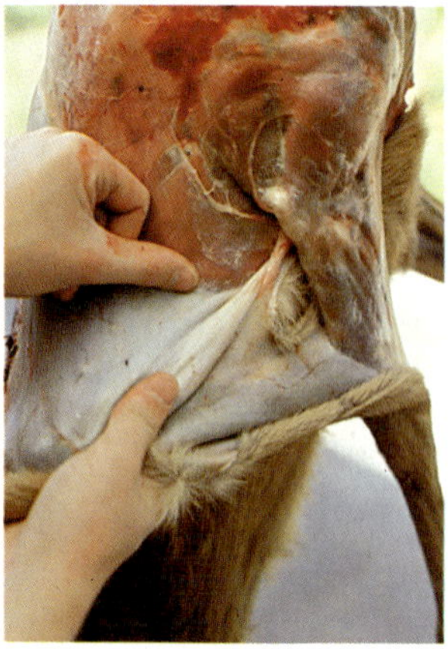

8
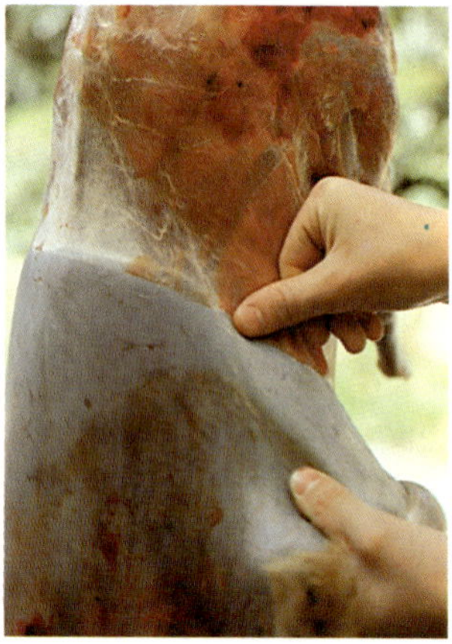

9

10

11
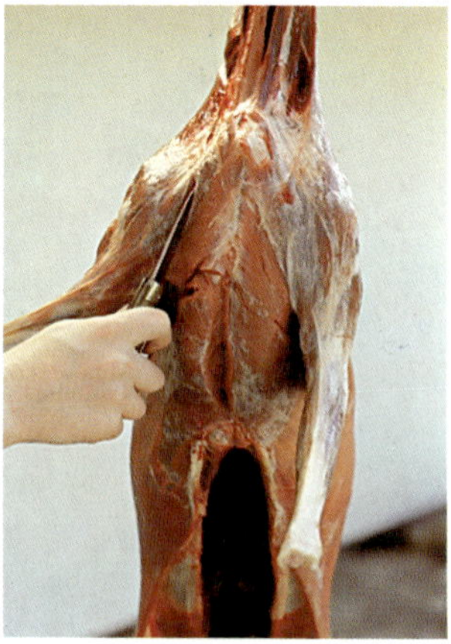

12
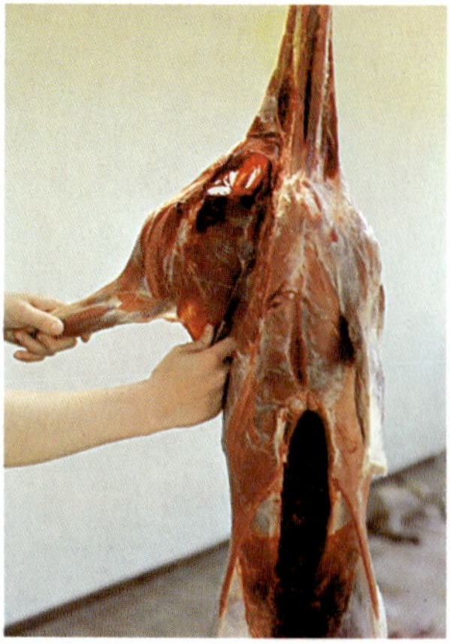

7 Um unnötige Verletzungen des Wildbrets zu vermeiden, wird in weiten Bereichen ohne Einsatz des Messers gearbeitet. Während die eine Hand die Decke strafft, schiebt der Daumen der anderen Hand Haut und Wildbret in Richtung Wildkörper.

8 Nach dem Auslösen der Vorderläufe werden diese im zweiten Gelenk abgeschärft. Der Mittelfußknochen verbleibt an der Decke. Auf gleiche Weise, wie zuvor geschildert, wird anschließend die Decke rundum in Richtung der Keulen weiter abgelöst. Besondere Sorgfalt ist dabei Rippen und Bauchlappen geboten.

9 Der schwierigste Teil der Arbeit ist vorbei, wenn die Decke vom Haupt über den Träger, die beiden Blätter und den oberen Teil der Rückenpartie sowie entlang der Rippen und Bauchlappen abgelöst ist.

10 Jetzt wird die Decke mit beiden Händen gefaßt und unter kräftigem Zug über den hinteren Rückenteil und die Keulen sowie die Hinterläufe nach unten gezogen. Die Hinterläufe selbst werden im Sprunggelenk abgetrennt. Dabei werden zuerst die das Gelenk umgebenden Sehnen durchschärft und anschließend der Mittelfußknochen unter kräftigem Druck aus dem Gelenk gehebelt.

11 Dem Aus-der-Decke-Schlagen folgt das Zerlegen des Wildkörpers in seine Einzelteile. Begonnen wird das Zerlegen an den Blättern. Hierzu faßt man den oberen Unterarmknochen mit der Hand und spreizt ihn seitwärts vom Wildkörper ab. Der Trennungsschnitt erfolgt durch die Blatt und Brustkern verbindende Muskulatur.

12 Nach dem Durchtrennen der Muskulatur klappt man das Blatt weiter ab und durchtrennt mit dem Messer die inneren Verbindungsmuskeln. Schließlich wird das Blatt vollends vom Wildkörper abgeschärft, ohne daß man dabei die wertvolle Rückenmuskulatur verletzt.

Zerwirken und Zerlegen einer Rehgeiß

3

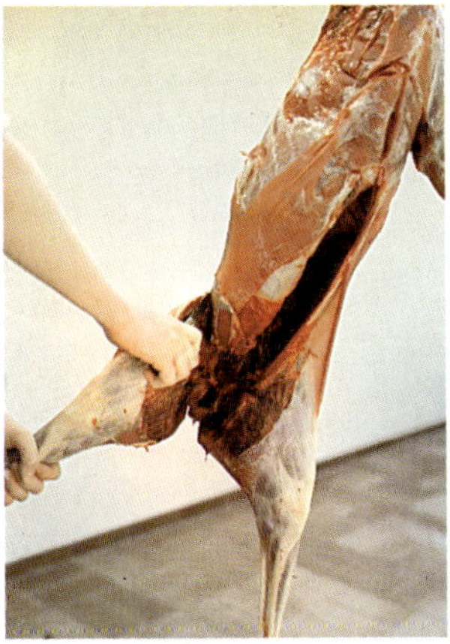

14

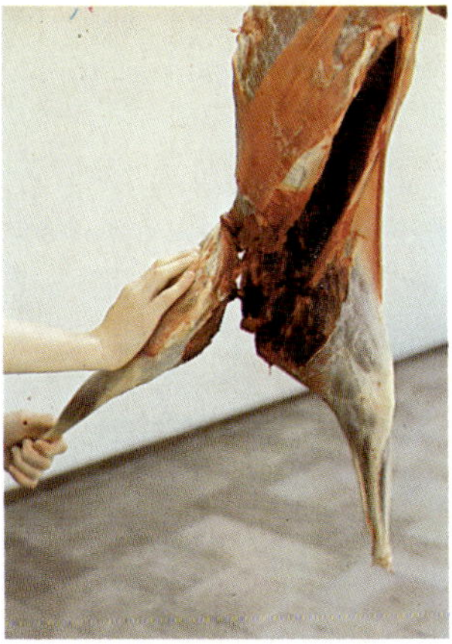

15

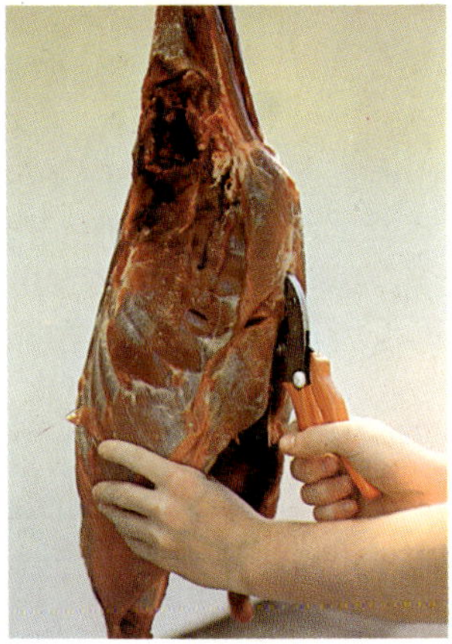

6

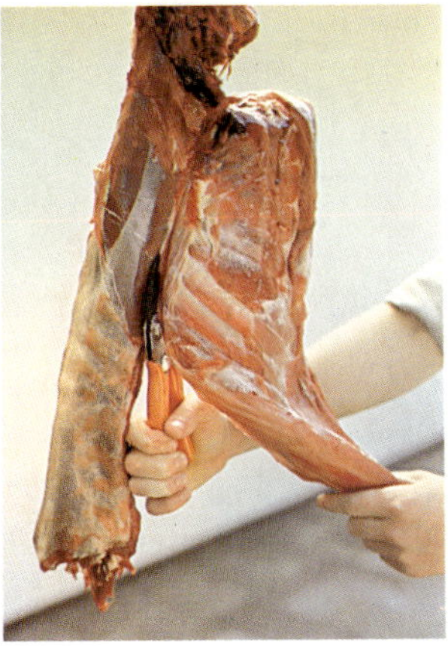

17

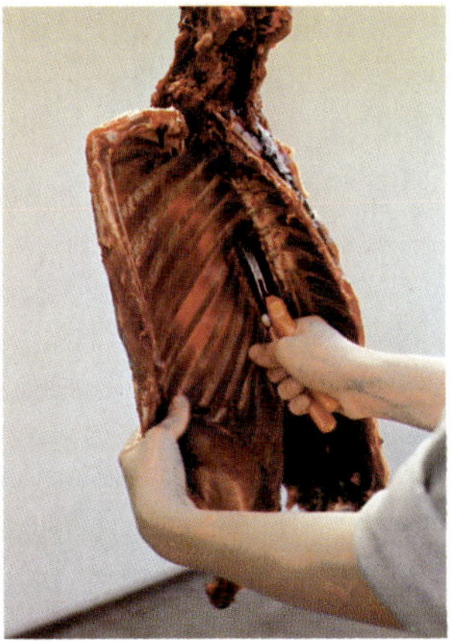

18

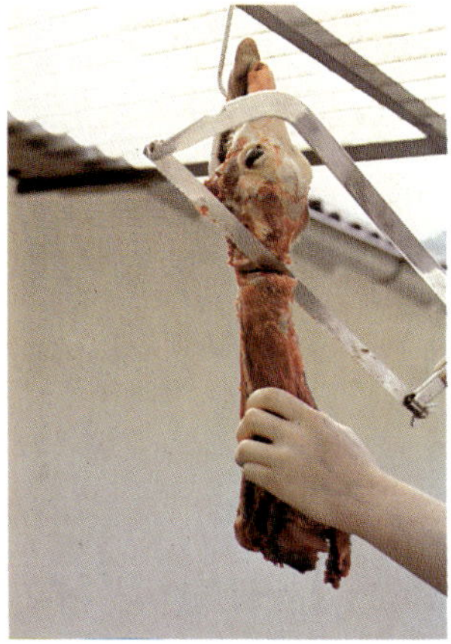

13 Recht einfach ist auch das Ablösen der Keulen vom Wildkörper. Wesentlich hierfür sind zwei Schnitte: Der erste wird an der Rückseite vom Schloß aufwärts bis zum Beckenknochen geführt; der zweite am Übergang vom Bauchlappen zur Keule. Anschließend faßt man den Unterschenkel, dreht die Keule leicht nach außen und durchtrennt die verbindende Muskulatur.

14 Sodann wird die Keule nach oben gezogen und durch Druck mit der anderen Hand von oben aus dem Gelenk gedreht. Auf gleiche Weise löst man anschließend die zweite Keule vom Wildkörper.

15 Für das Ablösen der Rippenpartien wird zuerst das Brustbein von unten nach oben mit einer Knochensäge oder einer Aufbrechzange durchtrennt. Anschließend durchschärft man mit dem Messer unterhalb der Rückenmuskulatur die sich auf der Rippenoberseite befindende Haut und das darunter liegende Wildbret so, daß die Rippen sichtbar sind.

16 Entlang dieses Schnittes werden dann die Rippen mit der Knochensäge oder der Aufbrechzange durchtrennt. Dies erfolgt von hinten nach vorne, wobei die eine Hand Bauchlappen und abgetrennte Rippen vom Wildkörper wegzieht.

17 Beim Abtrennen der Rippen und anhängenden Bauchlappen vom Rücken muß darauf geachtet werden, daß Messer- und Sägeschnitte bzw. die Durchtrennung mit der Aufbrechzange so erfolgen, daß der Rücken in seiner Gänze erhalten bleibt.

18 Nach dem Abtrennen des Rückens am Übergang zum Träger wird der Träger selbst unterhalb des Hauptes abgesägt. Das Ablösen läßt sich auch mit der Messerklinge erzielen, wobei zuerst das Wildbret rundum durchgeschärft und anschließend der Schnitt genau zwischen Schädel und erstem Halswirbel geführt wird.

werden insgesamt zwei Häute entfernt, die sich ebenfalls leicht ablösen lassen. Die letzte, bläulich schimmernde Haut verbleibt am Wildbret.
So vorbereitet, kann die Feinarbeit beginnen. Sie dient dazu, die einzelnen Teile für das Tieffrosten bzw. Braten zu präparieren. Wer z. B. Wert auf Rehmedaillons legt, der muß vom Rücken die Muskelstränge beidseits der Wirbelsäule und entlang des Knochengerüstes auslösen. Wesentlich für das Einfrieren ist, daß sie nicht weiter portioniert werden, sondern in ihrer Gesamtheit in die Tiefkühltruhe kommen. Dies verhindert ein mögliches Austrocknen der sonst vorgeschnittenen Medaillons. Bei den Keulen empfiehlt es sich, den Unterschenkelknochen auszulösen. Dies geschieht so, daß das den Röhrenknochen umgebende Wildbret an der Keule verbleibt. Wem eine ganze Keule als Bratenstück zu groß ist, der sollte sie nach vorherigem Auslösen des Schloßknochens entlang des Oberschenkelknochens halbieren. Ansonsten beläßt man den Schloßknochen an der Keule, da er beim Braten, Schmoren oder Grillen des Fleischstückes die Schrumpfung mindert und dessen Form erhält. Bei den Blättern kann ähnlich wie bei der Keule verfahren und der Oberarmknochen ausgelöst werden.
Das Fleisch vom Rippenbogen und Bauchlappen wird meist zu Ragout geschnitten. In Einzelfällen läßt es sich auch, als Fleischlappen vom Knochen gelöst, für einen Rollbraten verwenden. Beim Ablösen des Fleisches und Zuschneiden der Stücke zu einem Rehgulasch ist darauf zu achten, daß so wenig Feist (Fett) wie möglich am Wildbret bleibt. Feist und mit Fett durchsetztes Wildbret wird auch in der Tiefkühltruhe nach einer gewissen Zeit ranzig und kann einem den späteren Genuß verderben.

Was man wissen sollte

- Wild sollte außerhalb einer Kühlkammer nur an einem kühlen, luftigen Ort und nicht länger als 48 bis 72 Stunden abhängen. Der Reifungsprozeß ist beendet, wenn sich die Totenstarre aufgelöst hat. Keinesfalls darf das Wild in der Decke gefroren werden, da hierdurch der Reifeprozeß nicht vollständig erfolgen kann. Deshalb dürfen Stücke, die im Winter bei Frosttemperaturen erlegt werden, zum Auskühlen nicht mehrere Stunden den Kältegraden ausgesetzt werden. Ausnahme: Kühlhaus, in dem Wild in der Decke, Schwarte, Balg mehrere Tage abhängen kann. Wird es warm aus der Decke geschlagen, trocknet die Fleischoberfläche lederartig aus. Ein Abspritzen des warmen Wildbrets mit kaltem Leitungswasser, wie es vielfach in Skandinavien gemacht wird, kann dies für einige Tage verhindern. Bei bereits auf der Oberflä-

Zerwirken auf Tisch oder Schragen

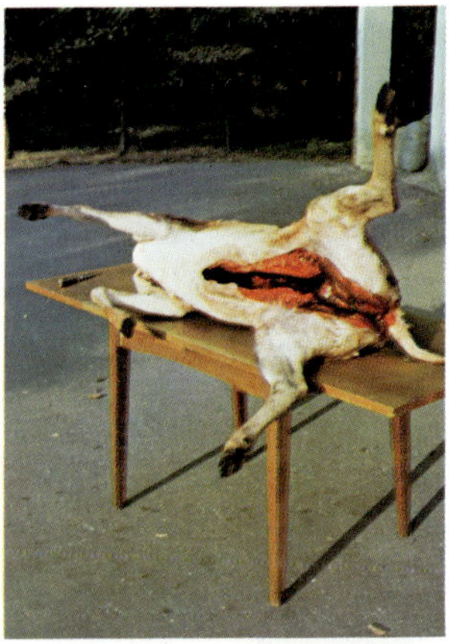

2

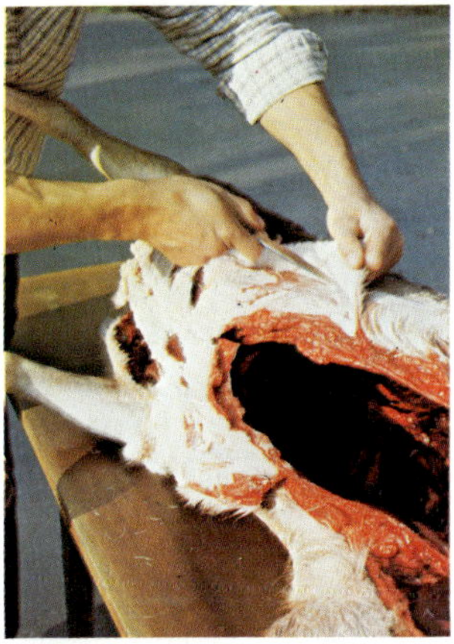

3

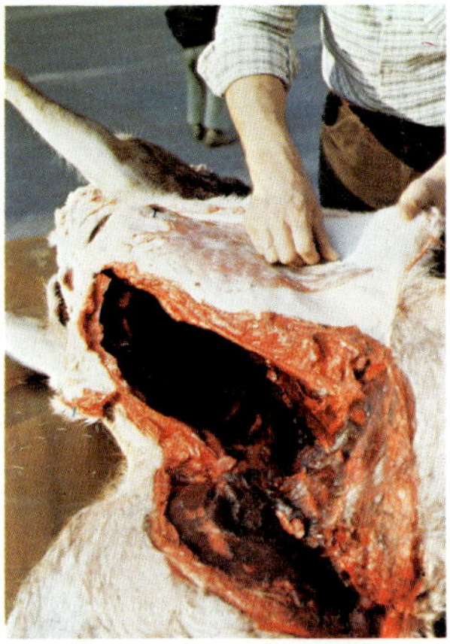

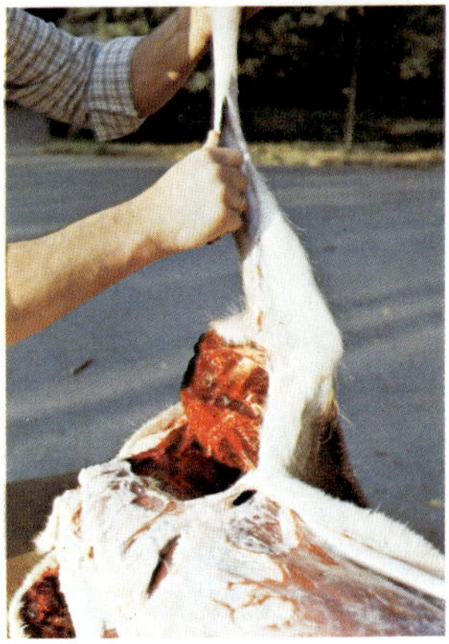

5

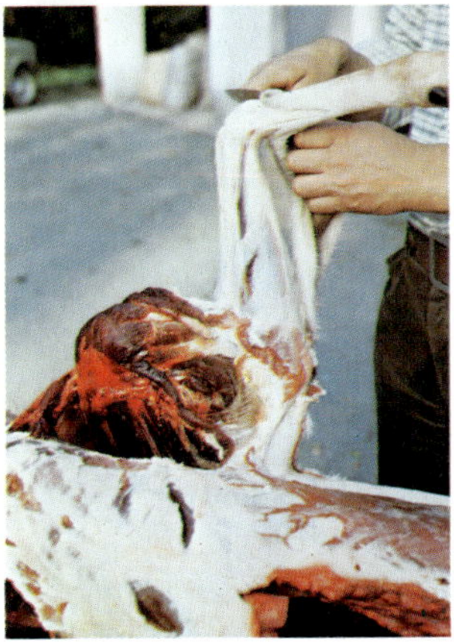

6

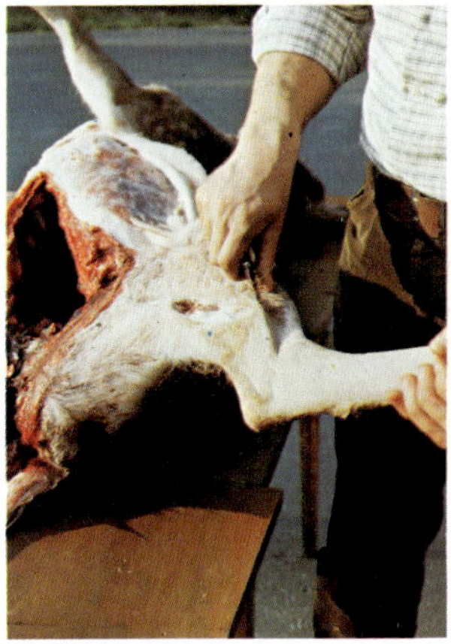

1 Statt in hängender Position wird vielfach Schalenwild auch liegend aus der Decke geschlagen und zerlegt. Als Unterlage dient ein Tisch bzw. der sogenannte Schragen. Sofern es sich bei dem Stück Wild um einen Trophäenträger – im dargestellten Beispiel ein Damhirsch – handelt, wird das Haupt zuvor abgeschärft.

2 Als erstes wird die Decke von der Bauchhöhle aus entlang des Brustbeines bis zum Träger in voller Länge aufgeschärft. Sodann faßt man die Decke mit einer Hand und löst sie mit kleinen Messerschnitten soweit vom Wildbret ab, daß sie sich gut fassen läßt.

3 Um unnötige Verletzungen des Wildbrets zu vermeiden, wird beim weiteren Ablösen der Decke weitestgehend ohne Messer gearbeitet. Während die eine Hand die Decke vom Wildkörper wegzieht, schiebt der Daumen der anderen Hand das Wildbret von der Decke in Richtung Wildkörper ab. Die Wildbret und Decke miteinander verbindende Haut verbleibt dabei am Wildkörper. Sie wird später vom Wildbret entfernt.

4 Für das Auslösen des obenliegenden Vorderlaufes wird dieser mit einer Hand vom Wildkörper abgespreizt und die Decke an der Blattinnenseite vom Brustkorb entlang des Laufes in Richtung der Schalen aufgeschärft. Die Messerführung erfolgt hier so, daß eine Verletzung des die Knochen umgebenden Wildbrets weitestgehend vermieden wird.

5 Nach dem Aufschärfen der Decke wird diese rundum vom Lauf abgelöst und in Richtung der Schalen so weit abgezogen, daß das Vorderwurzelgelenk freiliegt. In ihm wird der an der Decke verbleibende Mittelfußknochen vom Wildkörper abgetrennt.

6 Anschließend schärft man die Decke von der Keuleninnenseite entlang des Hinterlaufes bis zu den Schalen auf.

Zerwirken auf Tisch oder Schragen

7

8
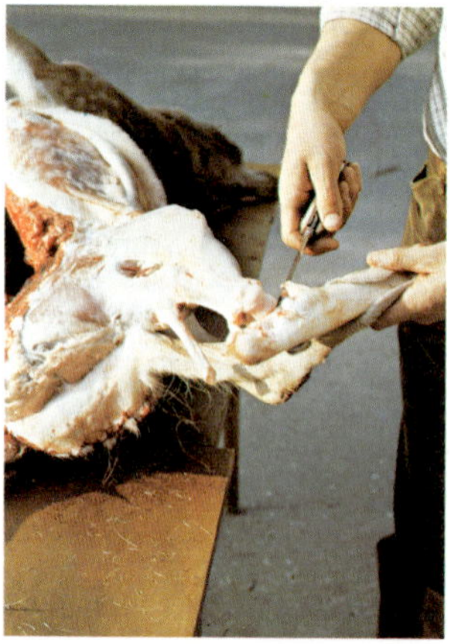

9
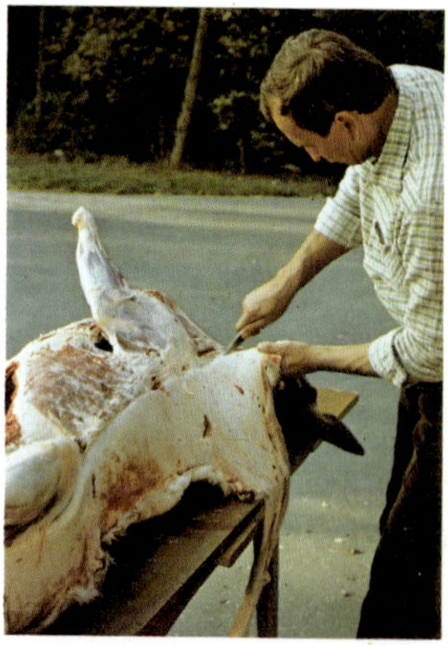

10
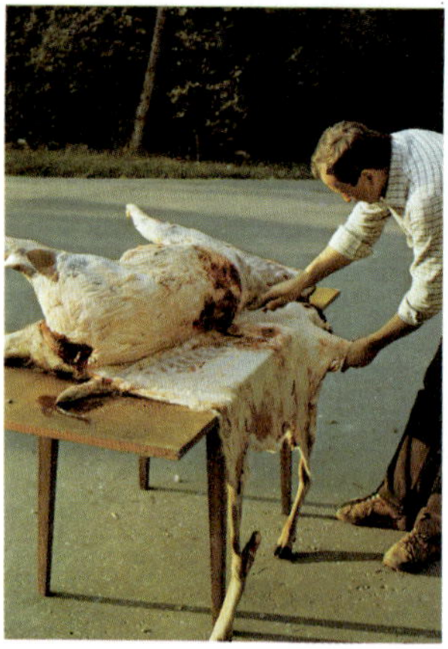

11

12
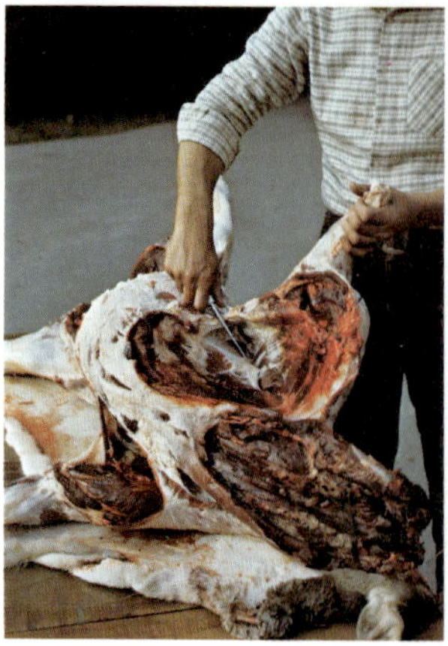

7 Ist dies geschehen, wird die Decke mit der einen Hand gefaßt und mit dem in der anderen Hand geführten Messer mittels kleiner Schnitte vom Wildbret gelöst. Das Ablösen erfolgt einmal rundum bis über das Sprunggelenk, zum anderen in Richtung der Bauchlappen und Rippen.

8 Den an der Decke verbleibenden Mittelfußknochen trennt man im Sprunggelenk vom übrigen Wildkörper. Eine für einen Anfänger nicht ganz leichte Schnittführung, bei der die die beiden Knochen verbindenden Sehnen durchschärft werden. Eine leichte Drehung des Mittelfußknochens ermöglicht dann die Schnittführung durch das Gelenk welches eine für den Ungeübten kompliziert erscheinende Struktur hat.

9 Wo ein Abschieben des Wildbrets von der Decke mit dem Daumen nicht mehr möglich ist, helfen beim Ablösen kleine, vorsichtig geführte Messerschnitte. Eine Verletzung der Decke sowie des Wildbrets ist hierbei zu vermeiden.

10 Wichtig bei der Arbeit auf dem Schragen bzw. Tisch ist, daß das Ablösen der Decke von der einen Hälfte des Wildkörpers ausreichend weit über die Mittellinie des Rückens hinaus erfolgt.

11 Anschließend wird das Stück umgedreht, so daß die ausgelöste Körperhälfte auf der Decke liegt. Es folgt das Aus-der-Decke-Schlagen der anderen Körperhälfte.

12 Während des Zerlegens des Wildkörpers sollte dieser weiter auf der Decke verbleiben, da die Tischplatte bzw. der Schragen durch Schmutz bzw. abgelöste Haare verunreinigt ist. Abgelöst werden zuerst die Blätter. Hierzu faßt man den Vorderlauf, spreizt das Blatt vom Körper ab und durchtrennt die Blatt und Brustkern miteinander verbindende Muskulatur. Anschließend schärft man das Blatt rundum ab.

Zerwirken auf Tisch oder Schragen

14

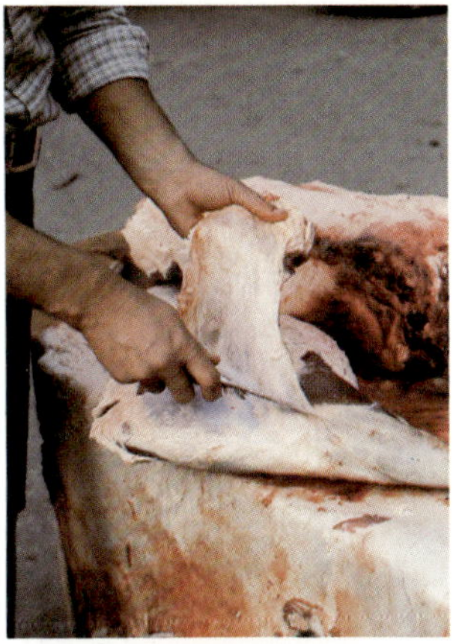

15

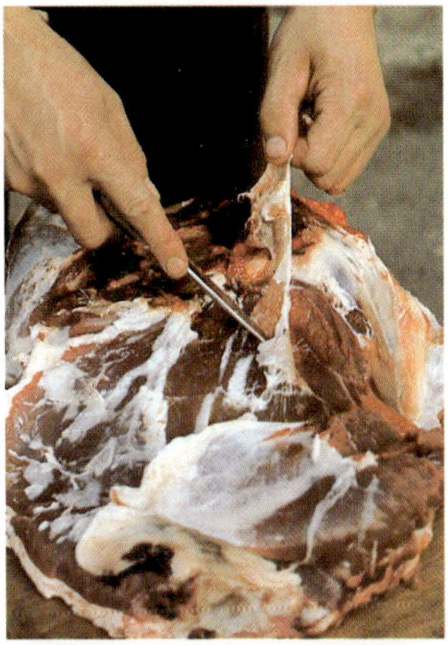

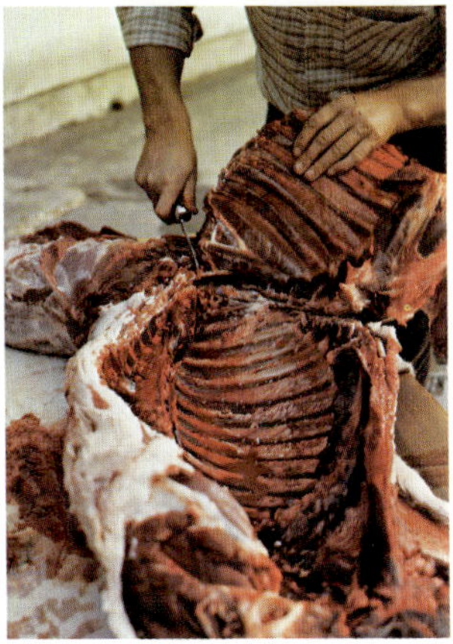

17

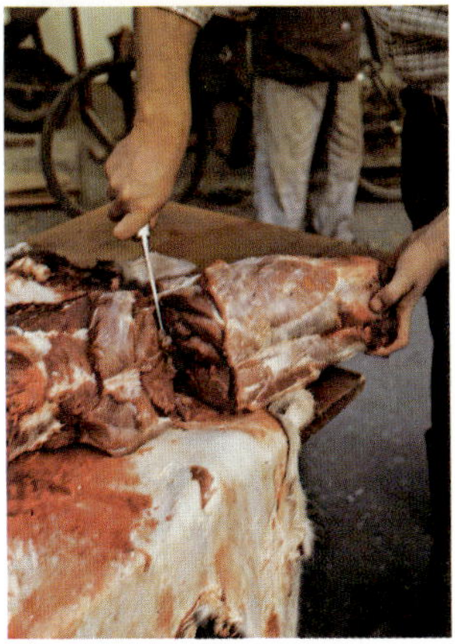

18

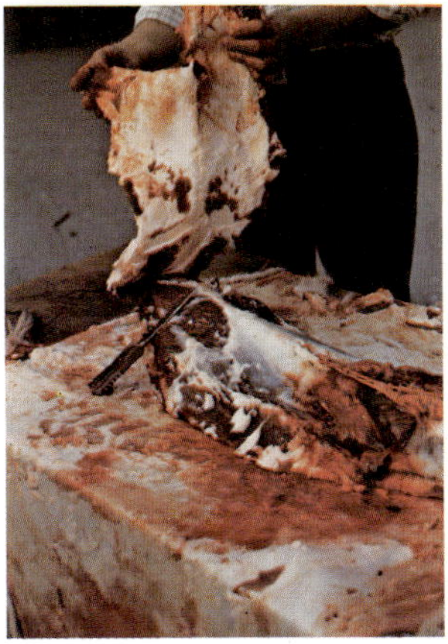

13 Zum Ablösen der Keulen werden zwei Schnitte gesetzt: Einmal vom Wedelansatz entlang des Rückgrats bis zum Beckenknochen, sodann entlang des Beckenknochens durch die Bauchlappen bis in die Bauchhöhle. Anschließend wird die Keule leicht seitwärts gedreht und der Oberschenkelknochen aus der Gelenkpfanne herausgeschärft.

14 Noch auf dem Schragen wird die Keule gehäutet. Entfernt werden dabei alle Häute, die sich leicht vom Wildbret abheben lassen. Sie werden mit der einen Hand gefaßt und durch kleine Messerschnitte abgelöst.

15 An der Innenseite der Keule werden ebenfalls die lokkeren Häute entfernt, ebenso anhaftende Blutergüsse und Feistteile. Das Messer wird dabei so geführt, daß die Muskulatur nicht unnötig verletzt wird.

16 Um Bauchlappen und Rippen abzutrennen, wird zuerst das Brustbein entweder mit der sich am Messer befindenden Knochensäge oder einer separaten Säge durchtrennt. Anschließend schärft man unterhalb des Rückens Haut und Wildbret bis auf die Knochen durch. Nach dem Abschärfen der Bauchlappen vom Rücken faßt man den Rippenbogen und sägt die einzelnen Rippen vom Bauchraum bis zum Stich durch. Eine leichte Arbeit, wenn die Rippen dabei eingerollt werden.

17 Nach dem Ablösen der Bauchlappen und der Rippen vom Rückenstrang, wird der Träger am Übergang zum Rücken bis auf den Knochen rundum durchgeschärft. Durch Drehen des Trägers wird er abgetrennt.

18 Zum Schluß werden die einzelnen Wildbretteile von anhaftendem Feist gesäubert. Die Entfernung des Feistes ist Voraussetzung für eine lange Lagerung von Wildbret in der Tiefkühltruhe, da nicht abgelöster Feist schnell ranzig wird.

che erkaltetem Wildbret führt dies jedoch zu einem schnelleren Fäulnisprozeß.

- Der sogenannte Hautgoût – »starker Wildgeschmack« ist überwiegend Ergebnis eines durch zu langes und unsachgemäßes Abhängen bakteriell an der Fleischoberfläche hervorgerufenen Fäulnisprozesses.
- In die Tiefkühltruhe eingebrachtes Wildbret wird durch die beim Einfrosten verursachte Sprengung der Muskelfasern automatisch zarter.
- Bakterien und Viren werden durch tiefe Temperaturen nicht abgetötet, sondern in einen »Tiefschlaf« versetzt. Sie überleben tiefgefroren Monate und Jahre. Eier und Larven von Parasiten (Würmern etc.) werden in der Tiefkühltruhe bei ausreichend langer Lagerung abgetötet.
- Viren und Bakterien werden abgetötet, wenn das Wildbret auf eine Kerntemperatur von mindestens 80 °C erhitzt wird. Deshalb darf Wildbret nur gut durchgekocht bzw. durchgebraten zum Verzehr angeboten werden. Solange beim Anschnitt noch roter Fleischsaft austritt, ist eine Durcherhitzung mit 80 °C nicht erfolgt. Die Gefahr der Erkrankung an einer von Wild auf den Menschen übertragbaren Krankheit ist in diesem Falle möglich.
- Einmal aufgetautes Wildbret kann ohne weiteres ein zweites Mal eingefrostet werden. Es sollte dann jedoch innerhalb der nächsten 4 bis 6 Wochen verarbeitet werden.

Niederwild richtig versorgen

Herbstlich bunte Wälder, abgeerntete Fluren – Jagdzeit auf jene Wildarten, die keiner offiziellen Abschlußplanung unterliegen: Hase, Kanin, Fasan, Rebhuhn und Ente. Der Versorgung dieses überwiegend auf Gesellschaftsjagden erlegten Wildes wird nach dem Schuß nicht immer jene Aufmerksamkeit zuteil, die »unter besonderer Berücksichtigung der hygienisch erforderlichen Maßnahmen« notwendig ist. Gar zu schnell kann gerade dieses Wild durch unsachgemäße Behandlung, besonders wenn noch ungünstige Außentemperaturen herrschen, für die Verwertung durch den Wildhandel und für den Verzehr untauglich werden.

Wer sich die Auswirkungen eines Schrotschusses auf ein Stück Niederwild vergegenwärtigt, der wird erkennen, warum die relativ schnelle Versorgung nach dem Schuß zwingend erforderlich ist: Die Schrote durchschlagen nicht nur Balg bzw. Federkleid nebst Muskelfleisch, son-

Zurichten von Wildbret

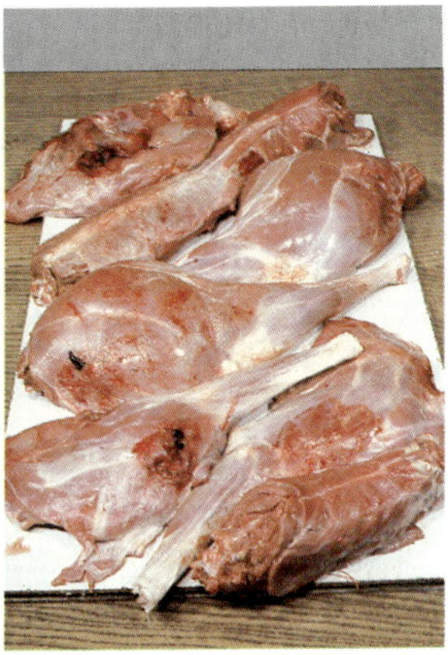

2

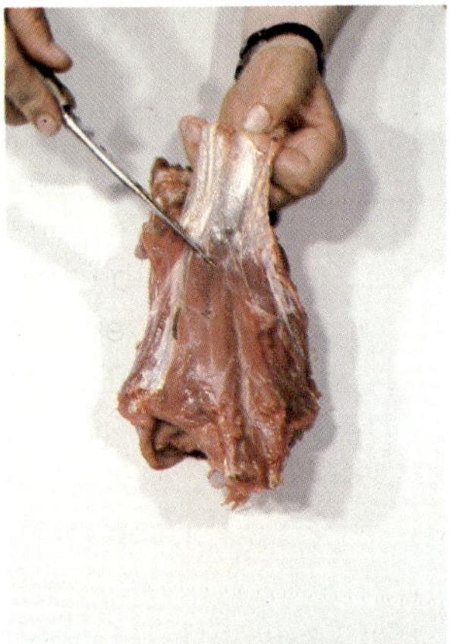

3

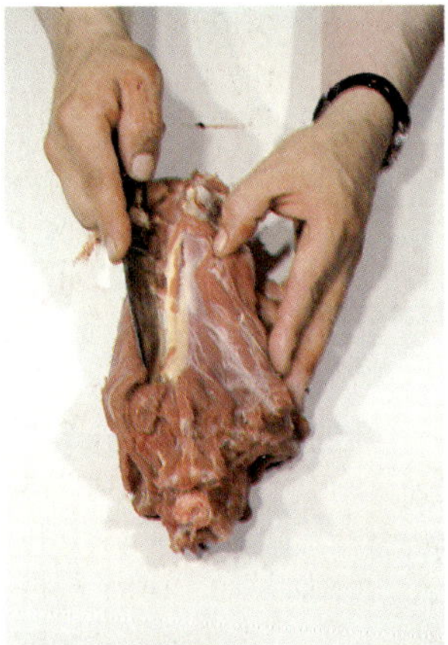

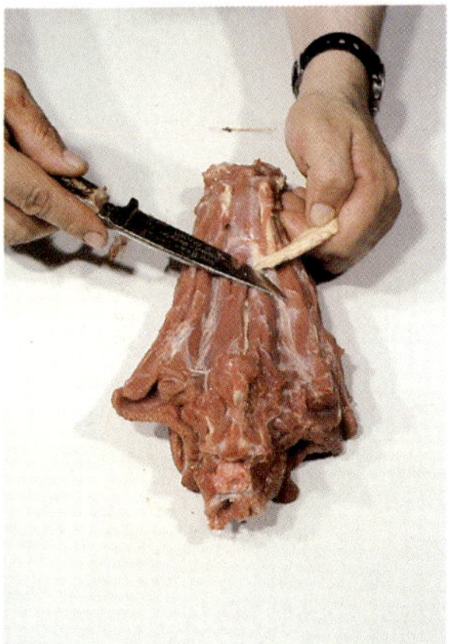

5

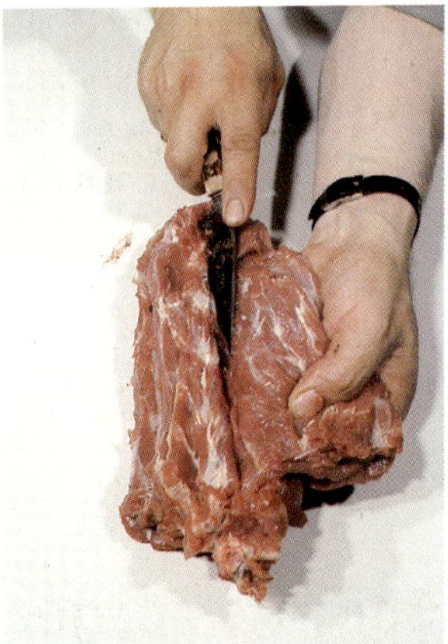

6

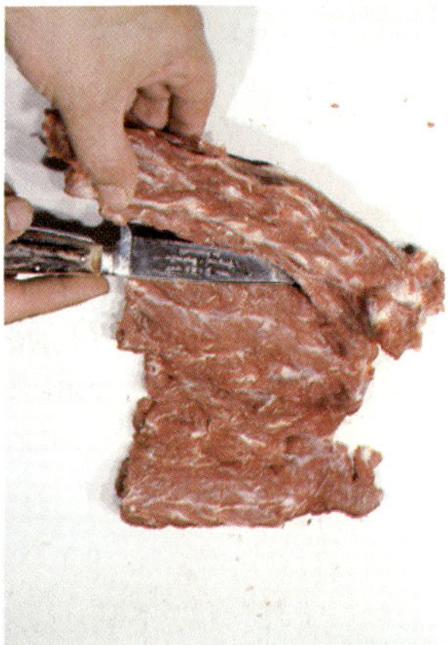

1 Mit dem Aus-der-Decke-Schlagen eines Stückes Schalenwild und seinem Zerlegen sehen viele Jäger ihre Arbeit als beendet an. Tatsache jedoch ist, daß auch die nachfolgende Zurichtung der Wildbretteile wesentlich für dessen Wohlgeschmack ist. Hinzu kommt, daß bei entsprechender Zurichtung die Wildbretteile weniger Platz in der Tiefkühltruhe beanspruchen.

2 Aus dem Träger (Hals) läßt sich ein drei bis vier Personen sättigender Braten herstellen. Seine Zurichtung beginnt mit dem Ablösen der sich an der Unterseite des Trägers befindenden Haut. An der breitesten Stelle wird diese mit der Messerspitze vorsichtig vom Fleisch gelöst, sodann faßt die eine Hand den Hautfetzen, hebt ihn an und zieht ihn nach oben hin ab. Kleine Messerschnitte helfen beim Ablösen.

3 Zum Herauslösen der auf der Halsoberfläche sich befindenden Sehnen legt man den Hals auf seine gehäutete Unterseite und hält ihn mit der einen Hand fest. Entlang der Sehnen wird links und rechts mit dem Messer bis auf den Knochen ins Wildbret geschnitten, so daß die Sehnen freiliegen.

4 Nachdem die Sehnen an einem Ende des Halses mit der Messerspitze abgelöst wurden, faßt man sie mit der Hand und löst sie mit dem Messer entlang der Wirbel vom Hals.

5 Ist das Halsstück gehäutet und entsehnt, löst man das Wildbret von den Knochen. Die eine Hand faßt das abgeschärfte Wildbret und zieht es seitwärts ab. Jeweils am Übergang vom Wildbret zum Knochen erfolgen die den Knochen auslösenden Messerschnitte.

6 Um möglichst wenig Wildbret am Knochen selbst zu belassen, schneidet man es so nah wie möglich an diesem ab. Dabei folgt die Messerspitze den Vertiefungen am Knochen.

Zurichten von Wildbret

7

8
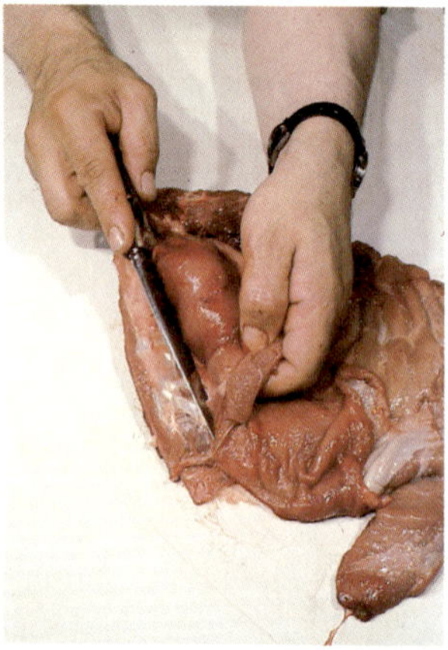

9
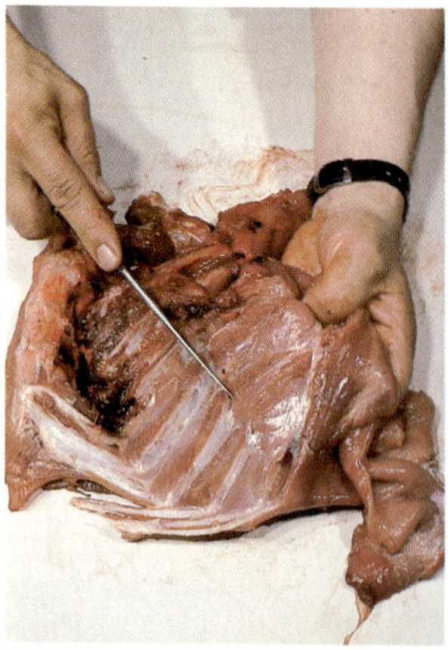

10
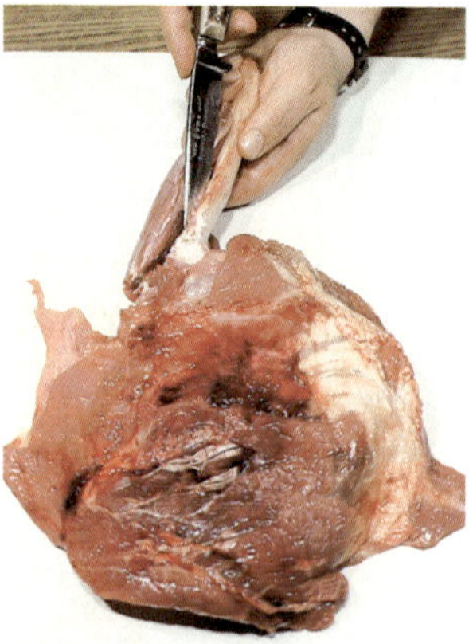

11
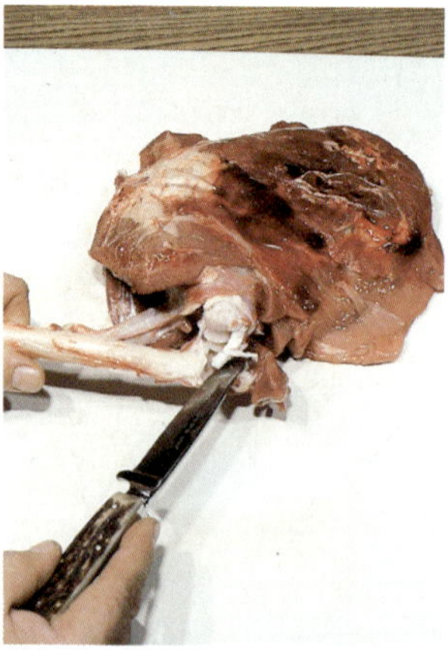

12
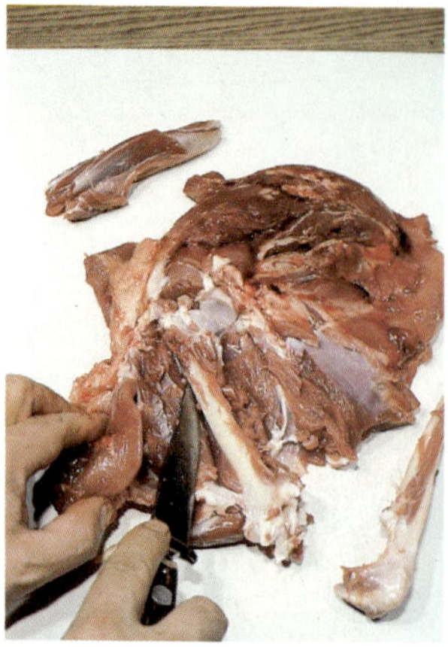

7 Das abgelöste Halsfleisch kann entweder zu einer großen Roulade verarbeitet oder aber zu Ragout geschnitten werden. Der Knochen dient zur Saucen- oder Wildbrühenbereitung.

8 Für das Ablösen des Rippenfleisches von den Knochen wird das Rippenstück mit seiner Unterseite auf eine saubere Unterlage gelegt. Zuerst schneidet man entlang des Brustbeins, unmittelbar am Knochen das Fleisch so weit ab, daß es mit einer Hand gefaßt werden kann. Anschließend schält man das Fleisch vom Brustbein.

9 Fortgesetzt wird das Ausschälen entlang der Rippen, wobei die eine Hand das Wildbret nach oben hin wegzieht. Die Führung der Messerschnitte erfolgt gegen die Rippenknochen. Ist das Wildbret abgelöst, werden anhaftende Blutgerinsel und Fetteile herausgeschnitten. Das Rippenfleisch eignet sich für einen Rollbraten oder wird zu Ragout geschnitten. Die zerkleinerten Rippenknochen ergeben eine Sauce oder Wildbrühe.

10 Das Zurichten eines Rehblattes beginnt mit dem Ablösen des Muskelstranges am Unterarmknochen. Hierzu wird die Muskulatur und Knochen verbindende Haut durchgeritzt und anschließend der Muskel rundum vom Knochen gelöst.

11 Nach dem Ablösen der Muskulatur löst man den Unterarmknochen aus dem Gelenk. Dabei werden zuerst die verbindenden Sehnen durchtrennt. Sodann folgt der Schnitt durch das Gelenk, wobei der Knochen seitwärts weggedrückt wird, um die Schnittführung zu erleichtern.

12 Nach dem Umdrehen des Blattes folgt das Auslösen des unmittelbar an der Blattschaufel ansetzenden Oberarmknochens. Entlang des Knochens wird das Wildbret bis auf diesen rundherum abgeschärft, anschließend der Knochen mit einer Hand angehoben und im Gelenk ausgelöst.

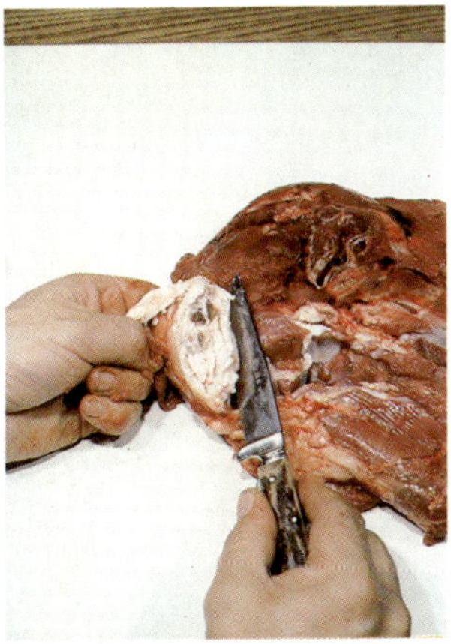

14

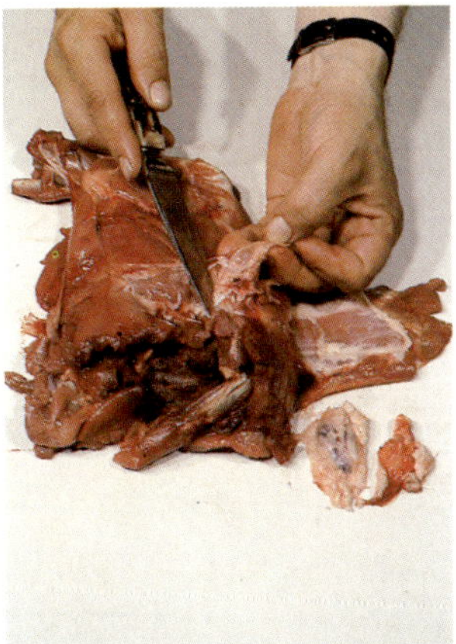

15

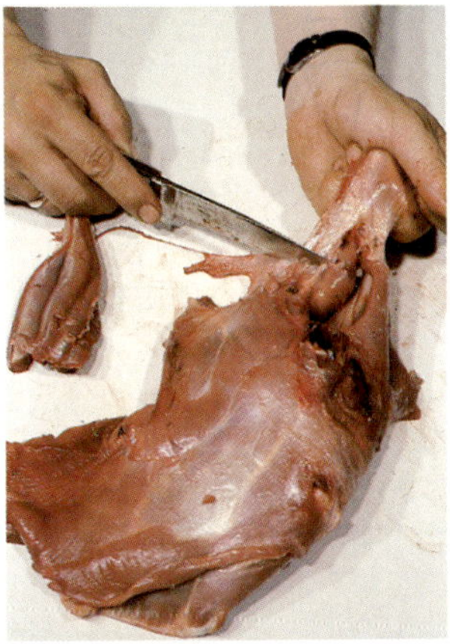

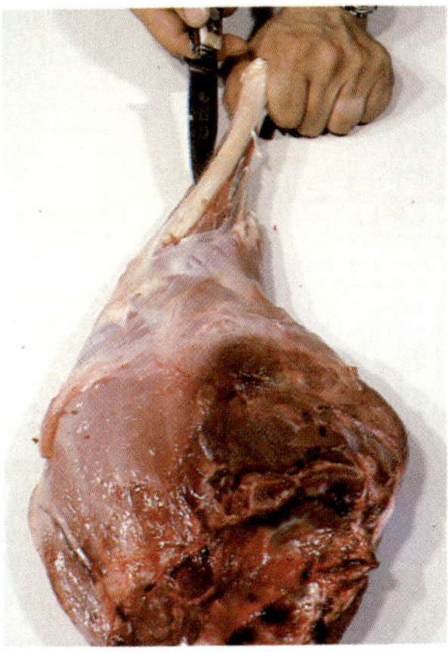

17

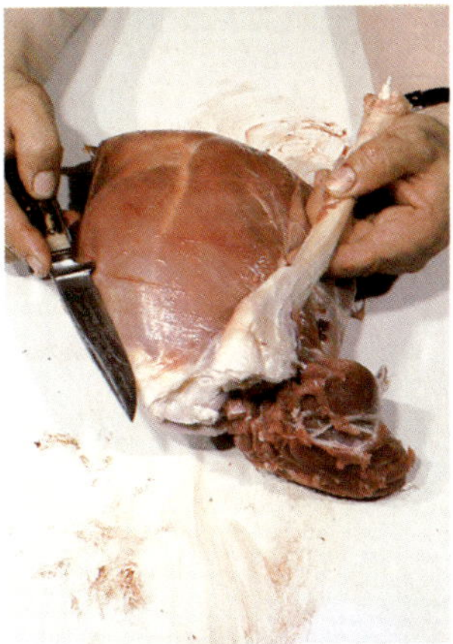

18

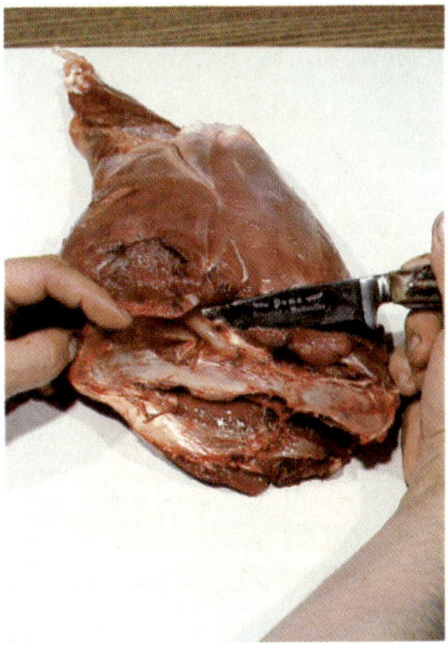

13 In einer Hautfalte oberhalb des Blattes befindet sich, oft in Feist eingehüllt, ein Lymphknoten. Er muß entfernt werden, damit sich beim nachfolgenden Braten des Blattes keine unangenehmen Geschmacksveränderungen ergeben. Das Herausschälen des auf unserem Bild deutlich erkennbaren Lymphknotens und des ihn umgebenden Fettgewebes erfolgt von der Blattmitte nach außen hin.

14 Ebenfalls zu entfernen ist der sich am Übergang vom Röhrenknochen zur Blattschaufel befindende Lymphknoten. Er ist an seiner gelblich-weißen Farbgebung deutlich zu erkennen. Man faßt ihn mit zwei Fingern, hebt ihn an und löst ihn mit dem Messer aus.

15 Zum Schluß wird das Blatt gesäubert. Hierzu entfernt man alle sich leicht abhebenden Häute sowie die deutlich sichtbaren Reste geronnenen Blutes. Blutergüsse werden sauber herausgeschnitten.

16 Das Zurichten der Keulen: Als erstes wird der Unterschenkelknochen herausgelöst. Hierzu faßt man den Knochen am unteren Ende und durchtrennt mit der Messerspitze entlang des Knochens die Muskel und Knochen verbindenden Häute. Anschließend wird der Muskel rundum abgelöst.

17 Ist mit rundum geführten Messerschnitten das Gelenk freigelegt, wird der freiliegende Unterschenkelknochen im Gelenk abgetrennt. Seitliches Wegdrehen des Röhrenknochens erleichtert dies.

18 Es folgt das Auslösen des Beckenknochens. Ein Vorgang, bei dem man hinsichtlich der Schnittführung nicht allzu ängstlich sein sollte. Das Wildbret wird entlang des Knochens rundum eingeschnitten. Dann faßt man mit der einen Hand den Knochen an seiner breitesten Seite und drückt ihn so nach außen, daß man mit dem Messer das Wildbret weiter von ihm ablösen kann.

Zurichten von Wildbret

19

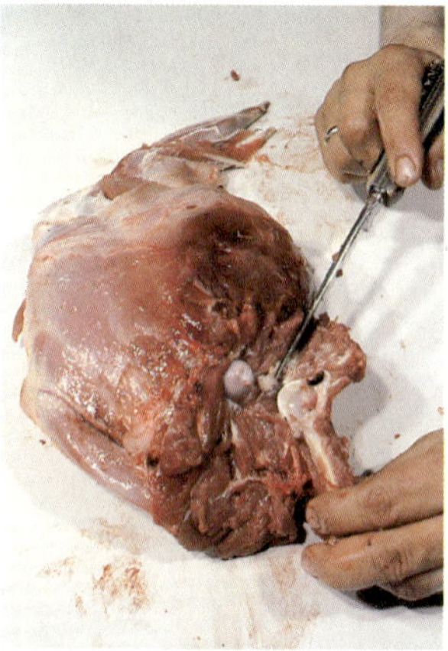

20

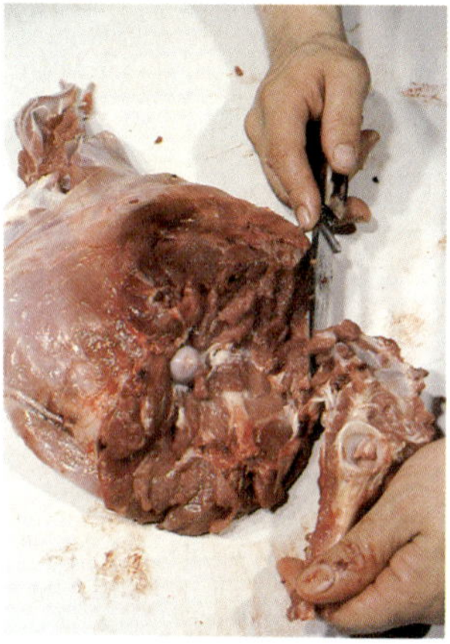

21

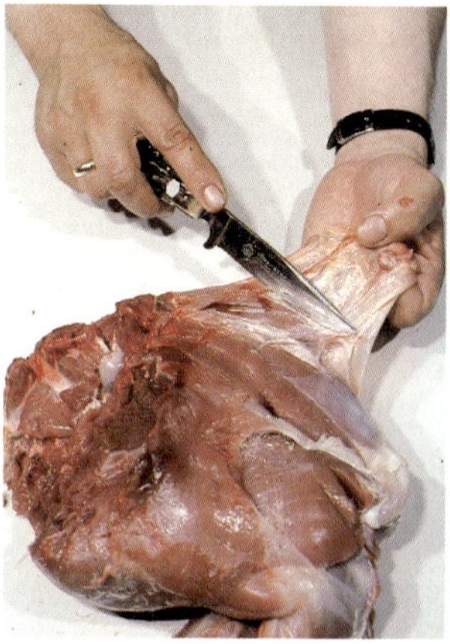

22

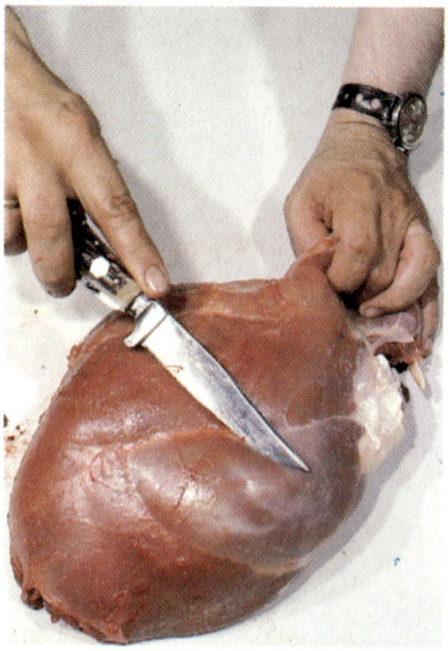

23

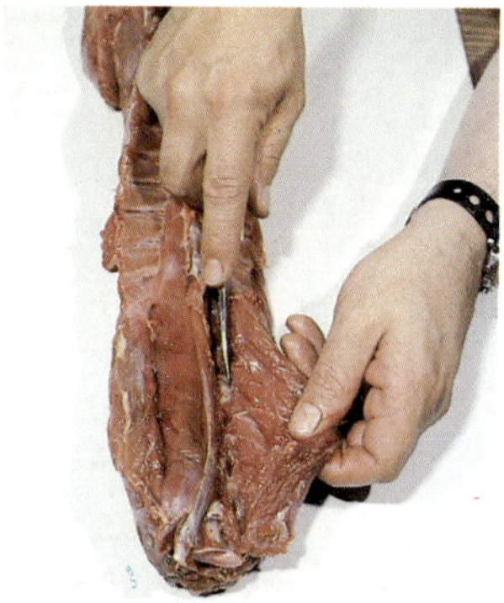

24

19 Beim Auslösen des Bekkenknochens bleibt es nicht aus, daß am Knochen selbst einiges Wildbret verbleibt. Dieses ist jedoch nicht tragisch, da der Beckenknochen mit zur Saucenherstellung verwendet wird. Von dem in der Keule verbleibenden Röhrenknochen wird der Beckenknochen im Pfannengelenk mit der Messerspitze ausgelöst.

20 Nach dem Auslösen des Beckenknochens wird er vollends vom Keulenfleisch abgeschärft.

21 Das Häuten der Keule beginnt an der Innenseite. Zu entfernen sind alle lockeren Häute, während die die Muskulatur abschließende Haut an der Keule verbleibt. Mit den Fingern werden die Häute angehoben und mit dem Messer vorsichtig rundum abgeschärft. Dabei ist darauf zu achten, daß man nicht jene Häute durchschärft, die die einzelnen Muskelpartien miteinander verbinden. Geschieht dies, zerfällt die Keule in einzelne Fleischteile.

22 Sind alle Häute entfernt, wird die Keule an ihrer Oberseite mit dem Messer von anhaftenden Blutresten gesäubert.

23 Von der Art der Zubereitung des Rückens in der Küche, hängt seine Zurichtung ab. Soll er in seiner Gesamtheit gebraten werden, verbleibt sämtliches Fleisch am Knochen. Anders dagegen, wenn aus der Rückenmuskulatur Medaillons geschnitten werden sollen. Eine besondere Delikatesse stellen die auf der Unterseite des Rückens sich in Lendenhöhe befindenden Filets dar. Sie trennt man entlang des Rückgrats vom Knochen.

24 Die Schnittfolge erfolgt von der Rückenmitte nach außen hin, dabei ist die Messerschneide stets gegen den Knochen gerichtet. Die lockere, die Filets umhüllende Haut läßt sich nach deren Auslösen mit den Fingern leicht abschieben.

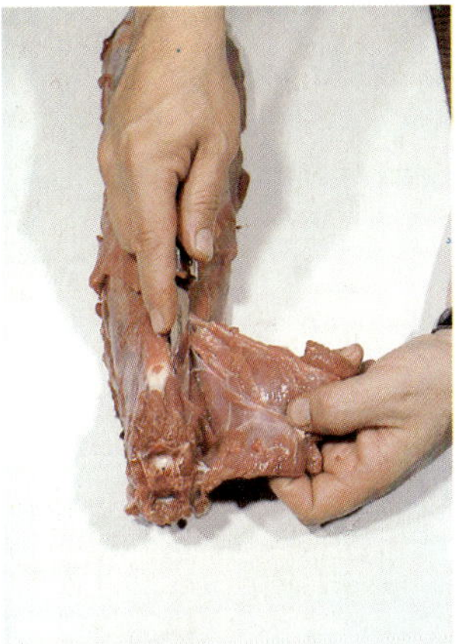

26

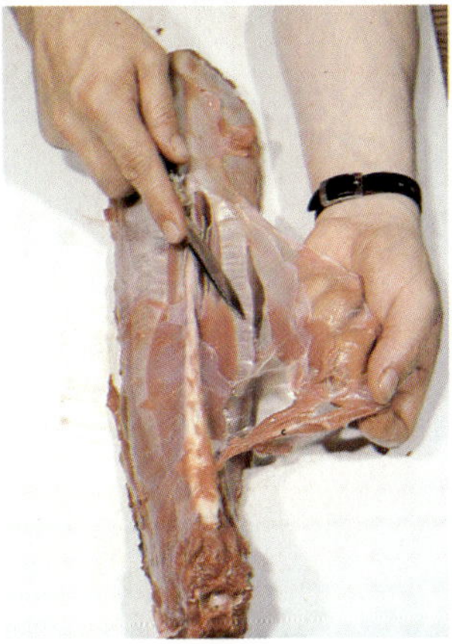

27

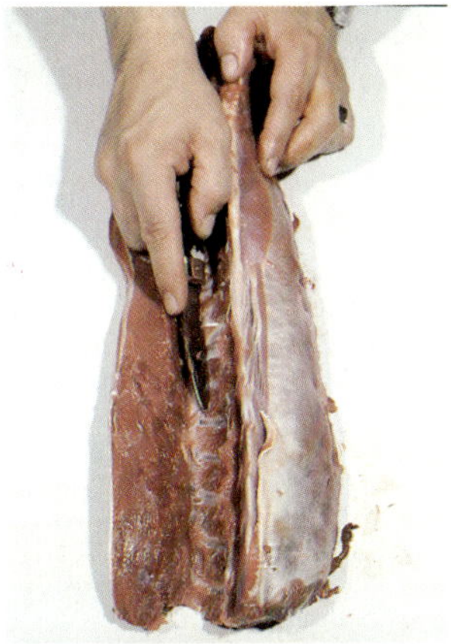

29

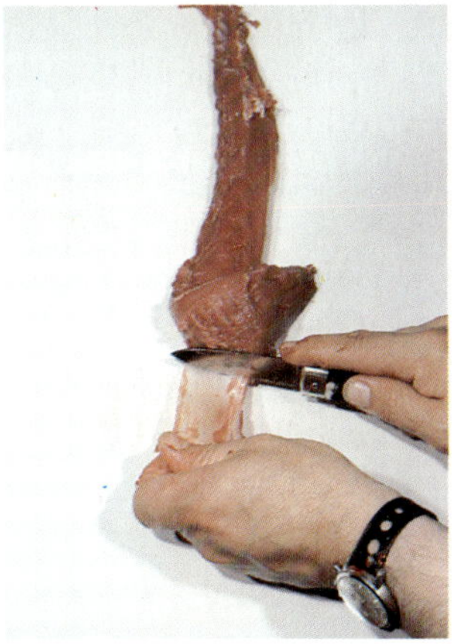

30

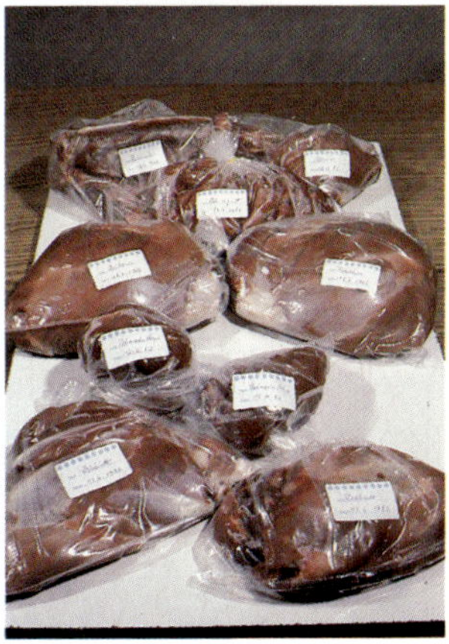

25 Am oberen Ende des Rückens finden sich meist Wildbretteile, die zur Blattmuskulatur gehören und über der Rückenmuskulatur liegen. Sie werden vom Rücken abgetrennt und zu Ragout geschnitten.

26 Für das Häuten des Rückens genügt das Entfernen der obersten zwei Häute. Sie werden entlang der Wirbelsäule mit der Messerspitze angeritzt, mit der einen Hand erfaßt, und nach unten zum Ansatz der Rippen abgezogen und abgeschärft. Die leicht bläulich schimmernde Haut verbleibt am Wildbret, während die im vorderen Teil des Rückens sichtbare Sehne entfernt wird.

27 Um die Muskelstränge am Rücken auszulösen, wird das Wildbret entlang des Rückgrats mit dem Messer bis auf den Knochen durchtrennt und von diesem mehr schabend als schneidend abgelöst.

28 Das von der Rückenmuskulatur befreite Gerippe wird anschließend in kleine Stücke geteilt, die man zur Herstellung einer Sauce oder Brühe verwendet.

29 Das Häuten der Rückenmuskulatur ist relativ einfach. Dort, wo der Muskelstrang am stärksten ist, wird mit der Messerspitze die Haut vom Fleisch soweit gelöst, daß man sie bequem fassen kann. Anschließend legt man den Muskelstrang mit der ungehäuteten Seite nach unten, faßt die abgelöste Haut und schiebt das Fleisch mit dem Messer Zentimeter für Zentimeter von der Haut ab.

30 Nach dem Zurichten der einzelnen Wildbretteile werden diese in ausreichend bemessene Gefrierbeutel eingeschweißt. Bewährt hat sich hierfür die Verwendung eines Folienschweißgerätes, bei dem die sich im Gefrierbeutel befindende Luft abgesaugt wird. Ordentlich zugerichtetes Wildbret kann über Monate in der Tiefkühltruhe gelagert werden.

dern auch die Innereien, wie Herz, Lunge, Leber mit Gallenblase (!), Magen und Därme. Der Inhalt der letzteren, halb oder ganz verdaute Äsung, tritt aus und vermischt sich mit in der Bauchhöhle angesammeltem Blut. Dieses wenig appetitliche Gemisch, in dem sich oft auch Magen- und Darmparasiten finden, beginnt unter dem Einfluß der sich langsam abkühlenden Körpertemperatur, oftmals begünstigt durch eine über dem Gefrierpunkt liegende Außentemperatur, zu »gären«. Ein Vorgang, der sich auch an kalten, aber sonnigen Wintertagen vollzieht, wenn auf den Wildkörper fallende Sonnenstrahlen diesen in seinem Inneren »aufheizen«. Folgen: Aufgedunsener Wildkörper einerseits, negative Beeinflussung des Wildbrets bis zu dessen Ungenießbarkeit andererseits. Hinzu kommt, daß das Eindringen der Schrote und von diesen erfaßter Haare ins Wildbret eine Verunreinigung des Fleisches mit Mikroorganismen bewirkt. Nach Untersuchungen im Institut von Prof. Dr. R. M. Hadlok (Gießen) finden sich von ihnen allein im Balg des Hasen pro Gramm Wolle bis zu einer Million. Zwischen 10 000 und 10 Millionen Bakterien konnten pro Gramm Muskelfleisch dort nachgewiesen werden, wo von Wolle ummantelte Schrote eingedrungen waren. Zwischen eintausend und einer Milliarde Mikroorganismen wurden pro Gramm Magen- und Darminhalt festgestellt.
Das eine wie das andere bleibt, sofern es mit dem Wildbret in Berührung kommt, nicht ohne Auswirkungen auf die Qualität des Fleisches. Die aus diesen Tatbeständen resultierende Empfehlung: Hase und Kanin möglichst mit Kopfschuß zu erlegen, um eine Verunreinigung der Bauchhöhle durch aus dem Magen- und Darmtrakt austretenden Inhalt zu vermeiden. Daß dies in Jägerkreisen nicht ganz unbekannt ist, zeigt die zunehmende Zahl derer, die ihren Küchenhasen beim Ansitz mit der kleinen Kugel schießen. In Hasen exportierenden Ländern wiederum wird eine Verschmutzung des Wildbrets durch Magen-und Darminhalt dadurch vermieden, daß die für den Export bestimmten Hasen nachts im Scheinwerferlicht mit der kleinen Kugel durch Kopfschuß erlegt werden.

Ausdrücken der Harnblase genügt nicht

Die ordnungsgemäße Versorgung von Hase und Kanin beginnt mit dem Ausdrücken der Harnblase unmittelbar nach Inbesitznahme des Wildes. Der Vorgang ist relativ einfach: Hase bzw. Kanin werden mit der linken Hand an den Vorderläufen hochgehoben, während die rechte Hand, die Bauchdecke kräftig drückend, in Richtung der Hinterläufe zwei- bis dreimal entlang streicht. Hilfreich und druckverstärkend ist das Anlegen

des Wildrückens am Oberschenkel. Eine Arbeit, die nur wenige Sekunden in Anspruch nimmt und auch von erfahrenen Treibern sofort nach Aufnehmen des Wildes vollzogen werden kann.
Mehr Zeit erfordert das Entfernen des Gescheides und der Innereien, das man möglichst nicht bis zum Ende der Jagd zurückstellen sollte. Oft zwischen den einzelnen Treiben, bestimmt aber während der Mittagspause bietet sich hierzu ausreichend Gelegenheit.
Das in verschiedenen Lehrbüchern und Broschüren propagierte »Auswerfen« des Gescheides durch einen an der unteren Bauchseite quer zum Wildkörper angebrachten Bauchdeckenschnitt ist aus hygienischen Gründen nicht zu empfehlen. Das Gescheide reißt bei diesem Verfahren auseinander, und Teile von Magen- und Darminhalt verbleiben im Wildkörper, wo sie den vielleicht schon begonnenen Zersetzungsprozeß fortsetzen. Grundsätzlich sollten Hase und Kanin ähnlich wie ein Stück Schalenwild aufgebrochen werden. Dies erfolgt durch Aufschärfen der Bauchdecke vom Schloß bis zum Ansatz des Brustkorbes und Auftrennen der Schloßnaht. Dabei sollten die beim Hasen wie beim Kanin an der Innenseite der Keulen links und rechts unterhalb der Blume und beidseits des Weidlochs in Hauttaschen sitzenden Drüsen sorgfältig herausgelöst werden. Verbleiben sie am Wildkörper oder gelangen Spuren ihres gelblich-grauen (Hase) bzw. grün-grauen (Kanin) Sekretes über die Messerschneide an andere Wildbretteile, dann wird der Braten innerhalb kurzer Zeit geschmacklich bitter, minderwertig bzw. nicht genießbar.
Mit einem Griff bis in den Brustkorb lassen sich Herz und Lunge sowie die Leber einschließlich des gesamten Gescheides ohne große Mühe herausziehen. Zu beachten ist, daß auch das Ende des Weiddarmes sauber herausgelöst und das Nierenfett nicht am Wildbret belassen wird. Letzteres pflegt schnell ranzig zu werden. Eventuell noch in der Bauchhöhle verbliebene Schmutzreste werden mit dem aus dem Brustkorb nachfließenden Schweiß meist vollständig herausgeschwemmt.
Da Hase und Kanin als Haarwild der Fleischuntersuchung unterliegen, sind die Innereien und das Gescheide wie beim Schalenwild auf krankhafte Veränderungen zu untersuchen und bei positivem Befund für die spätere Fleischuntersuchung aufzuheben. Ansonsten werden Herz, Nieren und Leber – sofern sie durch den Schuß nicht wesentlich zerstört sind, und nachdem von der Leber die Gallenblase vorsorglich entfernt wurde – in Plastikbeuteln gesammelt und vor dem Verbrauch kühl gelagert.
Anschließend wird an einem der Hinterläufe, oberhalb des Sprunggelenkes, der Balg zwischen Sehne und Muskelfleisch so weit durchtrennt, daß der andere Lauf hindurchgezogen werden kann. Besser jedoch ist es, die Hinterläufe mit einer Schnur zusammenzubinden, um zu vermeiden, daß

durch den Einschnitt freigelegte Wildbretteile vorzeitig austrocknen und unansehnlich werden (Wertminderung!). Mit den Löffeln nach unten kann jetzt das Wild an einer Stange (z. B. auf dem Wildwagen) zum Auskühlen aufgehängt werden. *Hinweis:* Die Abgabe unausgeweideter Hasen und Wildkaninchen nach der Treibjagd an Nichtjagdscheininhaber (z. B. Treiber) gilt als Verstoß gegen das Fleischhygienegesetz und die Fleischhygieneverordnung und ist unzulässig.

Abbalgen und Zerwirken

Hase wie Kanin sollten nach Beendigung der Totenstarre, jedoch spätestens 36 Stunden nach dem Erlegen, abgebalgt und zerwirkt werden. Einzige Ausnahme: Aufbewahrung des Wildes in einem Kühlhaus bei Temperaturen um 0 °C. Ein sorgfältig versorgter Hase ist bei 10 °C Außentemperatur ca. 8 Tage, bei einem Grad Kühlhaustemperatur ca. 10 bis 12 Tage lagerfähig. Keinesfalls sollte, wie verschiedentlich empfohlen, der Hase oder das Kanin unausgeweidet eingefrostet und erst nach dem Auftauen versorgt werden. Daß abgemagerte Hasen grundsätzlich von einer Verwertung in der Küche auszuschließen sind, dürfte jedem einleuchten.
Das Abbalgen selbst erfolgt von den Hinterläufen aus, wobei der Balg mit einem Messer vorsichtig rundum vom Wildkörper gelöst und in Richtung Kopf abgezogen wird. Eine andere, nur wenige Minuten in Anspruch nehmende Methode des Abbalgens besteht darin, den Balg in Rückenmitte quer zum Rücken durchzuschärfen und ihn mit kräftigem Zug in Richtung Kopf und Keulen vom Wildkörper zu lösen. Vor dem bzw. beim Zerwirken sind durch den Schuß verursachte Blutergüsse sauber zu entfernen. Gleiches gilt für durch Schrot ins Wildbret gedrückte Wolle. Wie beim Schalenwild muß auch das Wildbret von Hase und Kanin sorgfältig auf krankhafte Veränderungen, z. B. Gewebewucherungen, Eiterherde usw., untersucht werden. Gewebewucherungen und Eiterherde sind meistens Ergebnis eines auf zu weite Entfernung abgegebenen Schrotschusses, der das Wild zwar nicht zur Strecke brachte, es aber doch mit einigen Schroten im Balg entkommen ließ. Eine bakterielle Erkrankung und ein Herauseitern der Schrote sind die Folge. Wird das angebleite Wild während der Erkrankungs- und Ausheilungszeit erlegt, ist sein Wildbret wegen der in ihm enthaltenen Krankheitserreger (u. a. Staphylokokken) sowie giftigen bakteriellen Stoffwechselprodukten für den Verzehr untauglich. Inwieweit dies bei dem einen oder anderen Hasen bzw. Kanin zutrifft, kann nur die bakteriologische Untersuchung Auskunft geben. Hasen bzw.

Kaninchen, bei denen eindeutig Vereiterungen am Wildkörper gefunden werden, sind selbstverständlich ebenso der amtlichen Fleischuntersuchung zuzuführen bzw. unschädlich zu beseitigen, wie an Toxoplasmose, Kokzidiose, Myxomatose sowie anderen Wildkrankheiten erkranktes Wild. Bei abgemagertem Wild ist immer eine Erkrankung anzunehmen und, wie bereits zuvor schon ausgeführt, auf die Verwertung des Wildbrets zu verzichten.
Das Zerwirken des Hasen beginnt mit dem Abschärfen der zwei Blätter, wird mit dem Abtrennen der Bauchlappen und Rippen entlang des Rückens fortgesetzt und endet mit dem Ablösen der Keulen und des Rückens. Beim Zerwirken und dem nachfolgenden Häuten der Wildbretteile ist auf Sauberkeit größter Wert zulegen. Keinesfalls sollte zum Abtupfen bzw. Abwischen des Wildbrets ein bereits im Gebrauch befindlicher Spüllappen – nur weil er gerade greifbar ist – verwendet werden. Die Gefahr einer Schmierinfektion mit für das Wildbret schädlichen Keimen ist dabei besonders groß. Besser ist es, hierfür die im Handel erhältlichen Zellstoff-Küchentücher oder ein reines Geschirrtuch zu verwenden. Auch bei den zum Abbalgen und Zerwirken benutzten Gerätschaften (Messer, Aufbrechzange, Säge) sollte Reinlichkeit oberstes Gebot sein. So wäre es falsch, die beim ersten Stück Wild benutzten Hilfsmittel ohne gründliche Zwischenreinigung für das Zerwirken des nachfolgenden Stückes weiter zu verwenden. Allzu leicht könnten Keime oder Krankheitserreger von einem Stück auf das andere übertragen werden. Daß nach dem Zerwirken alle dafür verwendeten Teile – auch das als Unterlage dienende Holz- oder Kunststoffbrett – heiß abgespült werden, dürfte selbstverständlich sein. Übrigens: Zum Handwerkszeug des sein Wild selbst zerwirkenden Jägers sollte auch eine im Fleischerbedarfshandel erhältliche Gummischürze gehören. Ihre Zweckmäßigkeit dürfte hinlänglich bekannt sein.

Fasan, Rebhuhn, Ente

Die Versorgung des Federwildes beschränkte sich bisher überwiegend auf das Aushakeln des Gescheides durch die Kloake unmittelbar nach dem Schuß. Dies geschah mittels eines dünnen Holz- oder Metallstabes, an dessen Ende sich ein möglichst abgerundeter Haken befindet. Die den Haken tragende Seite wurde tief in die Kloake eingeführt und anschließend im Wildkörper mehrmals gedreht, damit sich der Darm um den Haken wickelt. Vorsichtig herausgezogen, ließ sich das Kleingescheide (Därme) durch mehrmaliges Nachgreifen mit den Fingern vollständig

Versorgen von Niederwild

1

2

3

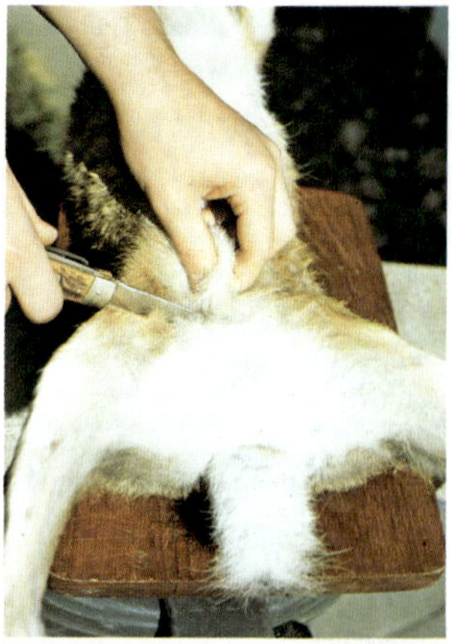

4

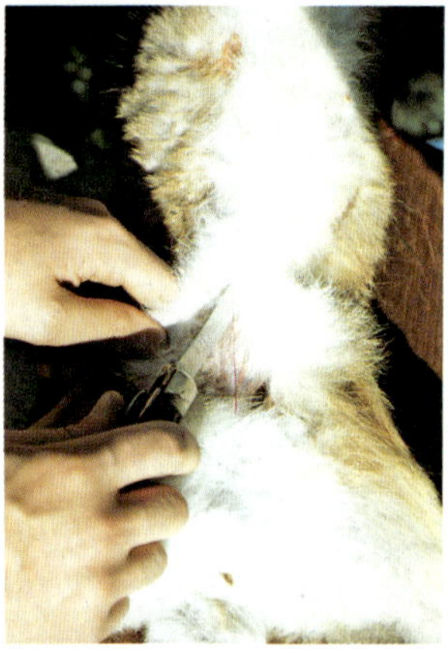

5

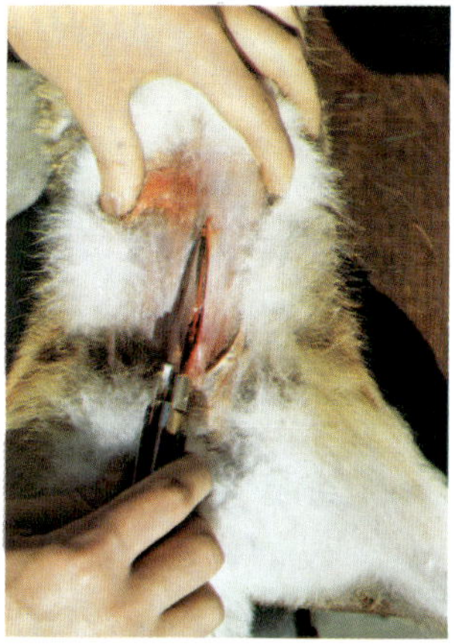

6

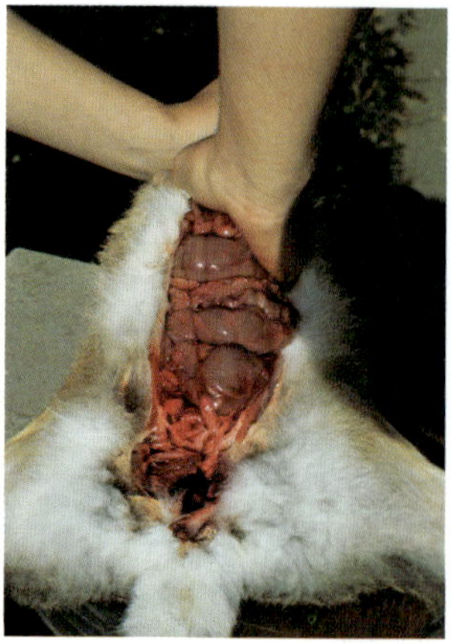

1 Nicht nur beim Schalenwild, sondern auch beim Niederwild ist die ordnungsgemäße Versorgung nach dem Schuß mitbestimmend für die Qualität des Wildbrets. Mit Schrot erlegte Hasen z. B. sollten recht bald ausgeweidet werden, um eine Verunreinigung durch aus Magen und Gescheide ausgetretenen Inhalt sowie eine dadurch bedingte Geschmacksveränderung des Wildbrets zu vermeiden.

2 Die erste Maßnahme zur Versorgung des Hasen nach dem Schuß besteht im Ausdrücken der Harnblase. Hierzu wird der Hase an den Vorderläufen angehoben und mit dem Rücken gegen den Oberschenkel gedrückt. Die andere Hand streift unter leichtem Druck entlang des Bauches in Richtung Keulen und entleert so die Harnblase auf den Boden.

3 Zum Ausweiden wird der Hase in Rückenlage gebracht. Eine Hand hebt den Balg oberhalb der Keulen an. Mit der Messerspitze wird der Balg durchstochen, ohne die Bauchwand zu verletzen.

4 Um den nachfolgenden Bauchschnitt sauber ausführen zu können, wird anschließend der Balg in Richtung Brustkorb vorsichtig und ohne Bauchwandschnitt aufgeschärft.

5 Ist der Balg aufgeschärft, wird er mit Daumen und Zeigefinger der einen Hand zur Seite geschoben, so daß die Bauchwand offen liegt. Sie wird mit der Messerspitze vorsichtig angeritzt und dann in Richtung Brustkorb aufgeschärft.

6 Mit der linken Hand wird sodann der Hase am Brustkorb festgehalten, während die rechte Hand in die Bauchhöhle unter das Gescheide greift und dieses nach rechts aus der Bauchhöhle heraushebt. Gleichzeitig mitherausgelöst wird dabei die Leber, von der anschließend die Gallenblase zu entfernen ist. Sie wird vorsichtig herausgeschnitten.

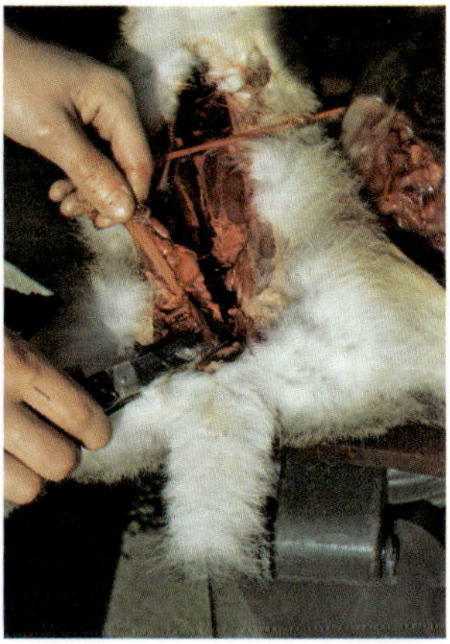

8

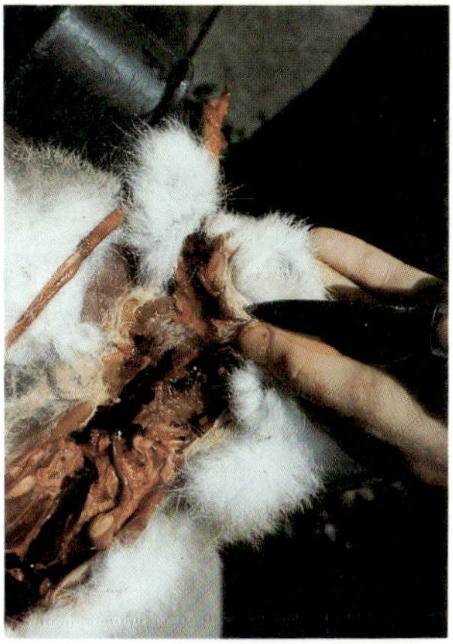

9

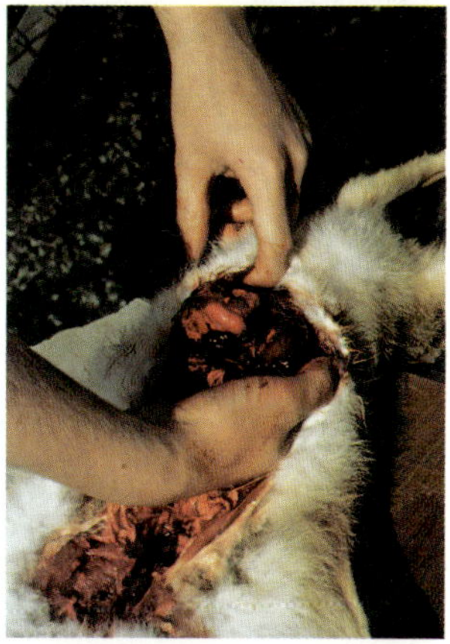

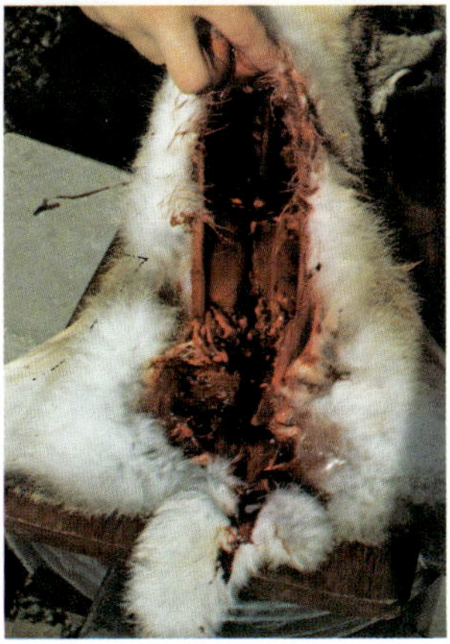

11

12

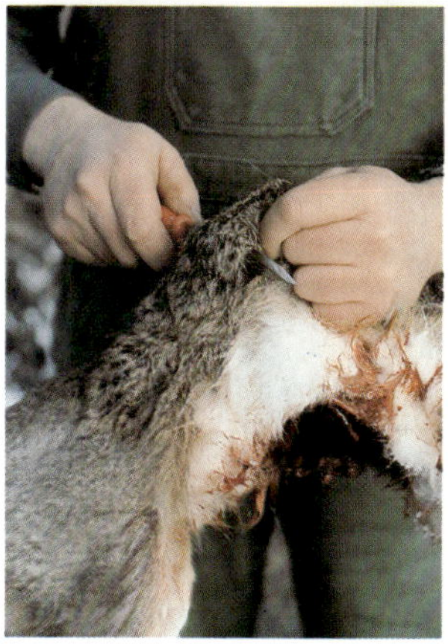

7 Wie bei einem Stück Schalenwild wird anschließend die Schloßnaht mit dem Messer durchtrennt und das Schloß aufgebrochen. Harnblase und Weiddarm werden sodann sauber herausgeschärft.

8 Die sich beim Kaninchen links und rechts der Schwanzwurzel und beim Hasen beidseits an der Oberschenkelinnenfläche befindlichen Hautdrüsen bzw. drüsigen Hauttaschen sind zu entfernen. Dabei darf die Messerschneide nicht mit dem Drüsensekret in Berührung kommen, da sonst die unangenehmen Duftstoffe auf das übrige Wildbret übertragen werden.

9 Nach dem Durchschärfen des die Bauchhöhle vom Brustraum trennenden Zwerchfells greift man in diesen hinein und zieht Drossel nebst Lunge und Herz heraus.

10 Das Entfernen von Magen und Gescheide aus der Bauchhöhle reicht für ein gutes Auskühlen nicht aus. Erst wenn auch das Geräusch und der Schweiß aus der Brusthöhle entfernt wurden, können Hase und Kanin als ordentlich versorgt angesehen werden. Gescheide, Innereien, Brustkorb und die Bauchhöhle sind auf atypische Merkmale (Vereiterungen, Verwachsungen, helle Flecken etc.) zu überprüfen, da sie als Hinweise für mögliche Erkrankungen gelten.

11 Zum Aufhängen des Hasen werden die Hinterläufe entweder geheßt oder mit Schnur am Sprunggelenk zusammengebunden. Für das »Hessen«, wird der Balg zwischen Laufknochen und Sprungsehne durchgeschärft und der andere Lauf durch die Öffnung gezogen.

12 Das Abbalgen des Hasen kann auf zwei Arten erfolgen. Bei der »Schnellmethode« faßt man mit der einen Hand den Balg am Rücken, durchsticht ihn mit dem Messer und schärft ihn quer zum Rücken auf.

Versorgen von Niederwild

13

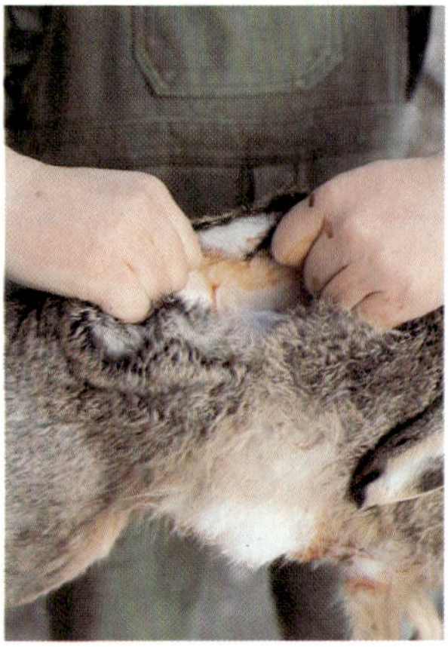

14

15

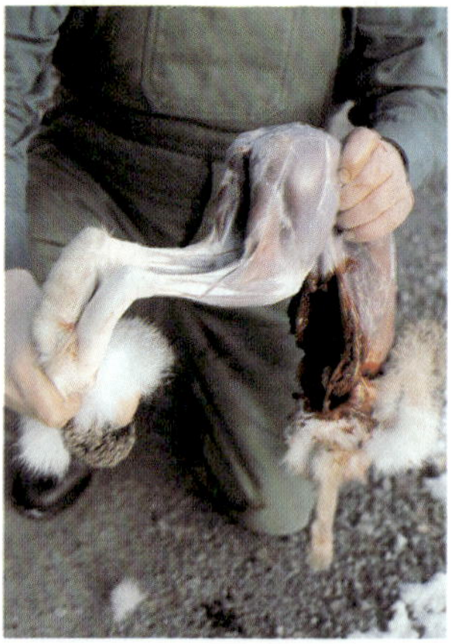

16

17

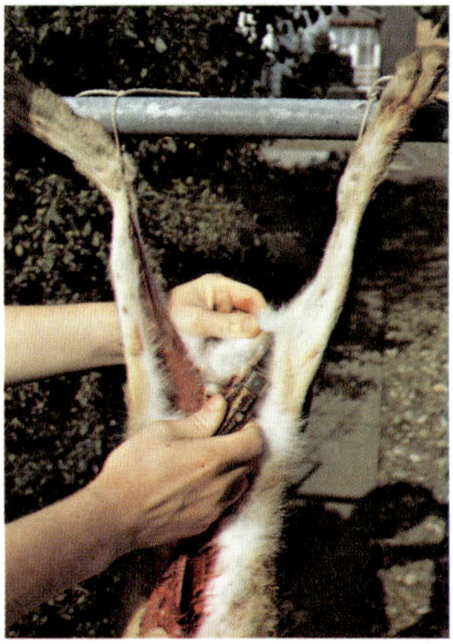

18

13 In die so geschaffene Öffnung greift man zuerst mit den Zeige- und Mittelfingern (um den Schnitt zu erweitern), dann mit beiden Händen hinein und faßt den Balg oberhalb und unterhalb des Querschnittes.

14 Durch kräftigen Zug in Richtung Kopf und Blume reißt man den Balg in zwei Hälften und zieht ihn vom Wildkörper bis über die Schulterblätter und Keulen. Anschließend wird die Blume am Ansatz mit dem Messer abgeschärft.

15 Während die eine Hand den Wildkörper oberhalb der Keulen am Rücken festhält, zieht die andere Hand den Balg entlang beider Läufe bis über die Sprunggelenke. Der untere Teil der Läufe wird im Sprunggelenk abgeschärft oder mit der Aufbrechzange abgetrennt.

16 Sind die Blätter und Vorderläufe aus dem Balg herausgedrückt, werden sie im Vorderfußwurzelgelenk abgeschärft. Sodann wird der Rest des Balges über den Hals bis zum Kopf abgezogen. Dazu faßt die eine Hand den Wildkörper hinter den Blättern, während die andere Hand den Balg soweit wie möglich über den Kopf zieht. Den im Balg verbleibenden Kopf trennt man durch einen Halsschnitt ab. Soll er für die Küche verwertet werden, muß er mit dem Messer separat aus dem Balg gelöst werden.

17 Die klassische Methode des Abbalgens beginnt mit dem Aufhängen des Hasen an den Hinterläufen, wobei diese gespreizt werden. Anschließend schärft man von der Keuleninnenseite den Balg entlang der beiden Hinterläufe bis zum Sprunggelenk auf, ohne dabei die am Sprunggelenk sichtbare Sehne zu durchschneiden.

18 Sodann löst man mit den Händen den Balg von den Keulen und den Hinterläufen bis zum Sprunggelenk. Hier wird der Balg anschließend abgeschärft.

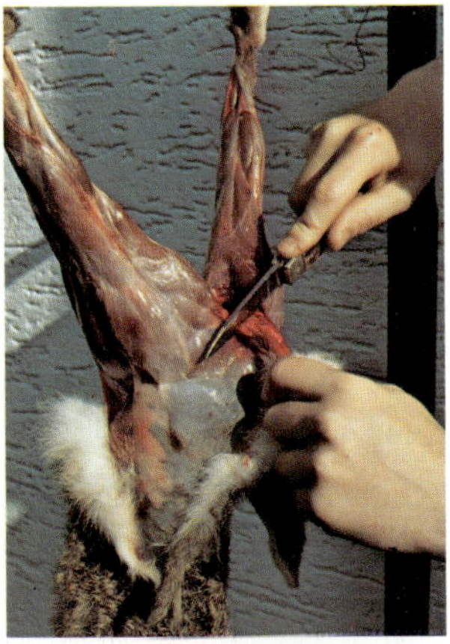

20

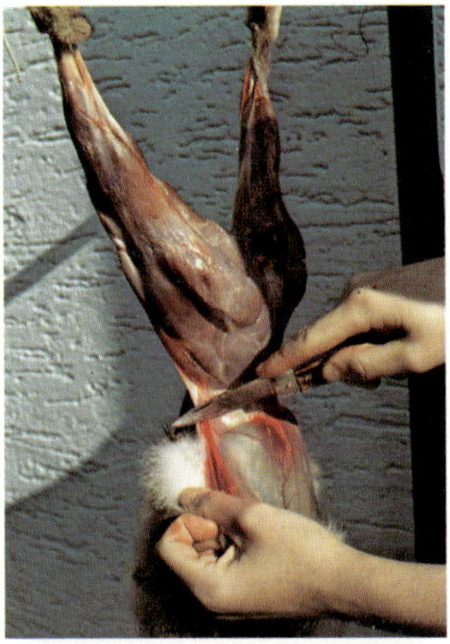

21

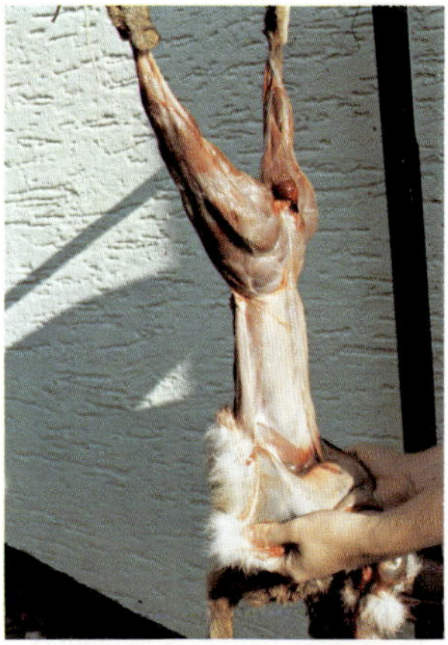

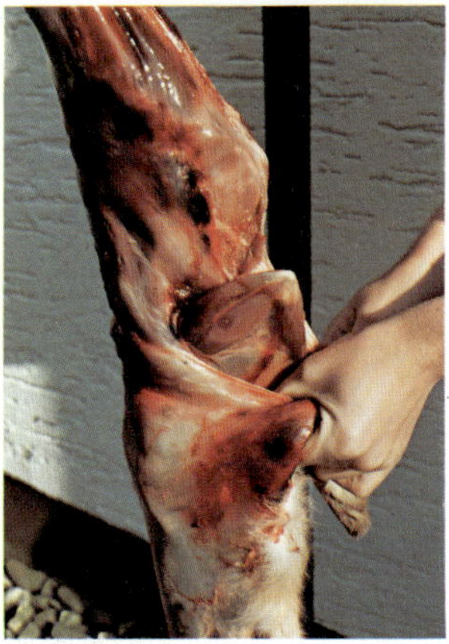

23

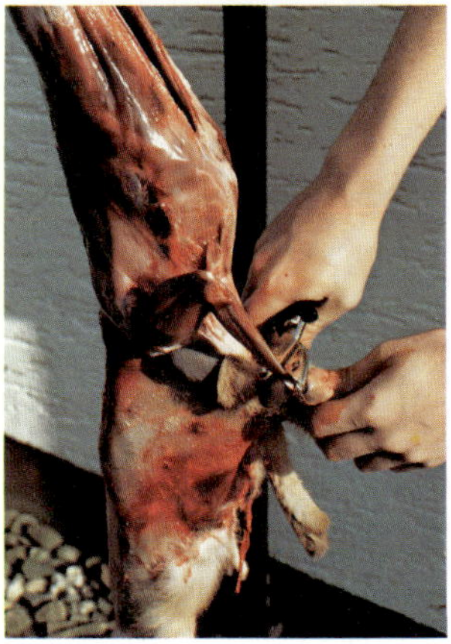

24

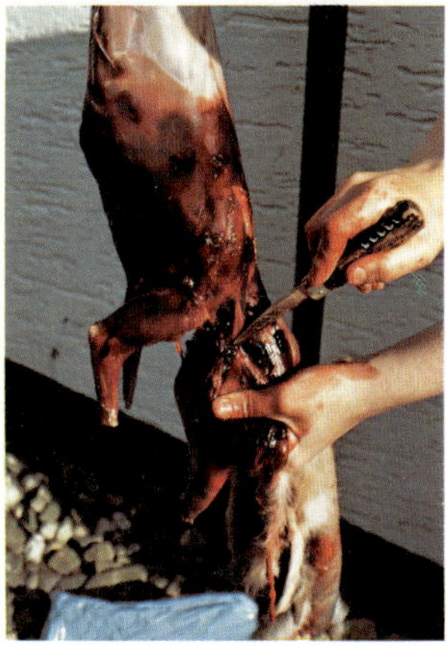

19 Anschließend wird der Balg so weit in Richtung Rücken abgezogen, daß die Schwanzwurzel freiliegt. Sie wird mit dem Messer unmittelbar am Rücken abgetrennt.

20 Nach dem Abschärfen der Blume wird der Balg mit der Hand gefaßt und vorsichtig nach unten gezogen. Sich im Bereich des Überganges von den Keulen zum Rücken sowie zu den Bauchlappen ablösende Häute werden mit dem Messer durchschärft. Geschieht dies nicht, reißt man mit den Häuten Wildbretteile aus der Muskulatur.

21 Anschließend faßt man den Balg mit beiden Händen und zieht ihn wie einen Strumpf kräftig bis über die Schulterblätter nach unten. Ein Arbeitsvorgang, der leicht vonstatten geht.

22 Jetzt gilt es, Blätter und Vorderläufe auszulösen. Dies geschieht durch Herausdrücken der Blätter und Vorderläufe aus dem Balg: Während die eine Hand den Balg nach unten zieht, drückt die andere Hand den Lauf nach oben, faßt ihn sodann von oben und zieht ihn soweit wie möglich aus dem Balg heraus.

23 Sind die Blätter mitsamt den Vorderläufen herausgelöst, werden diese im Vorderfußwurzelgelenk abgeschärft. Am leichtesten geht dies mit einer Aufbrechzange oder einer Gartenschere. Wird hierfür das Messer benutzt, erfolgt der Trennungsschnitt genau im Gelenk. Der Lauf wird so gehalten, daß die Sehnen straff gespannt sind.

24 Im Kopfbereich läßt sich der Balg nicht so leicht ablösen wie am übrigen Wildkörper. Hier tritt wieder das Messer in Aktion, wobei mittels kleiner Schnitte die Balg und Kopf verbindenden Häute durchtrennt werden. Dabei wird der Balg kräftig nach unten gezogen, um eine saubere Schnittführung zu ermöglichen.

Versorgen von Niederwild

25

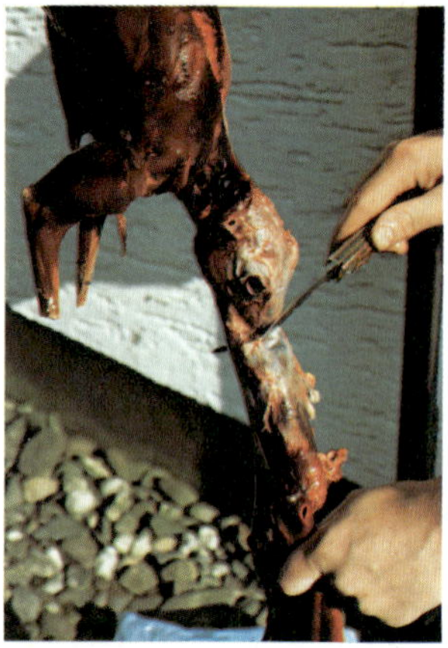

26

27

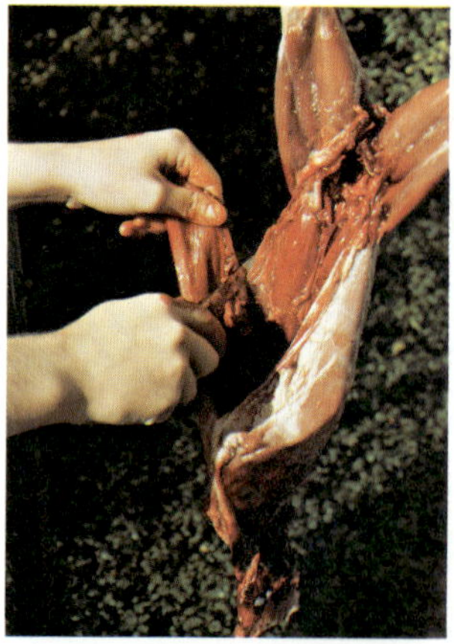

28

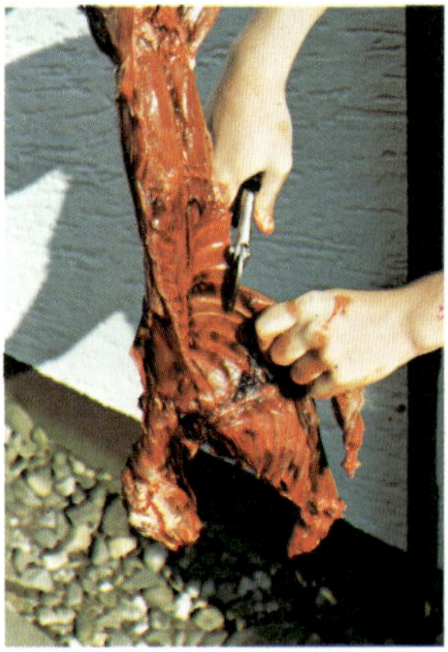

29

30

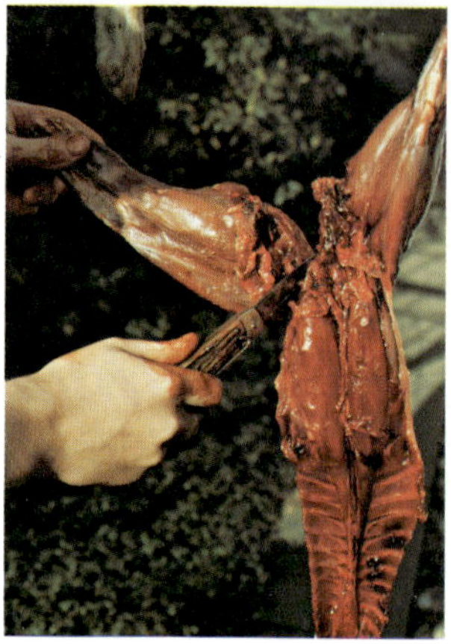

25 Sind die in die Löffel mündenden Gehörgänge unmittelbar am Knochen durchschärft, löst man mit kleinen Schnitten den Balg vollends vom Haupt. Wird der Kopf verwertet, schärft man auch die Seher heraus.

26 Es folgt das Zerteilen des Wildkörpers. Begonnen wird dies an den Vorderläufen durch Abtrennen der Blätter: Man ergreift den Vorderlauf, zieht diesen seitwärts vom Wildkörper ab und durchtrennt mit dem Messer die zwischen dem Blatt und dem Brustkern liegende Muskulatur.

27 Sind beide Blätter abgetrennt, erfolgt das Abschärfen der Bauchlappen. Dieses geschieht links und rechts, an den Keulen beginnend entlang des Rückens bis zu den Rippen.

28 Das Ablösen der Rippen vom Wildkörper wird zweckmäßigerweise mit einer Aufbrechzange durchgeführt. Die Schnittführung ist unterhalb des Rückens von der hinteren zur vorderen Rippe. Steht keine Aufbrechzange oder -säge zur Verfügung, muß jede einzelne Rippe unterhalb des Rückens mit der Hand gebrochen und anschließend mit dem Messer abgeschärft werden.

29 Schließlich wird mit dem Messer oder der Aufbrechzange der Kopf am Übergang zum Hals abgeschnitten. Vor seiner Verwertung in der Küche werden links und rechts die Backenmuskeln aufgeschärft, Unter- und Oberkiefer auseinandergespreizt und die Mundhöhle mit Wasser gereinigt.

30 Um die Keulen vom Wildkörper abzulösen, wird zuerst der eine Hinterlauf im Sprunggelenk von der Pfote abgeschärft. Anschließend drückt man die Keule nach außen, setzt das Messer an der Schwanzwurzel an und schärft die Muskulatur bis auf den Beckenknochen durch. Dann wird die Keule aus dem Gelenk gedreht und abgetrennt.

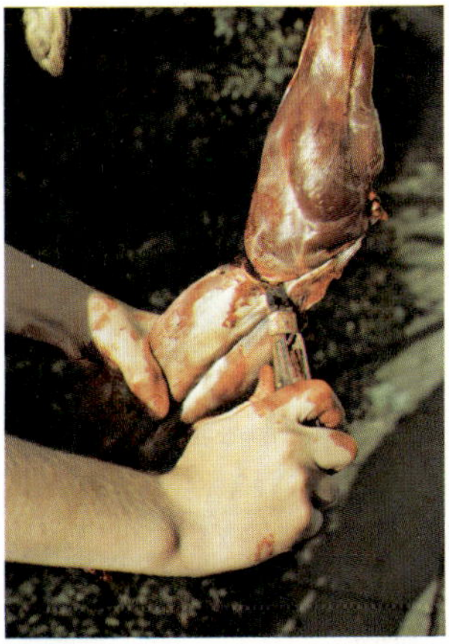

32

33

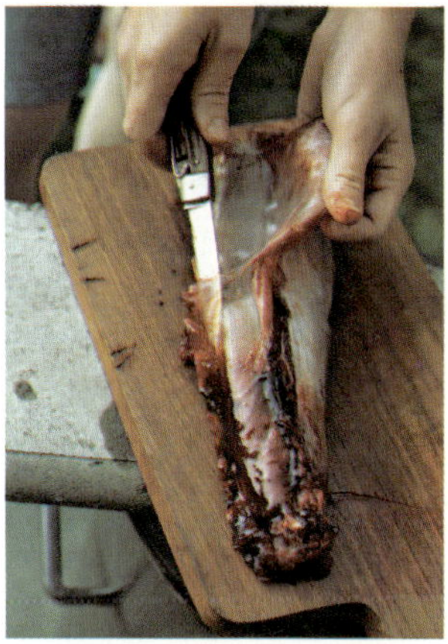

35

36

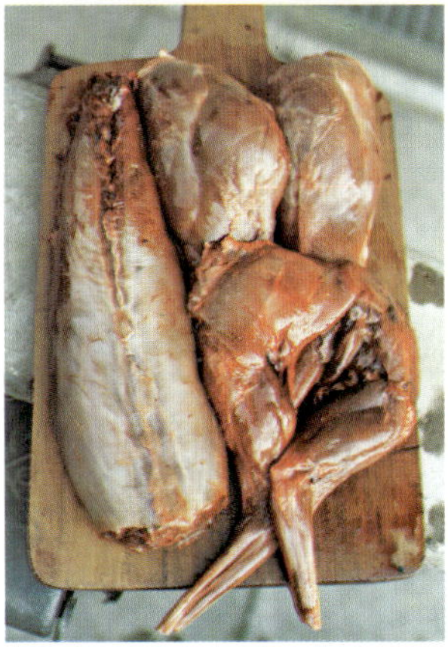

31 Das Abtrennen der zweiten Keule geschieht wie folgt: Mit der einen Hand faßt man den Rücken und trennt ihn im Bereich des Beckenknochens mit dem Messer von der Keule. Durch leichtes Drehen des Rückens wird die Schnittführung erleichtert. Zum Schluß wird der Hinterlauf von der Pfote im Sprunggelenk abgeschärft.

32 Da das in der Haut sowie in der Muskulatur geronnene Blut unangenehme Geschmacksveränderungen verursacht, müssen sämtliche Wildbretteile, die Blutergüsse aufweisen, von diesen gesäubert werden. Das blutunterlaufene Gewebe wird mit der Hand angehoben und mit dem Messer abgeschärft.

33 Blutergüsse am Rücken lassen sich beim Häuten entfernen. Dies geschieht wie folgt: Die Messerklinge wird zwischen Wildbret und Haut geschoben und diese in Richtung Rippenansatz abgeschärft. Sodann ergreift man mit der einen Hand die Haut, hebt sie an und löst sie schrittweise bis zum Halsansatz von der Rückenmuskulatur. Die mit dem Wildbret fest verbundene bläuliche Haut verbleibt am Rücken.

34 Beim Säubern der Keule wird zuerst die sich von ihrer Oberseite leicht ablösende Haut abgeschärft. Anschließend dreht man die Keule um und entfernt mit dem Messer den auf der inneren Seite des Schloßknochens verbliebenen Rest von Haut, Blut, Fett und Muskulatur.

35 Bauchlappen und Rippen werden zum sogenannten Hasenklein verarbeitet. Dazu trennt man mit der Aufbrechzange die Rippenbögen entlang des Brustbeines. Anschließend schneidet man die Rippen und Bauchlappen zu Ragoutstücken.

36 Die von Blutergüssen, Häuten und Fett gesäuberten Blätter, Keulen und Rücken werden sodann in der Küche verarbeitet bzw. eingefrostet.

entfernen. Eine Methode, die nach Ansicht von in der Lebensmittelhygiene tätigen Veterinärmedizinern mehr als unzureichend ist. Weil der Darm unterhalb des Magens abreißt, wird – sofern nicht bereits durch durchschlagende Schrote verursacht – Darminhalt in die Bauchhöhle gedrückt. Ferner kann ein Zerfetzen der Leber und der Gallenblase durch den Haken nicht ausgeschlossen werden. Ergebnis: Auch hier, wie beim Haarwild, bakterielle Zersetzung und negative Beeinflussung des Wildbretgeschmacks bis hin zu seiner Ungenießbarkeit.
Einer guten Wildbrethygiene gerecht wird dagegen, wer mit einem kleinen, oberhalb der Kloake ansetzenden Schnitt die Bauchhöhle eröffnet und mit den Fingern das gesamte Gescheide einschl. Magen und Leber sauber herausholt. Besonders sorgfältig handelt, wer bei Fasan und Rebhuhn zusätzlich noch den Kropf auslöst, in dem sich oft neben Getreidekörnern auch Käferlarven, kleine Würmer etc., die zur Äsung des Flugwildes zählen, finden. Diese, oftmals noch sehr lebendig, wandern dann den Schlund entlang zur Bauchhöhle. Das Herauslösen des Kropfes ist relativ einfach und bei einiger Übung schnell vollzogen: Dort, wo der leicht ertastbare Kropf sitzt, wird die Haut freigerupft und der Kropf mit einem Messer herausgelöst. Wer das Stück Flugwild des Aussehens wegen nicht anrupfen will, der kann die Haut über dem Kropf mit einem kleinen Schnitt auftrennen und dann den Kropfinhalt mitsamt der Kropfhaut entfernen. *Hinweis:* Die Abgabe unausgeweideten Federwildes an Nichtjagdscheininhaber (z. B. Treiber) ist nach dem Lebensmittel- und Bedarfsgegenständegesetz unzulässig.

Versorgen des Flugwildes

Mit dem Versorgen des Flugwildes sollte man ebenfalls nicht bis nach der Jagd warten, sondern dieses schon zwischen den einzelnen Treiben oder in der Mittagspause durchführen. Die Aufbewahrung von Fasan, Rebhuhn und Ente erfolgt mit dem Stoß nach unten hängend während der Jagd am Hühnergalgen bzw. auf dem Wildwagen, nach der Jagd an einem kühlen, luftigen Ort. Küchenfertig gemacht wird das Flugwild spätestens 24 bis 36 Stunden nach dem Erlegen. Fasan, Rebhuhn und Ente werden in der Regel gerupft. Verschiedene Jäger sind bereits dazu übergegangen, aus geschmacklichen und gesundheitlichen Gründen das Federkleid zusammen mit der Haut abzuziehen. Ein Verfahren, das bei ein wenig Übung pro Stück Federwild nicht mehr als zwei bis drei Minuten in Anspruch nimmt. Innen und außen mit klarem Leitungswasser sauber gewaschen und luftgetrocknet, kann es tiefgefroren oder gleich dem Bräter anvertraut

2

3

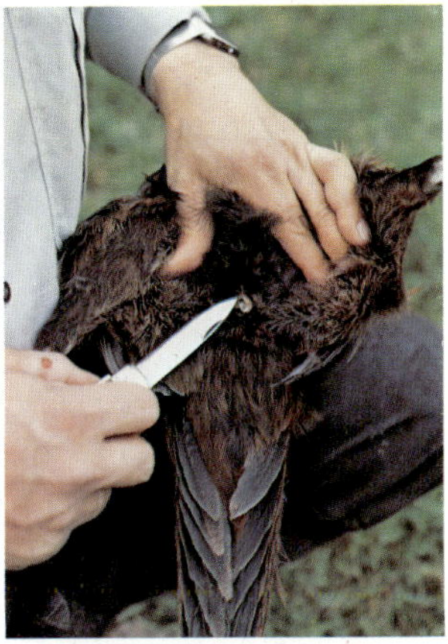

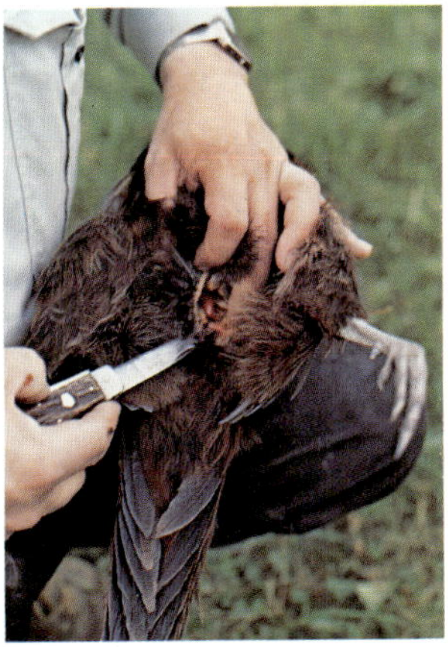

5

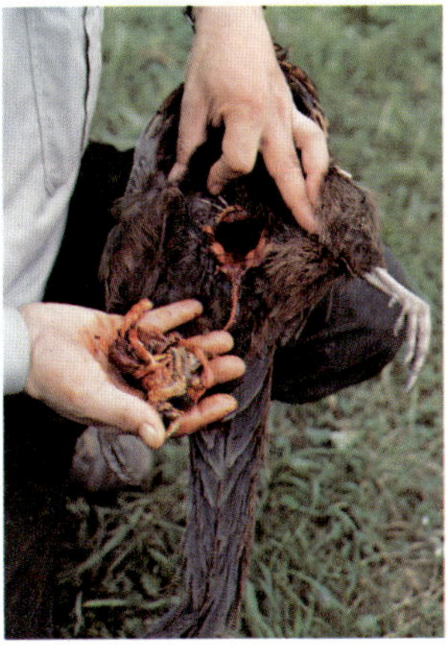

6

1 War es über Jahrzehnte bei der Jagd auf Flugwild üblich, das erlegte Wild lediglich auszuhakeln, so weiß man inzwischen, daß dies alleine nicht ausreicht, um ein geschmacklich und lebensmittelhygienisch einwandfreies Wildbret zu gewinnen.

2 Nicht nur bei der Taube, auch beim Fasan und Rebhuhn gehört zur ordnungsgemäßen Versorgung nach dem Schuß die Entfernung des Kropfes. Sein Sitz wird mit den Fingern ertastet, die über ihm liegende Haut mit einem Messerschnitt aufgeschärft und der Kropf mit der Hand herausgelöst bzw. sein Inhalt entleert.

3 Für das Entfernen des Gescheides wird das Flugwild mit dem Rücken auf eine Unterlage oder auf den Oberschenkel gelegt. Anschließend spreizt man unterhalb des Stoßes mit der einen Hand die Federn so weit auseinander, daß die Kloake deutlich sichtbar ist.

4 Brustwärts der Kloake setzt man die Messerspitze an und durchtrennt mit der nach oben gerichteten Schneide die das Federkleid tragende Haut sowie die darunter liegende Bauchhaut. Der Öffnungsschnitt braucht nur so groß zu sein, daß man bequem mit dem Mittel- und Zeigefinger in die Leibeshöhle greifen kann.

5 Zeige- und Mittelfinger führt man anschließend in die Leibeshöhle, ergreift das gesamte Gescheide einschließlich Leber und Magen und zieht es heraus. Da auch Wildgeflügel von Krankheiten befallen sein kann, die sein Wildbret untauglich machen, werden anschließend Gescheide, Magen und Leber auf krankheitsbedingte Veränderungen (z. B. Kokzidiose) untersucht.

6 Zum Auskühlen hängt man den Wildvogel anschließend mit einer Schnur am Haupt an die Transportstangen auf dem Wildwagen bzw. an einen kühlen und luftigen Ort, um das Wildbret reifen zu lassen.

Versorgen von Flugwild

7

8

9

10

11

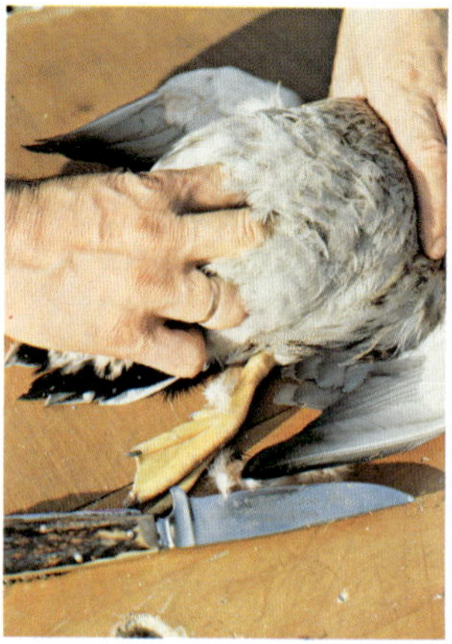

12

7 Da die Fleischreifung bereits nach 24 Stunden abgeschlossen ist, sollte mit dem Rupfen des Wildgeflügels nicht länger gewartet werden. Ein längeres Abhängen ist unzweckmäßig, da sich im Gefieder neben Haut- und Federparasiten auch Schmutzteile befinden, die aus wildbrethygienischer Sicht möglichst bald durch das Rupfen entfernt werden sollten. Bewährt hat sich das Rupfen des Vogels im noch warmen Zustand. Die Fleischreifung kann im Kühlschrank erfolgen. Aus gesundheitlichen Gründen (Rückstände von Chemikalien auf der Haut) wird statt des Rupfens heute immer mehr für das Häuten des Wildgeflügels plädiert.

8 Wie bei Rebhuhn und Fasan sind auch Wildenten baldmöglichst nach dem Schuß ordentlich zu versorgen.

9 Auch hier wird brustwärts der Kloake das Messer angesetzt. Während die eine Hand die Federn beiseite schiebt, ritzt die andere mit dem Messer die befiederte Haut sowie die darunter liegende Bauchhaut auf, um einen Ansatz für den Eröffnungsschnitt zu erhalten.

10 Nach der Eröffnung der Leibeshöhle wird der Schnitt in Richtung Brustkorb auf einer Länge von ca. 10 cm forgesetzt. Dabei ist eine Verletzung des nach oben drückenden Gescheides zu vermeiden, um eine zusätzliche Verunreinigung der Leibeshöhle durch Darminhalt zu verhindern.

11 Während die eine Hand am Brustkorb die Ente fest gegen den Untergrund drückt, greifen Zeige- und Mittelfinger der anderen Hand in die Leibeshöhle bis zum Brustkorb hinein und lösen Magen und Gescheide einschließlich Leber von den sie mit dem Wildkörper verbindenden Häuten.

12 Anschließend zieht man durch mehrfaches Nachgreifen Magen, Leber und Gescheide ohne letzteres zu zerreißen, aus dem Vogel.

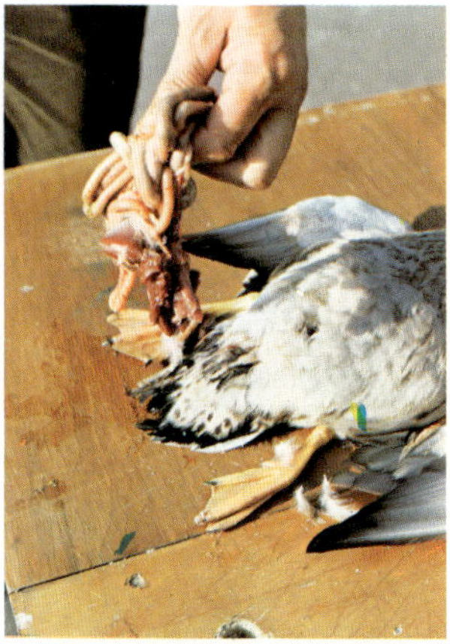

14

15

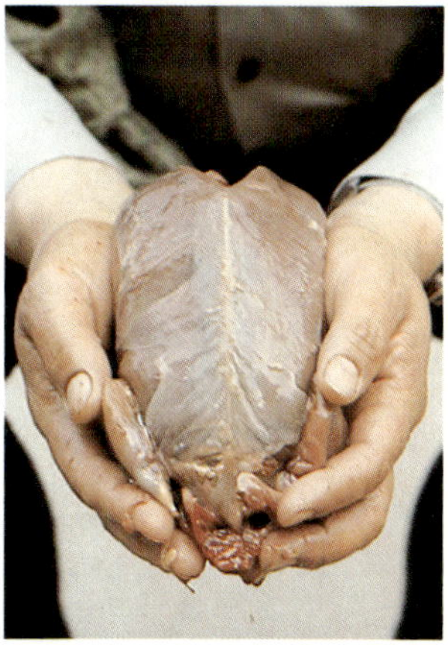

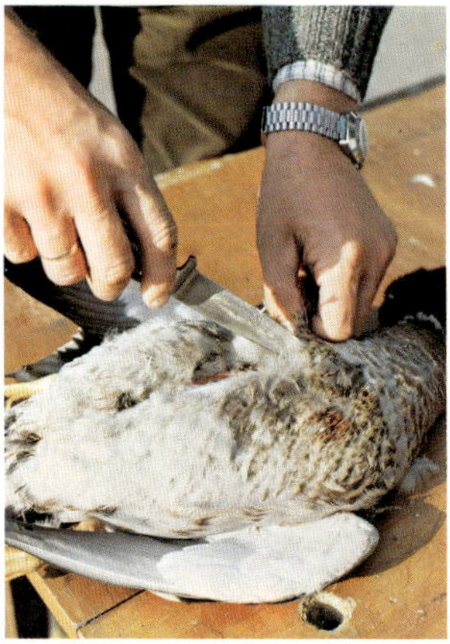

17

18

13 Wie beim Fasan wird bei der Wildente das Gescheide unmittelbar nach seiner Entfernung aus der Leibeshöhle auf krankheitsbedingte Veränderungen überprüft.

14 Wie beim Hausgeflügel erfolgt auch das Rupfen der Wildente. Bereitgestellt werden hierfür eine Wanne sowie heißes Wasser. Die Ente wird mit heißem Wasser übergossen und anschließend gerupft. Dabei werden die einzelnen Federn in Wuchsrichtung aus der Haut gezupft. Begonnen wird damit an der Bauchseite, anschließend rupft man den Rücken, dann den Stoß, die Schwingen und zuletzt den Hals.

15 Nach dem Abtrennen der Ruder und des Kopfes ist der Vogel fertig zur Verarbeitung in der Küche. Da Wildenten häufig Träger von Salmonellen sind, sollten sie nur gut durchgebraten bzw. durchgekocht serviert werden.

16 Erheblich schneller als das Rupfen geht das Häuten der Enten. Durch das Häuten wird vermieden, daß im Federkleid und an der Haut haftende Schadstoffe das Wildbret bei der Zubereitung geschmacklich negativ beeinflussen. Etwas, das stets gegeben ist, wenn sich die Ente auf mit Öl sowie Chemikalien verschmutzten Gewässern aufhielt.

17 Für das Häuten wird die befiederte Haut am Brustkorb leicht angehoben und der vorhandene Bauchhautschnitt bis zum Kropf erweitert. Anschließend schiebt man die Haut mit den Händen vom Wildkörper rundum ab. Wo sich dies etwas schwieriger gestaltet, z. B. im Bereich der Ruder und der Schwingen sowie am Rükken, hilft der die Haut vom Wildbret trennende Messerschnitt.

18 Ist das Federkleid vom Körper abgelöst, trennt man Ruder und Flügel vom Körper sowie den Kopf unmittelbar am Halsansatz ab. Die Ente ist fertig zur Weiterverarbeitung bzw. zum Einfrosten.

werden. Flugwild länger als 36 Stunden – der Fleischreifung wegen – im Federkleid zu belassen, ist wegen der sich in den Federn befindenden Kleinlebewesen (Milben, Bakterien etc.) unhygienisch.
Wer eine längere Reifezeit des Wildbrets von Wildgeflügel aus geschmacklichen Gründen bevorzugt, der kann das gerupfte bzw. gehäutete und gesäuberte Wild an einem kühlen, luftigen Ort (evtl. im Kühlschrank) noch ein bis zwei Tage länger aufbewahren. An Parasiten (z. B. Rotwurm) und bakteriellen Infektionen (u. a. Botulismus, Salmonellose) erkranktes Federwild ist ebenso genußuntauglich, wie stark abgemagertes, nur Haut und Knochen aufweisendes Flugwild. In diesen Fällen ist der Wildkörper unschädlich zu beseitigen.

Wenn es zum Präparator geht

Abschließend ein Hinweis für jene, die sich ein Stück Federwild präparieren lassen wollen. Um ein Verschmutzen des Federkleides zu vermeiden, sollte eine Versorgung des betreffenden Stückes, wie zuvor beschrieben, unterbleiben. Auch das Aushakeln ist vom Präparator nicht erwünscht. Auf die Schußverletzungen sowie in den Schnabel sind Wattestücke oder Teile eines Tempotaschentuches zu legen, die austretenden Schweiß sofort aufsaugen und ihn nicht im Federkleid versickern lassen. Auf gleiche Weise wird die Kloake verschlossen.
Mit Küchenkrepp umhüllt in einem Plastikbeutel in der Tiefkühltruhe gefrostet, kann es dann zum passenden Zeitpunkt dem Präparator übergeben werden. Das Tiefkühlen sollte möglichst noch am Erlegungstage erfolgen, damit einerseits die das Federkleid tragende Haut nicht mürbe wird und andererseits der Vogel nicht von innen heraus verhitzt. Keinen Zweck hat es, dem Präparator einen Wildvogel zu präsentieren, der nicht voll ausgemausert hat. Bei einem solchen Vogel ist selbst die größte Kunst meist vergebens.
Übrigens: Beim Schuß abgelöste und am Anschuß liegende Federn sollten gesammelt und dem Präparator übergeben werden. Er vermag mit ihnen vorhandene Lücken im Federkleid zu schließen.

Gesund oder krank?

Der Aufbruch von Hase, Kanin und Federwild sollte immer auf Anzeichen einer Wildkrankheit bzw. eines parasitären Befalles hin überprüft werden. Eine stark geschwollene Milz oder Leber sowie hirsekorngroße, rötlich-gelbe Einschlüsse in der Leber weisen auf eine bakterielle Erkrankung wie Pseudotuberkulose hin. Erkennungszeichen für Kokzidiose sind neben Durchfall glasig wirkende Darmwände mit zahlreichen grau-weißen Knötchen. Schwellung der Augenlider (Anfangsstadium) und schließlich des ganzen Kopfes weisen auf die seuchenartige, unter den Kaninchenbeständen um sich greifende Myxomatose hin. Generell gilt: Ungewöhnliche Veränderungen und Erscheinungen an Lunge, Leber, Milz und Därmen (Schwellungen, gelblich-weiße Flecken) sind immer Krankheitssignale. Um welche Erkrankung es sich im einzelnen handelt, läßt sich mit letzter Sicherheit nur durch eine Untersuchung in einem veterinärmedizinischen Labor feststellen. Das Wildbret erkrankten Wildes sollte weder dem Wildhandel (sofern dieser eine amtliche Untersuchung veranlaßt, wird es vom Veterinärmediziner in aller Regel verworfen) zugeführt noch selbst verwertet werden.

Nach dem Schuß auf Taube und Schnepfe

In der »stillen Zeit« um den Beginn des neuen Jagdjahres richtet sich das Augenmerk des Weidmannes verstärkt auf jene Wildarten, die in diesen Wochen schon wieder die Möglichkeit zu bescheidenen, aber oft um so stimmungs- und reizvolleren Jagderlebnissen bieten. Insbesondere zählen hierzu die Ringeltaube und die Türkentaube, dagegen darf die Schnepfe zur Zeit im Frühjahr überhaupt nicht bejagt werden. Die Ringeltaube hat sich zu einer Hauptwildart entwickelt, die in ihrer Menge und ihrer allgemeinen Verbreitung für fast jedes Revier von Bedeutung ist. Auch diese Federwildarten werden mit Vorliebe für den menschlichen Verzehr genutzt, und deshalb ist der Jäger verpflichtet, ihnen bei der Versorgung die gleiche Aufmerksamkeit zu widmen, zu der er beim übrigen Wild verpflichtet ist.

Taube und Schnepfe sollten grundsätzlich genauso wie das übrige Flugwild (Fasan, Rebhuhn, Ente usw.) versorgt werden. Das Gescheide wird – möglichst unmittelbar nach der Erlegung, auf jeden Fall aber noch am selben Tag – sauber aus dem Wildkörper entfernt. Dies geschah meist durch das herkömmliche Aushakeln durch die Kloake mit einem am Ende mit einem Haken versehenen Holz- oder Metallstab. Eine Methode, die den Anforderungen einer guten Wildbrethygiene nicht gerecht wird. Sie ist jedoch immer noch besser als überhaupt kein Aushakeln, wie es für dieses Flugwild in verschiedenen Lehrbüchern empfohlen wird. Sorgfältig handelt derjenige Jäger, der Taube wie Schnepfe durch einen kleinen, ober-

halb der Kloake ansetzenden Messerschnitt eröffnet und Gescheide, Lunge, Herz etc. mit den Fingern herausnimmt.
Auffällige, optisch klar erkennbare Veränderungen an Därmen (glasiges Erscheinungsbild, grau-weiße Knötchen), an Lunge und Leber (Schwellungen, gelblich-weiße Flecken bzw. rötlich-gelbe Einschlüsse) weisen auf parasitäre oder bakterielle Erkrankungen hin. Da der Jäger in den wenigsten Fällen das Ausmaß einer Erkrankung beurteilen kann, sollte er auf die Verwertung von Tauben und Schnepfen, die derartige Krankheitsanzeichen aufweisen, aus gesundheitlichen Gründen genauso verzichten, wie auf die Verwertung von stark abgemagertem Flugwild. Eine Abmagerung könnte ebenfalls Folge einer Krankheit sein, die das Wildbret genußuntauglich macht.
In Abweichung zum übrigen Flugwild sind bei der Versorgung von Taube und Schnepfe zwei Besonderheiten zu beachten, die sich einmal aus wildbrethygienischer Notwendigkeit, zum anderen aus den Ansprüchen verschiedener Feinschmecker ergeben. Wildbrethygienisch notwendig ist, bei Tauben unmittelbar nach dem Erlegen (noch vor dem Entfernen des Gescheides!) den Kropf zu entfernen. Dieser ist eine vor dem Brustbein unterm Federkleid am Hals sitzende, meistens mit Äsung gefüllte beutelartige Erweiterung des Schlundes. Die über ihm liegende Haut wird freigerupft, mit einem kleinen Messerschnitt aufgetrennt und anschließend der Kropf herausgelöst. Das rasche Entfernen des Kropfes ist erforderlich, weil die sich in ihm befindende, angedaute Äsung relativ schnell säuert und den Geschmack des Wildbrets negativ verändert bzw. es für den menschlichen Genuß untauglich macht.
Für den menschlichen Verzehr lange Zeit genutzt und von vielen Feinschmeckern als »Delikatesse« gerühmt sind dagegen die besonders kräftigen Darmschlingen der Schnepfe nebst Inhalt – auch als Schnepfendreck bezeichnet. Wer auf den »Genuß« dieser »Innereien« nicht verzichten will, kann das Schnepfengescheide nach dem Ausziehen in einem Plastikbeutel aufheben, um es später in der Küche zu verwerten.
Wie alles Wild sollen auch Taube und Schnepfe nach dem Versorgen am kühlen, luftigen Ort (mit dem Stoß nach unten hängend) auskühlen. Küchenfertig gemacht werden Schnepfe und Taube spätestens 24 bis 36 Stunden nach dem Erlegen. Länger sollte, wegen der sich im Gefieder befindenden Kleinlebewesen, wie Milben, Bakterien etc. (manche Tauben sind damit geradezu verseucht!), mit dem Rupfen nicht gewartet werden. Erfahrene Jäger rupfen die noch warmen Tauben im Revier, da dies sehr schnell geht und das Herumfliegen von Federn zu Hause vermieden wird. Die Federn sollten anschließend mit Erde und Laub zugedeckt werden.

Trophäenbehandlung

Was den Jäger letztlich auf Jahre an sein jagdliches Erleben erinnert, das sind die Trophäen des Schalenwildes. Ob er an ihnen auf Dauer Freude hat, hängt von seinen handwerklichen Fähigkeiten und der Zeit ab, die er sich für ihre Herrichtung nimmt. Schon mancher hat sich später über eine Trophäe geärgert, bei der wesentliche Teile während der Zurichtung zerstört oder abgebrochen wurden. Besonders gefährdet sind bei allen einen Kopfschmuck tragenden Schalenwildarten das Nasenbein und die an ihm anhaftenden Gesichtsknochen. Lösen sie sich vom Schädel oder brechen gar ab, hat dies meist mehrere Ursachen: Einmal die Verwendung eines unzweckmäßigen Werkzeuges, sodann ein zu hastiges Arbeiten und schließlich ein zu langes Abkochen des Schädels. Letzteres lockert die aus gallertartiger Knorpelmasse bestehenden Verbindungen zwischen den Knochen, so daß diese sich ablösen. Tritt dieser Fall ein, sollte alles aufbewahrt und nach dem Bleichen mittels eines Klebers ordentlich zusammengesetzt werden. Da das Fixieren der kleinen Knochenstücke beim Ankleben äußerst schwierig ist, empfiehlt es sich, sie mit einem schnell härtenden Kleber (z. B. Pattex-Sekundenkleber) zu befestigen. Gut beraten ist, wer für das Abkochen des Kopfschmuckes von Geweihträgern über dem Nasenbein ein Stück der Decke beläßt. Es verhindert ein zu starkes Erhitzen dieser Knochenpartie und mindert die Gefahr des ungewollten Ablösens der Nasenbeinknochen beim späteren Säubern.

Einen wesentlichen Vorgang bei der Herrichtung einer Trophäe stellt das Bleichen dar, wobei jeder auf »seine Methode« schwört. Als die Verwendung von Wasserstoff-Peroxyd noch nicht allzu gebräuchlich war, wurde der gesäuberte Schädel über mehrere Stunden in der Sonne gebleicht und zwischendurch immer wieder mit Wasser benetzt. Ein nach wie vor bewährtes Verfahren. Meist wird jedoch mit Wasserstoff-Peroxyd (H_2O_2) in unterschiedlicher Konzentration (zu empfehlen ist 10%iges H_2O_2) gearbeitet, wobei entweder

1. der noch feuchte Schädelknochen innen und außen mit dem Wasserstoff-Peroxyd eingepinselt, oder
2. der Schädel mit Watte oder Papiertaschentüchern umhüllt und diese anschließend mit Wasserstoff-Peroxyd (eventuell unter Zugabe einiger Tropfen 30%igen Salmiakgeistes) getränkt werden, oder
3. gemahlene Kreide mit Wasserstoff-Peroxyd zu einem dünnen Brei verrührt und dann mit einem Pinsel auf den Knochen aufgetragen wird.

Wer den Schädel nach der unter 2. beschriebenen Methode unter Zusatz von Salmiakgeist bleichen will, sollte dies nur im Freien tun, da aufgrund der chemischen Reaktion stark ätzende Dämpfe entstehen. Das unter 3. beschriebene Verfahren hat den Vorteil, daß der Schädel nach dem Trocknen wegen der anhaftenden Kreidepartikel über längere Zeit weiß bleibt. Jedoch sind die Kreidepartikel auf der Oberfläche deutlich sichtbar. Eine bessere und von Präparatoren oft angewendete Methode ist es, den Schädel nach dem Bleichen in einer Mischung (1 : 1) aus Wasser und Holzleim (z. B. Ponal) für rund 24 bis 48 Stunden zu tauchen und ihn anschließend zu trocknen. Das Gemisch dringt in das Knochengewebe ein, ersetzt darin das ausgekochte Fett, verfestigt den Knochen, versiegelt die Oberfläche und trocknet klar auf. Wichtig hierbei ist, daß die Mischung vorher gut (am besten mit einem haushaltsüblichen elektrischen Sahneschläger) verrührt wurde.

Unterschiedlichste Methoden gibt es auch beim Aufsetzen der Trophäen:

1. Das Aufschrauben mittels einer in die Hinterhaupthöhlung eingesetzten Metallkralle;
2. das Einleimen eines Holzklötzchen in die Hinterhaupthöhlung und die nachfolgende Befestigung mit einer durch das Trophäenbrett geführten Holzschraube;
3. das Aufkleben des Schädels auf das Trophäenbrett mit einem Zwei-Komponenten-Kleber oder einer Heißklebe-Pistole.

Die unter 1. beschriebene Methode sollte stets dann verwendet werden, wenn die Trophäe medaillenverdächtig ist und zu Ausstellungen gegeben wird, da sie sich für das zur Bewertung erforderliche Verwiegen leicht ablösen läßt. Zwar ist dies im 3. Falle auch möglich, doch besteht hier die Gefahr des Ausbrechens von Knochenstücken. Grundsätzlich gilt für jeden aufzusetzenden Hauptschmuck: Die Schnittfläche muß absolut plan (eventuell ist sie auf einer Schleifscheibe oder auf einem Schleifband nachzuschleifen) sein, und die Abmessungen des Trophäenbretts haben in einem vernünftigen Verhältnis zur Schädelgröße zu stehen. Wird beides erfüllt, ist ein guter optischer Eindruck gegeben.

Aufsetzen einer Rehkrone

2

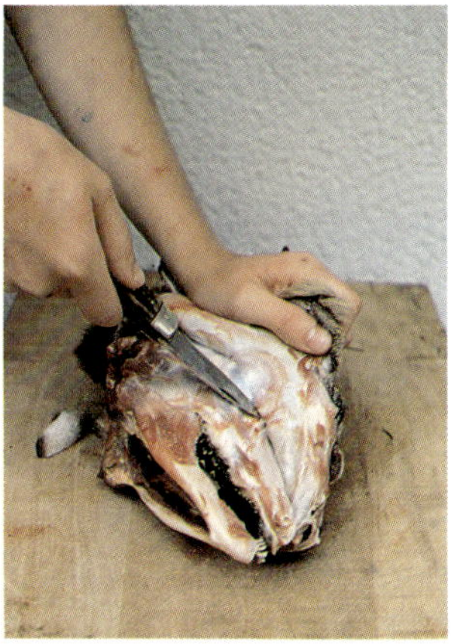

3

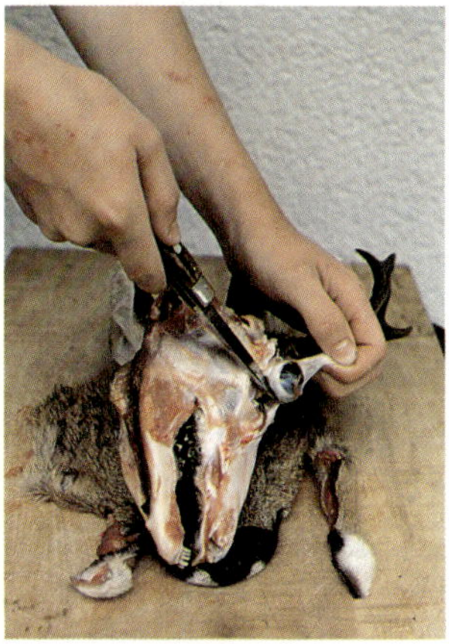

5

6

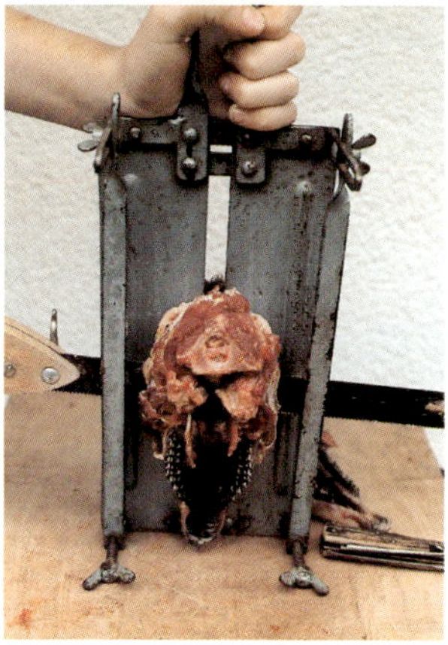

1 Obwohl es zum jagdlichen Handwerk gehört, die Trophäen erlegten Schalenwildes selbst zuzurichten, überlassen dies viele Erleger dem Jagdaufseher, Berufsjäger oder Präparator. Dabei ist es nicht schwer, diese Arbeit selbst durchzuführen, nachdem das Haupt unmittelbar am Träger abgeschärft wurde.

2 Sodann wird die Decke entfernt, damit anhaftende Schmutzpartikel beim Abkochen nicht den Knochen verfärben. Das Ablösen der Decke wird am Kinnwinkel begonnen. Die linke Hand hält die Decke, während mit der rechten Hand das Messer geführt wird. Dabei darf das Nasenbein nicht verletzt werden.

3 Anschließend werden die beiden Lichter ausgelöst. Hierzu wird mit der Messerspitze ein tiefer Rundschnitt um den Augapfel ausgeführt. Dann ergreift man ein Stück der das Auge umgebenden Haut und zieht es daran aus der Augenhöhle. Die das Auge jetzt noch haltenden Sehnen und Muskeln werden durchtrennt und das Auge herausgehoben.

4 Unproblematisch ist auch das Auslösen des Unterkiefers. Links und rechts wird die Backenmuskulatur mit dem Messer bis auf den Knochen durchschärft. Dann faßt man mit der linken Hand den Oberkiefer und mit der rechten Hand den Unterkiefer und hebelt diesen unter kräftigem Druck aus seiner Verankerung.

5 Noch am Oberkiefer verbliebenes Wildbret wird mit dem Messer sauber abgeschnitten. Anschließend wird der Schädel in eine Geweihsäge-Halterung eingespannt und der Schnittverlauf mit den Führungsschienen eingestellt.

6 Durch die Verwendung einer im Handel erhältlichen Geweihsäge wird ein symmetrischer und eben verlaufender Schnitt ermöglicht. Ohne Führungsschiene gelingt dies nur mit Sorgfalt und einigem Geschick und bedarf der Erfahrung.

Aufsetzen einer Rehkrone

7
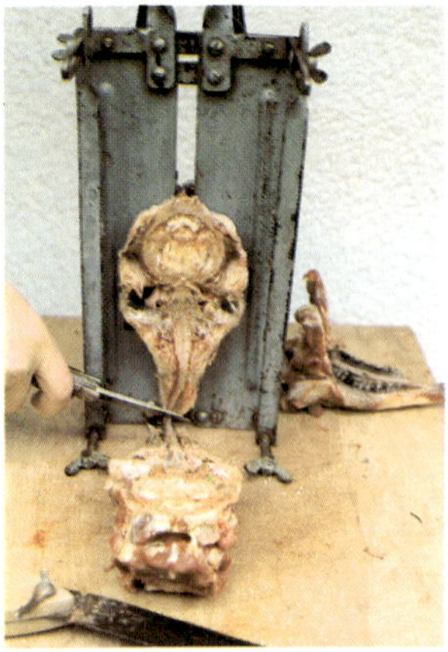

8

9

10

11
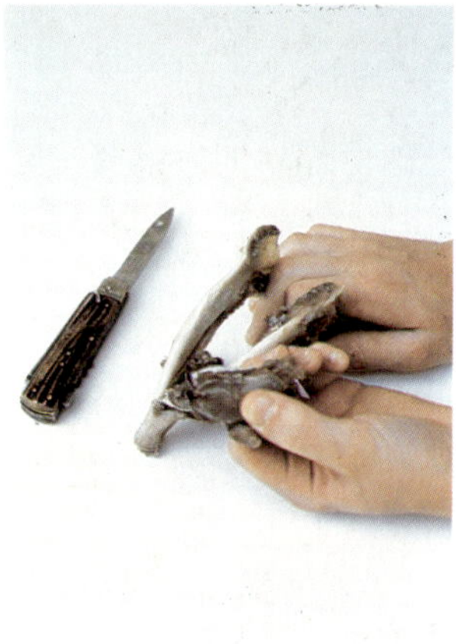

12

7 Nach dem Durchsägen des Schädels durchtrennt man die letzte Knorpelverbindung mit dem Messer. Anschließend wird mit dem Messer oder einem Schabelöffel das Hirn aus seiner Höhlung herausgehoben. Es gilt bei vielen Jägern als Delikatesse und wird nach kurzem Wässern und Entfernen der Hirnhaut und der Blutäderchen mit verquirltem Ei in der Küche zubereitet.

8 Für die weitere Gewinnung der Trophäe werden das Schädeloberteil sowie der Unterkiefer benötigt.

9 Es folgt das Wässern des Schädels und des Unterkiefers. Hierzu werden beide in einen Eimer gegeben, den man mit Wasser so weit auffüllt, daß er bis über die Rosen reicht. Schädel und Unterkiefer verbleiben darin 24 Stunden. Zweck des Wässerns ist es, Blutreste auszuschwemmen.

10 Zum Auskochen werden Schädel und Unterkiefer in einen ausreichend großen Topf gegeben. Das Wasser darf nur bis an die Rosenstöcke reichen. Dem Wasser wird ein kräftiger Schuß Spülmittel (z. B. Pril) oder etwas Waschmittel zugesetzt. Beides löst das sich im Knochen befindende Fett und erleichtert das Ablösen von Wildbret und Knochenhaut.

11 Während das Schädeloberteil einer längeren Kochzeit bedarf, können vom Unterkiefer bereits nach ca. 30 Minuten Kochzeit Wildbret und Knochenhaut entfernt werden. Man löst sie mit der Hand ab und schabt die Reste mit dem Messer vom Knochen.

12 Um zu vermeiden, daß die das Nasenbein zusammenhaltende Knorpelmasse zu weich gekocht wird, prüft man zwischendurch immer wieder, ob sich Wildbret und Kochenhaut vom Schädel ablösen lassen. Beim Säubern wird das Schädelteil immer wieder mit Wasser angefeuchtet, damit das Wildbret geschmeidig bleibt.

Aufsetzen einer Rehkrone

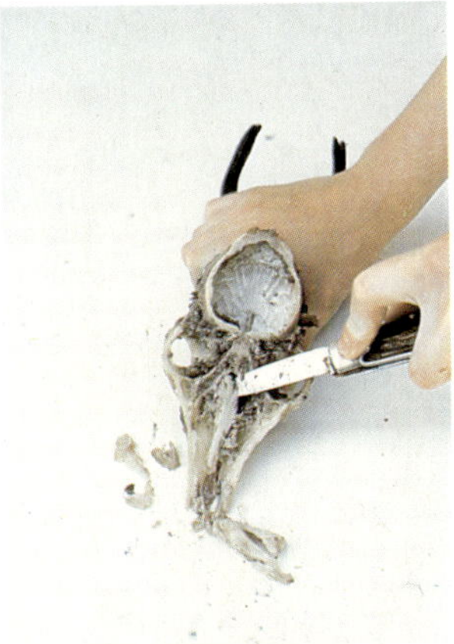

14

15

17

18

13 Nach dem Säubern der Oberseite des Schädels erfolgt das Säubern der Innenseite, um eine spätere Fäulnis zu vermeiden. Mit der Messerspitze werden vorsichtig der Nasenbeinknorpel und die sich zwischen Nasenbein und Schädelhöhle befindende poröse Knochenmasse gelöst. Sind die groben Teile entfernt, schabt man alles mit der Klinge sauber.

14 Den gesäuberten Schädel bleicht man mit 10prozentigem Wasserstoff-Peroxyd unter Zugabe von 30prozentigem Ammoniak. Hierzu wird die Schädelinnenseite mit einem Papiertaschentuch oder Watte ausgestopft.

15 Anschließend wird er in eine Schüssel gelegt und rundum mit Papiertaschentüchern abgedeckt. Die Rosen bleiben frei. Die Umhüllung wird mit Wasserstoff-Peroxyd angefeuchtet und mit zwei Teelöffel voll Ammoniak beträufelt. Wegen der entstehenden Dämpfe erfolgt dies im Freien oder am offenen Fenster. Ungebleicht bleibt der Unterkiefer.

16 Nach dem Bleichen wird der Schädel 24 Stunden in eine Lösung, aus einem Teil Ponal und einem Teil Wasser, getaucht. Dadurch werden der ausgekochte Knochenleim durch den Weißleim ersetzt und die Poren geschlossen.

17 Für das Aufsetzen des Schädels gibt es viele Methoden. Am einfachsten und schnellsten geht es mit einer Heißklebepistole. Der Heißkleber wird punktförmig auf den Schädel aufgetragen und dieser sofort auf das Brett gepreßt. Verwendet werden für das Heißkleben milchig-weiße Pattex-Patronen, die eine gute Klebung ergeben.

18 Bereits nach zwei Minuten sitzt das Geweih fest am Schädel. Soll der Schädel später verwogen werden, löst man die Klebepunkte mit einer heißen Messerklinge. Eine Beschädigung ist nicht zu befürchten, wenn dies vorsichtig erfolgt.

Herrichten eines Hirschgeweihs

1

2

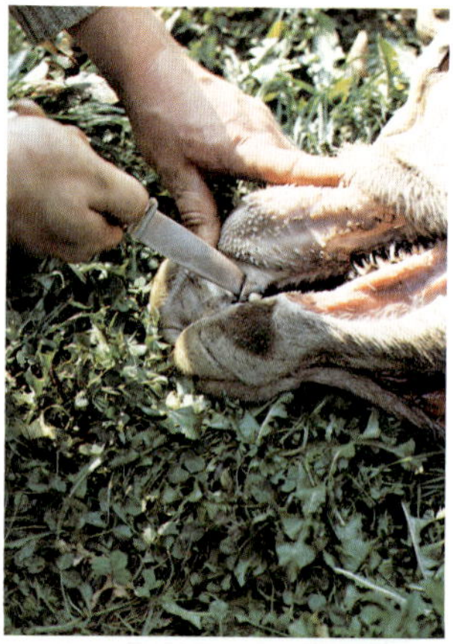

3

4

5

6

1 Für die meisten Jäger stellt die Erlegung eines Rothirsches ein besonderes Erlebnis dar. Oft bleibt es während eines langen Jägerlebens die einzige Trophäe dieser Art. Um so mehr Freude hat man an ihr, wenn sie ordentlich hergerichtet wurde.

2 Neben dem Geweih zählen beim Rotwild auch die Grandeln als Trophäe. Am gestreckten Stück werden sie als erstes ausgelöst. Hierzu wird die Decke am Äser zwischen Ober- und Unterkiefer durchgeschärft und mit der einen Hand vom Oberkiefer in Richtung Nasenbein zurückgezogen. Anschließend drückt man die Messerspitze oberhalb der Grandel in den Kiefer und hebelt sie heraus. Da die Grandeln nicht allzu tief im Oberkiefer sitzen, lassen sie sich auf diese Weise leicht herausholen.

3 Anschließend wird das Haupt vom Träger abgeschärft. Dazu schärft man Decke und Wildbret rund um die ganze Schädelbasis bis auf den Halswirbel durch. Dabei wird die Decke mit der einen Hand abgezogen und alles verbindende Gewebe durchtrennt.

4 Um das Haupt aus den verbindenden Wirbeln zu lösen, faßt man es mit beiden Händen an den Stangen, hebt es an und drückt es in Richtung des Rückens. Sodann dreht man es unter kräftigem Druck vom Träger ab.

5 Das Ablösen der Decke vom Haupt beginnt am Hinterhauptknochen. Durch einen Längsschnitt zwischen den Rosenstöcken wird die Decke aufgeschärft. Anschließend löst man sie in Richtung Windfang ab.

6 Das Abschärfen der Decke vom Schädel wird so vorgenommen, daß ein Teil von ihr über dem unteren Drittel des Nasenbeins am Schädel verbleibt. Er verhindert, daß beim späteren Abkochen der die Nasenbeinknöchel verbindende Knorpel vorzeitig aufweicht.

Herrichten eines Hirschgeweihs

8

9

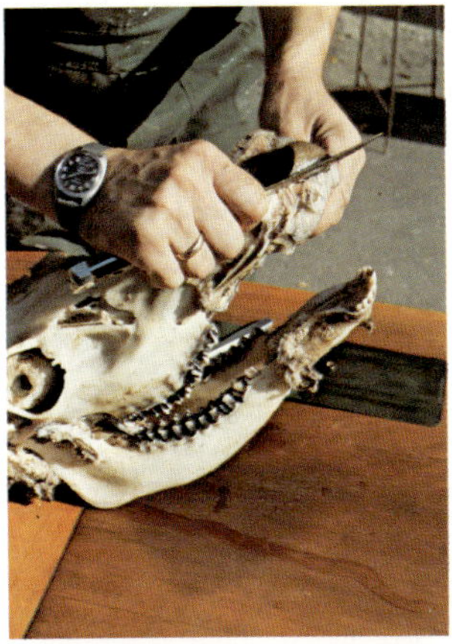

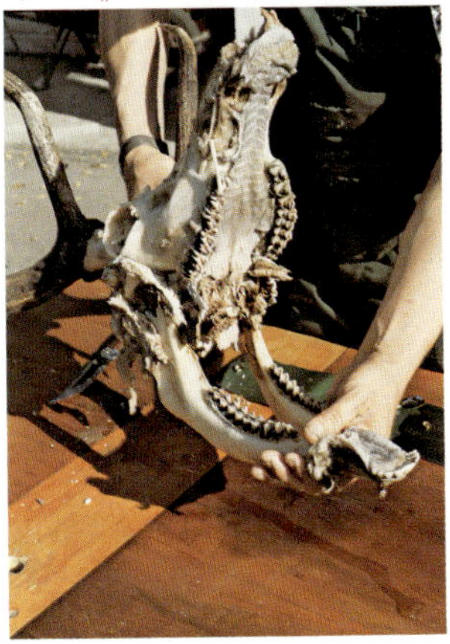

11

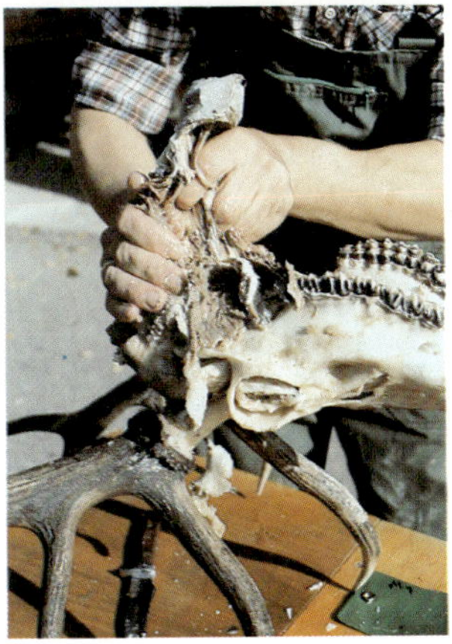

12

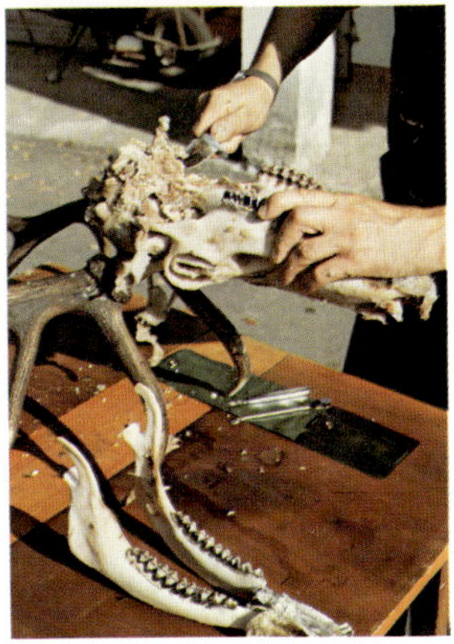

7 Nach dem Auslösen des Leckers aus dem Unterkiefer durch Schnitte links und rechts entlang der Innenseite der Unterkieferäste wird der ganze Schädel einschließlich des Unterkiefers in ein großes Gefäß mit Wasser gegeben und rund 24 Stunden gewässert. Das Wässern bewirkt, daß das Wildbret aufweicht und das in ihm enthaltene Blut ausgeschwemmt wird.

8 Anschließend wird der Schädel bis zu den Rosen in einen ausreichend großen Topf mit kaltem Wasser gelegt und bei schwacher Hitze ca. 1½ Stunden abgekocht. Nach dem Abkochen taucht man ihn in kaltes Wasser, um ihn abzukühlen. Geschähe dies nicht, würde das erhitzte Wildbret am Knochen anbacken und sich nur schwer ablösen lassen.

9 Als erstes wird mit dem Messer die am Nasenbein verbliebene Decke abgelöst und alles sich auf der Schädeloberseite befindende Wildbret sorgfältig abgeschabt.

10 Das Auslösen des Unterkiefers geschieht wie folgt: Mit der einen Hand faßt man den Oberschädel und hält ihn fest, während mit der anderen Hand der Unterkiefer durch Druck aus dem Gelenk herausgehebelt wird.

11 Anschließend wird die Unterseite des Schädels von anhaftendem Wildbret und Häuten gesäubert. Die Entfernung größerer Fleischteile erfolgt ohne Messer mit der Hand.

12 Restteile des Wildbrets im Bereich des Hinterhauptes sowie zwischen den Rosenstöcken werden mit dem Messer abgelöst. Aus den Augenhöhlen werden sodann die Augen samt Nerven und Häuten herausgeschärft. Schließlich wird der Unterkiefer von anhaftenden Fleischresten und der Knochenhaut, die sich leicht ablöst, befreit. In den Knochen mündende Nerven zieht man mit einer Pinzette heraus.

Herrichten eines Hirschgeweihs

13

14

15

16

17

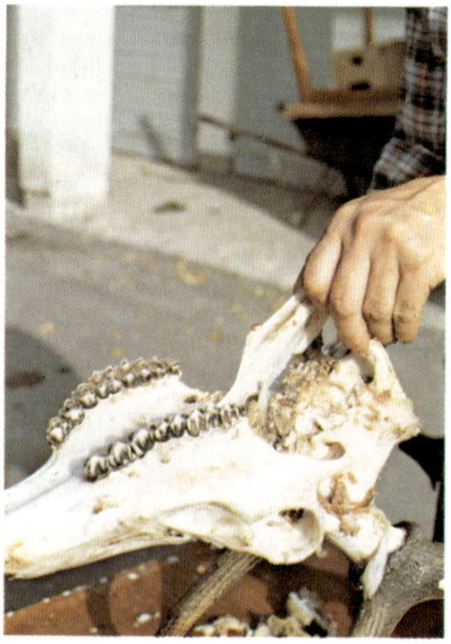

18

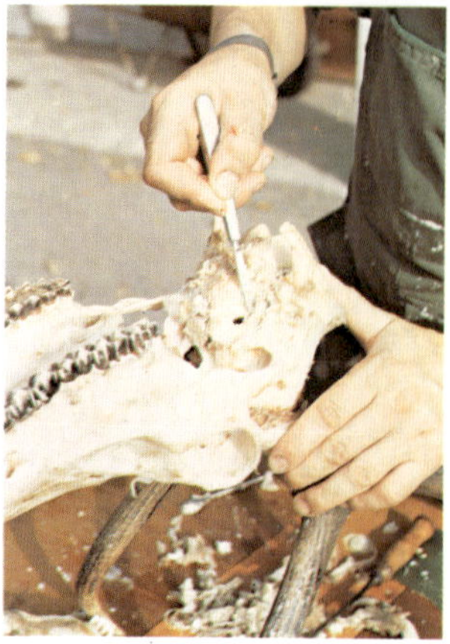

13 Ist die Oberseite des Schädels weitestgehend sauber, muß das Innere des Nasenbeins herausgelöst werden. Hierzu wird der Schädel mit der einen Hand fest auf die Unterlage gedrückt, während die andere Hand das Messer von vorn unter das Nasenbein führt. Durch vorsichtigen Rundumschnitt werden die Nasenscheidewand sowie Knorpel und Haut vorsichtig vom Knochen gelöst und kleinere Teile nach vorne herausgezogen.

14 Für das Öffnen der Schädelhöhle wird der Schädel so gedreht, daß er mit seiner Unterseite nach oben zeigt. Während man mit der einen Hand den Schädel hält, führt die andere Hand die Säge. Man setzt zwei Sägeschnitte: Der eine verläuft auf Höhe der Lichter und ca. 1 cm hinter den Backenzähnen, der andere unmittelbar am Hinterhauptloch.

15 Ist der Knochen durchgesägt, durchschlägt man mit Hammer und Meißel den Knochen links und rechts zwischen den Sägeschnitten. Die so entstandene Öffnung dient zur Entnahme des Gehirns und zum weiteren Säubern der Nasenbeinhöhlung.

16 Mit einem Schabelöffel (enthalten im Puma-Präparatoren-Set) wird das Gehirn aus der Höhlung herausgeholt. Es wird als Hundefutter verwertet.

17 Anschließend holt man die zuvor von vorne mit dem Messer gelockerte Nasenscheidewand nebst Knorpel aus der Nasenbeinhöhlung heraus.

18 Mit Messer und Schabelöffel werden noch am Schädel verbliebene Wildbretreste, Knochenhäute und Knorpel sauber entfernt. Anschließend spült man den Schädel mit einem Wasserschlauch kräftig durch und bleicht ihn durch Einpinseln mit 10prozentigem Wasserstoff-Peroxyd. Ein in die hintere Hirnschale gebohrtes Loch dient zum Aufhängen.

Zurichten einer Gamskrucke

2

3

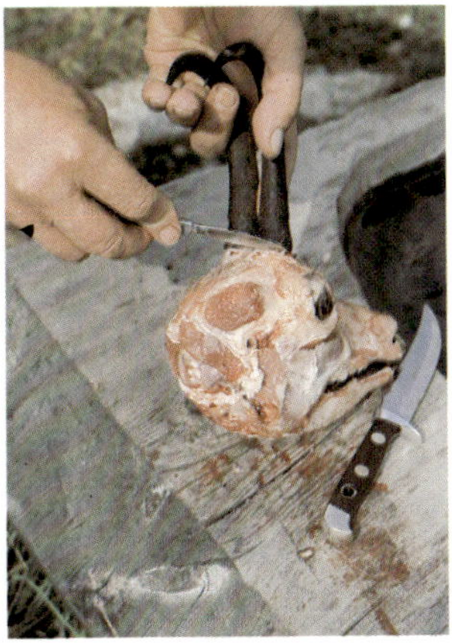

5

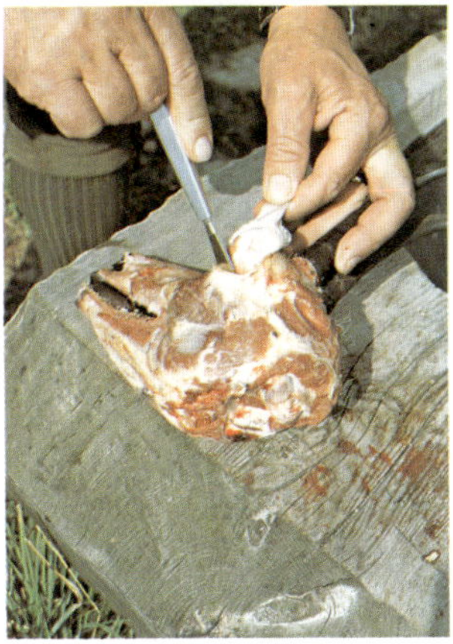

6

1 Für die Zurichtung einer Gamswildtrophäe wird der Kopf unmittelbar am Hinterhaupt vom Träger abgeschärft. Hierzu durchtrennt man mit einem Rundumschnitt Decke und Wildbret bis auf den Knochen und löst das Haupt durch Drehen vom Wirbel.

2 Für das Entfernen der Decke vom Haupt wird zuerst die Decke an der Unterseite des Hauptes vom Halswirbelansatz bis zur Mitte des Unterkiefers aufgeschärft. Anschließend faßt man mit der einen Hand die Decke, während die andere Hand das Skinmesser führt und die Decke mit kurzen Schnitten vom Haupt abtrennt.

3 Um ein vollständiges, sauberes Ablösen der Decke zu erreichen, wird mit dem Messer zwischen den Schläuchen die Decke mit kräftigem Schnitt durchtrennt. Auch bei der Gams gilt: Ein Entfernen der Decke vom Haupt ermöglicht eine kürzere Abkochzeit und verhindert eine Verfärbung des Schädelknochens beim Abkochen durch am Haar anhaftende Schmutzpartikel.

4 Das Entfernen des Wildbrets beginnt unterhalb der Schläuche. Ohne die Schläuche selbst zu beschädigen, wird mit dem Skalpell das Wildbret vom Knochen rundum vorsichtig abgeschnitten.

5 Es folgt das Auslösen der Lichter. Zuerst durchtrennt man mit dem Skalpell in der Knochenhöhle rundum die Muskelstränge, dann faßt eine Hand die das Auge umgebende Haut, während die andere Hand das Skalpell führt und mit diesem das Auge heraustrennt.

6 Um das Aushebeln des Unterkiefers zu erleichtern, wird links und rechts die Backenmuskulatur abgeschärft. Während die linke Hand den Schädel an der Krucke festhält, schärft man mit dem Messer das Backenfleisch von oben nach unten ab und durchtrennt die zwischen Unter- und Oberkiefer verbliebene Backenmuskulatur.

Zurichten einer Gamskrucke

7

8

9

10
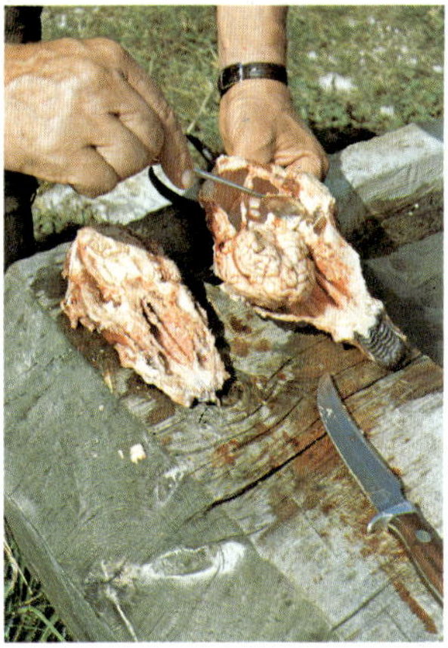

11
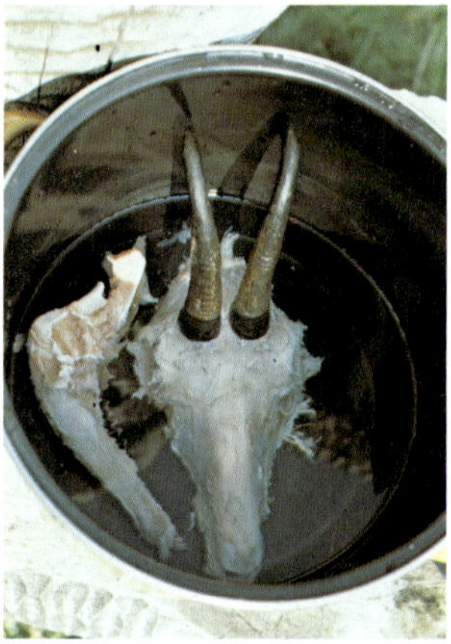

12

7 Der nächste Arbeitsgang beinhaltet das Herauslösen des Leckers. Hierzu wird das Haupt mit seiner Unterseite nach oben gelegt und links und rechts an der Innenseite des Unterkiefers der Muskel durchschärft. Sodann ergreift man mit der linken Hand den Lecker und trennt ihn heraus.

8 Anschließend faßt man den Oberkiefer über dem Nasenbein und mit der anderen Hand den Unterkiefer. Dieser wird vom Oberkiefer weggedrückt und herausgehebelt.

9 Da es bei Gamstrophäen üblich ist, diese mit langem Nasenbein aufzusetzen, erfolgt der Sägeschnitt unmittelbar über den Zähnen im Oberkiefer. Dazu drückt man den Schädel seitlich gegen die Unterlage. Die Säge wird von vorne, unterhalb des Nasenbeins angesetzt und der Sägeschnitt unter den Lichtern hindurch geführt. Für das Absägen kann auch eine Gehörnsäge verwendet werden.

10 Nach dem Eröffnen der Gehirnhöhle wird das Gehirn mit einem Schabelöffel herausgeholt. Dabei ist darauf zu achten, daß auch die in der Höhle tiefer liegenden Teile sauber herausgeschabt werden.

11 In einem ausreichend bemessenen Topf wird der Schädel ca. 12 Stunden gewässert. Da das Alter einer Gams an den Jahresringen der Krucke exakt bestimmt werden kann, ist ein Abkochen des Unterkiefers nicht erforderlich. Es sei denn, er wird für eine Lehrmittelsammlung benötigt.

12 Anschließend wird der Schädel unter Zugabe von etwas Geschirrspülmittel abgekocht. Dabei darf das Wasser nur bis zum Ansatz der Krucken reichen. Je nach Alter der Gams kann die Kochzeit 30 bis 60 Minuten betragen. Nach dem Abkochen wird der Schädel mit kaltem Wasser abgekühlt und das Wildbret mit dem Messer vom Knochen geschabt.

Zurichten einer Gamskrucke

14

15

17

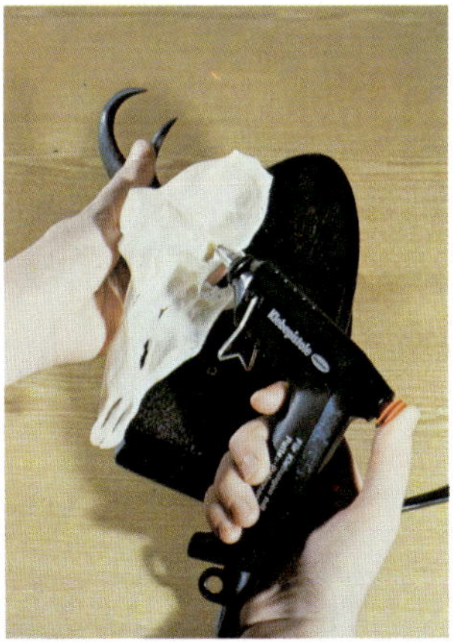

18

13 Wie bei der Zurichtung des Hirschgeweihs dargestellt, werden auch bei der Gams von vorne mit dem Messer die sich in den Nasenbeinhöhlungen befindenden Knorpelhäute und die Nasenscheidewand vorsichtig gelöst. Anschließend dreht man den Schädel mit der Unterseite nach oben und entfernt die zuvor gelockerten Teile. Schließlich wird die zwischen Hinterhaupt und Nasenbeinhöhlung sich befindende weiche Knochenmasse entfernt.

14 Noch an der Innenseite des Schädels verbliebene Wildbretteile schabt man mit dem kleinen Schabelöffel sauber vom Knochen.

15 Damit auch das Innere der Schläuche durch Luftzutritt austrocknen kann, wird die Schädeldecke an den Aufsetzpunkten der Stirnzapfen mit einem Dorn durchstoßen. Hierzu hält man den Schädel so, daß die Unterseite nach oben zeigt. Die Stirnzapfen markieren sich als dunkle Punkte. Verpönt ist ein Ablösen der Schläuche, da beim Wiederaufsetzen eine Veränderung der Kruckenstellung erfolgen kann.

16 Das Bleichen des Schädels kann, wie beim Rehgehörn dargestellt, erfolgen oder durch Einpinseln des noch feuchten Schädels mit 30-prozentigem Wasserstoff-Peroxyd. Dies geschieht zwei bis dreimal. Da das Wasserstoff-Peroxyd tief eindringt, ergibt dies ein gutes Bleichergebnis.

17/18 Für das Aufsetzen gibt es verschiedene Möglichkeiten: Einmal kann der Schädel auf einem speziellen Gamskrucken-Brett befestigt werden. Am einfachsten geht dies mit einer Heißklebe-Pistole, was einem ein Aufschrauben des Schädels bzw. sein Befestigen mittels Metallkrallen und Schrauben erspart. Andererseits kann man in die Mitte des Hinterhauptes ein kleines Loch bohren, hierdurch eine Nylonschnur ziehen und den Schädel ohne Brett aufhängen.

Zurichtung von Widderschnecken

1 

2 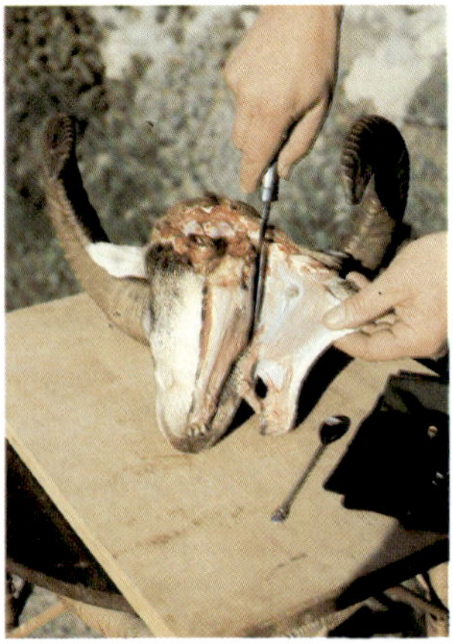

3 

4 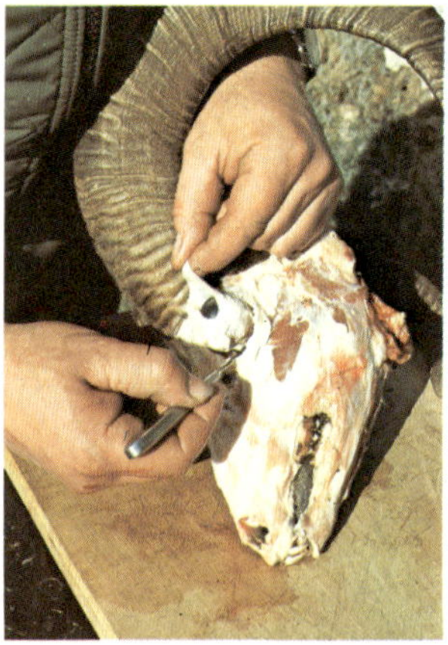

5 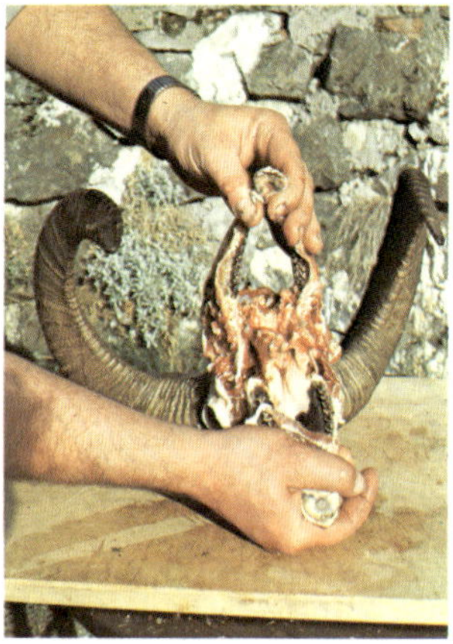

6 

1 Die Erlegung eines Muffelwidders zählt im Jägerleben zu den besonderen Ereignissen. Viele, denen dieses Glück zuteil wurde, lassen sich – vorausgesetzt, es handelte sich um eine von ihrer Stärke her akzeptable Trophäe – das Widderhaupt präparieren. Eine Aufgabe, die einem in der Herstellung einer Dermoplastik erfahrenen Präparator übertragen werden sollte. Ist die Präparation vorgesehen, wird der Widder ohne Trägerschnitt aufgebrochen und das Vlies einschließlich des Trägers am Ansatz zum Rücken rundum abgeschärft. Für die normale Zurichtung reicht dagegen ein Abschärfen des Hauptes unmittelbar am ersten Halswirbel.

2 Das Entfernen des Vlieses vom Haupt beginnt mit seinem Aufschärfen vom Halswirbelansatz entlang der Mitte des Unterkiefers bis zum Kinnwinkel. Mit der einen Hand ergreift man sodann das Vlies und löst es, durch kleine Messerschnitte unterstützend, in Richtung Schädel und Nasenbein ab.

3 Der gleiche Vorgang wird auf der Gegenseite wiederholt und das Vlies vollends vom Haupt abgeschärft. Anschließend löst man den Lecker aus dem Unterkiefer.

4 Es folgt das Auslösen der Lichter. Mit einem Skalpell oder einem kleinen scharfen Messer werden durch einen tiefen Rundschnitt am Knochen der Augenhöhle die Muskelstränge durchtrennt, das Auge an der es umgebenden Haut angehoben und vollends herausgetrennt.

5 Nach dem Durchschärfen der Backenmuskulatur bis auf den Knochen drückt man den Oberkiefer mit der einen Hand gegen die Unterlage und hebelt den Unterkiefer heraus.

6 Nach Wässerung des Schädels (24 Stunden mit Wasserwechsel) wird er für das Abkochen in ein ausreichend großes Gefäß gegeben. Das Wasser muß die Schnecke vollständig bedecken.

Zurichtung von Widderschnecken

8

9

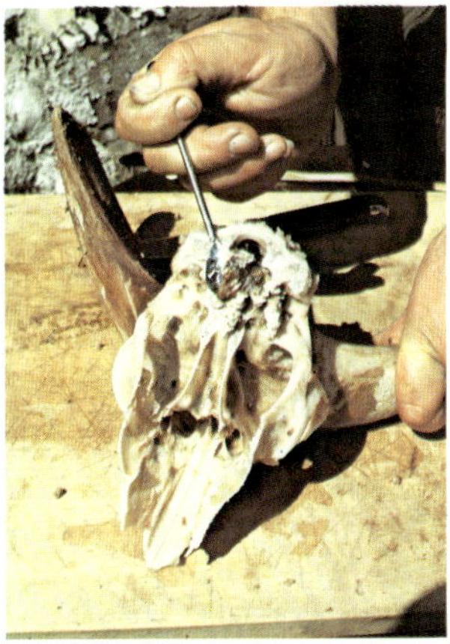

11

12

7 Nach einer Kochzeit von ca. 30 Minuten wird das erste Mal versucht, den Schneckenschlauch mit kräftigem Zug vom Stirnzapfen abzuziehen. Dazu legt man den Schädel auf den Boden, hält ihn mit dem Fuß fest und zieht durch Drehung nach rechts und links den Schlauch ab. Gelingt dies nicht sofort, kommt die Schnecke wieder in den Topf und wird weiter abgekocht. Achtung: Die Abkochzeit sollte ausreichend, jedoch nicht zu lange sein, um eine zu starke Aufhellung der Schläuche zu vermeiden.

8 Aus den abgelösten Schläuchen wird dann mit einem Schabelöffel das auf der Hornmasse sitzende weiche Gewebe vorsichtig herausgeschabt, um eine spätere Fäulnis zu vermeiden. Die noch weiche Hornschicht darf dabei nicht durchgeschabt werden.

9 Das Abschlagen des Oberkiefers erfolgt entweder in einer auf äußerste Weite gestellten Gehörn-Absägevorrichtung oder (wie bei der Gams dargestellt) mit einem Fuchsschwanz.

10 Nach dem Entfernen des Gehirns aus der Schädelhöhlung mittels eines Schabelöffels wird der Schädel von anhaftenden Wildbretteilen, Knorpelmasse und Knochenhäuten gesäubert.

11 Vorsicht ist beim Abschaben des auf den Stirnzapfen sitzenden Gewebes geboten, damit nicht zuviel von der ebenfalls porösen Knochenmasse abgetragen wird.

12 Ist der Schädel innen und außen mit Papiertaschentüchern oder Watte umhüllt und in eine ausreichend große Schüssel gegeben, wird er gebleicht. Dazu befeuchtet man die Umhüllung mit 10-prozentigem Wasserstoff-Peroxyd und beträufelt sie mit einem Eßlöffel 30-prozentigen Ammoniak. Wegen der sich dabei entwickelnden Dämpfe sollte diese Arbeit nur im Freien oder am offenen Fenster vorgenommen werden.

Zurichtung von Widderschnecken

13

14

15

16

17

18

13 Ist der Bleichvorgang abgeschlossen und der Schädel abgetrocknet, wird er in eine Schüssel gegeben, die man mit einer Mischung aus Ponal und Wasser (Verhältnis 1:1) soweit auffüllt, daß der Schädelknochen voll bedeckt ist. Hierin verbleibt der Schädel ca. 48 Stunden. Der verdünnte Holzleim dringt in den Knochen ein und ersetzt den ausgekochten Knochenleim. Gleichzeitig werden die Poren verschlossen und die Oberfläche gegen Staubpartikel versiegelt.

14 Damit die Schläuche auf den Stirnzapfen einen festen Sitz haben, wird der untere Teil der Stirnzapfen mit vier Zentimeter breiten Streifen aus Zeitungspapier umklebt. Durch versuchsweises Aufsetzen der Schläuche läßt sich die benötigte Papierstärke ermitteln.

15 Ist die ursprüngliche Stärke der Basis hergestellt, wird der Rest der Stirnzapfen mit Leim beschichtet und einmal mit Papier umwickelt. Eine Maßnahme, die verhindert, daß noch im Knochengewebe enthaltenes Wasserstoffsuperoxyd von innen die Hornmasse zusätzlich aufhellt.

16 Sind die Schläuche auf die Stirnzapfen aufgeschoben, werden sie von unten mit Holzleim versiegelt. Überlaufender Holzleim ist mit einem feuchten Tuch abzuwischen. Anschließend läßt man den Schädel auf den Schnecken rund 24 Stunden ruhen, damit sich die Leimung verfestigt.

17/18 Aufgesetzt wird der Schädel auf einem speziellen Widderschnecken-Brett, dessen Winkel so bemessen sein muß, daß die Schnecken nicht an der Wand anstoßen. Die Befestigung des Schädels: Einmal kann in die Schädelhöhle ein Holzklotz eingeklebt und über diesen die Trophäe auf das Brett geschraubt, zum anderen der Schädel mit einem Spezialkleber (z. B. Pattex compact) auf das Brett aufgeklebt werden.

Herrichten eines Keilergewaffs

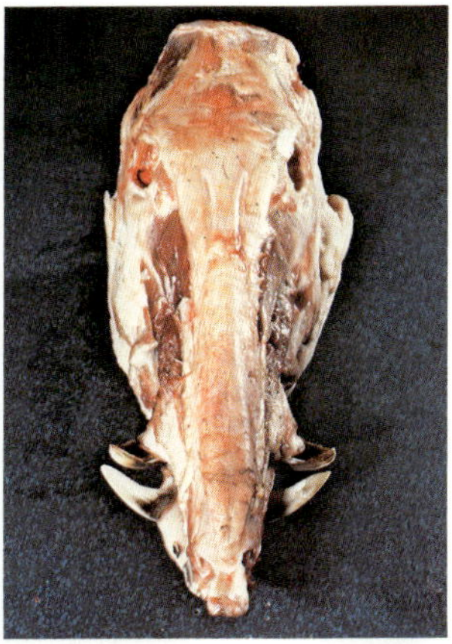

2

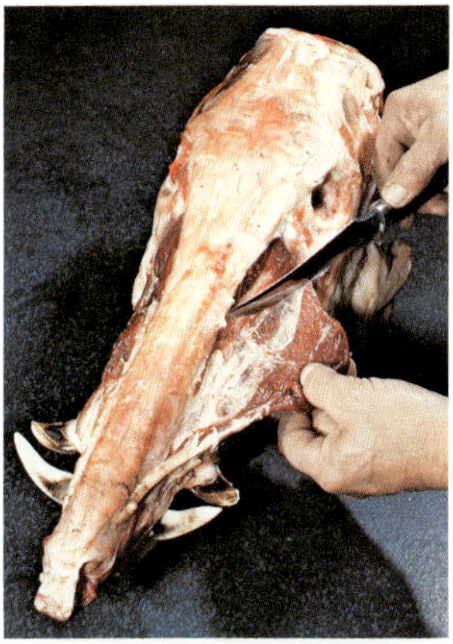

3

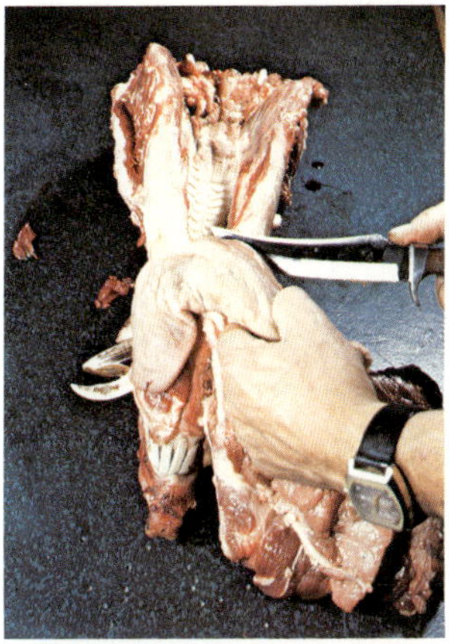

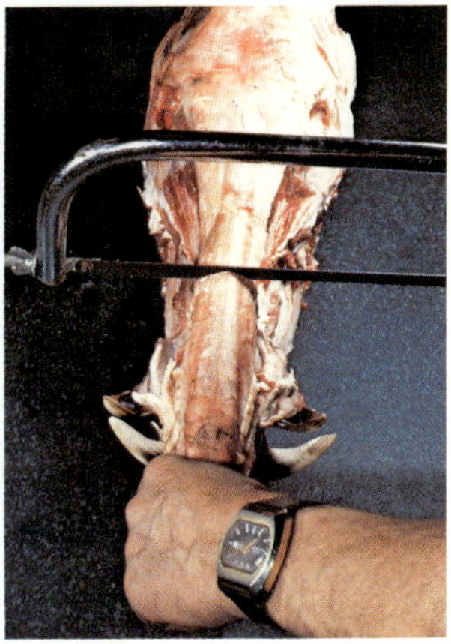

5

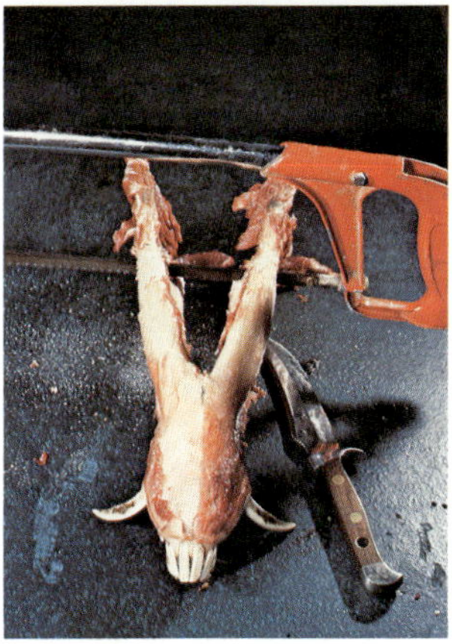

6

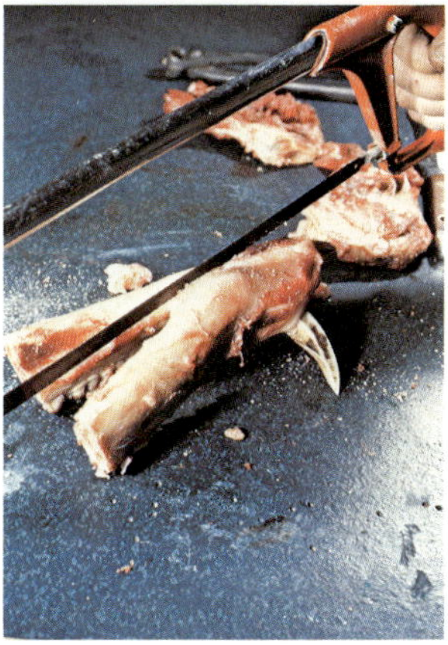

1 Da neben dem aus Hauern (Eckzähne im Unterkiefer) und Haderern (Eckzähne im Oberkiefer) bestehendem Gewaff auch die Schwarte eine geschätzte Trophäe darstellt, wird sie abgelöst, ehe man das Haupt zur Gewinnung des Gewaffs vom Träger abschärft. Eine Altersbestimmung kann erst nach dem Auslösen der Eckzähne erfolgen. Als reif gilt ein Keiler, wenn das Verhältnis zwischen der Breite des Hauers an der Basis der Abschliffläche zur Breite der Basis des Hauers (Meßstelle 5 mm über ihr) annähernd 1:1 beträgt.

2 Um sich das spätere Durchtrennen von Ober- und Unterkiefer zu erleichtern, werden links und rechts die Backenmuskeln vom Haupt abgeschält.

3 Sodann wird der Schädel mit seiner Unterseite nach oben gelegt und der Lecker herausgeschärft. Dazu durchtrennt man an der Innenseite der Unterkieferäste die Muskulatur, faßt den Lecker, zieht ihn nach vorne und schärft ihn aus dem Unterkiefer.

4 Den so vorbereiteten Schädel dreht man mit dem Nasenbein nach oben. Mit der linken Hand wird anschließend das Haupt am Wurf gefaßt und der Oberkiefer im hinteren Drittel mit einer Knochensäge abgetrennt. Anschließend durchschärft man die Muskulatur an den Kinnwinkeln und hebelt den Unterkiefer aus.

5 Der ausgelöste Unterkiefer wird in Höhe der Kinnwinkel durchgesägt. Mit dem Durchsägen der Unterkieferäste im hinteren Viertel vermeidet man, daß versehentlich ein Stück der in den Unterkiefer hineinreichenden Hauer mit abgesägt wird.

6 Schließlich trennt man die Unterkieferäste mit der Säge im Kinnwinkel. Die den Sägeschnitt erschwerenden Schneidezähne werden vorher mit einer Zange aus dem Unterkiefer gezogen.

Herrichten eines Keilergewaffs

7

8
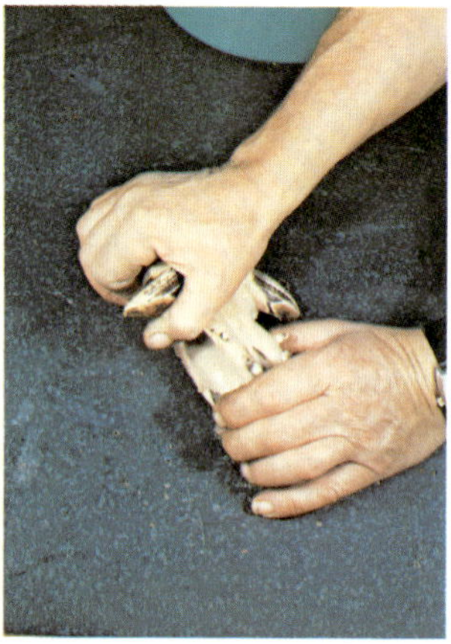

9
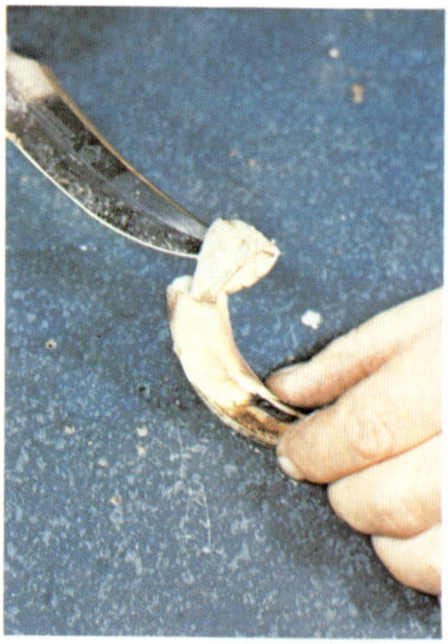

10

11
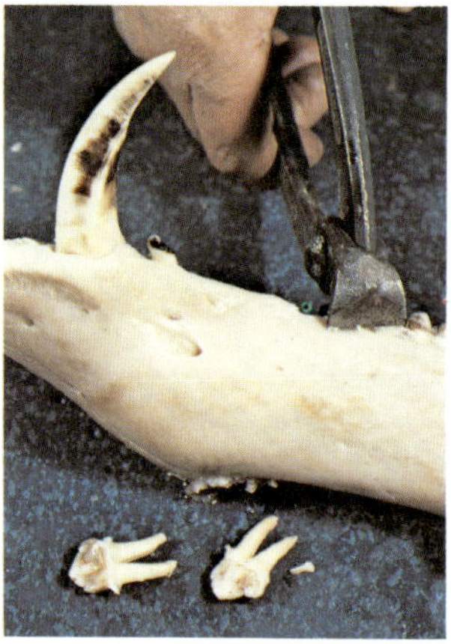

12

7 Für das Lockern der Eckzähne im Ober- und Unterkiefer sind zwei Verfahren gebräuchlich: Einmal das »Mazerieren», zum anderen das »Abkochen«. Beim »Mazerieren« kommen Ober- und Unterkiefer in eine mit Wasser gefüllte Plastiktüte, in der sie luftdicht verschlossen bis zu vier Wochen verbleiben. Durch den vom Wasser begünstigten Fäulnisprozeß werden Hauer und Haderer gelockert. Der gleiche Effekt wird durchs Abkochen (ca. 30 Min.) erzielt.

8 Nach dem Abkochen werden Ober- und Unterkiefer stets feucht gehalten, um durch ein zu schnelles Auftrocknen ein Platzen von Hauer und Haderer zu vermeiden. Das Auslösen der Haderer ist einfach: Sie werden mit dem Daumen durch Druck nach vorne gelockert und aus dem Kiefer gezogen.

9 Entweder mit einem Stück Draht bzw. einer Stricknadel oder durch leichtes Aufklopfen der Haderer auf die Hand lockert man das Zahnmark und hebt es mit der Messerspitze heraus.

10 Stecken noch Reste des Zahnmarks im Haderer, werden sie mit der Nadel gelockert und mit einem kräftigen Wasserstrahl herausgespült. Die noch außen anhaftende Knochenhaut schabt man vorsichtig mit dem Messer oder dem Daumennagel rundum sauber ab.

11 Etwas knifflig ist das Auslösen der Hauer, da nicht zu erkennen ist, wie weit sie (meist zu zwei Drittel) in den Unterkiefer hineinreichen. Vor dem Sägen werden die übrigen, im Unterkiefer sitzenden Zähne gezogen, damit sie der Säge keinen Widerstand bieten.

12 Mit dem Durchtrennen des Unterkieferastes beginnt man ziemlich weit hinten und schneidet, Scheibe um Scheibe vom Knochen ab. Eine Arbeit, bei der eine gute Säge ebenso vonnöten ist, wie entsprechende Geduld beim Sägen.

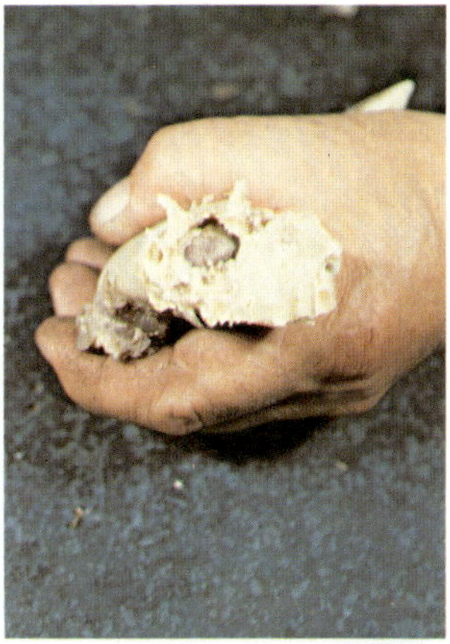

14

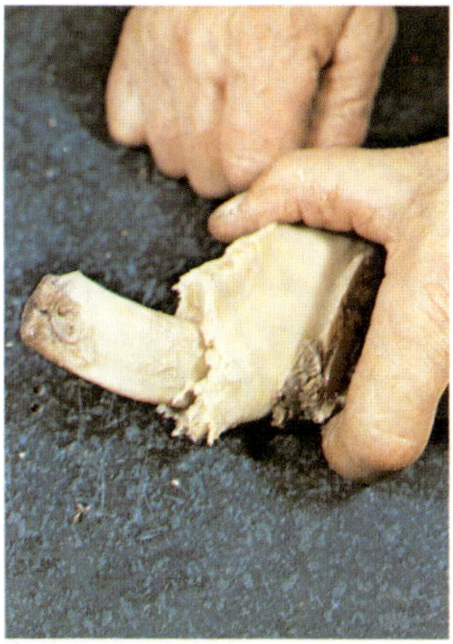

15

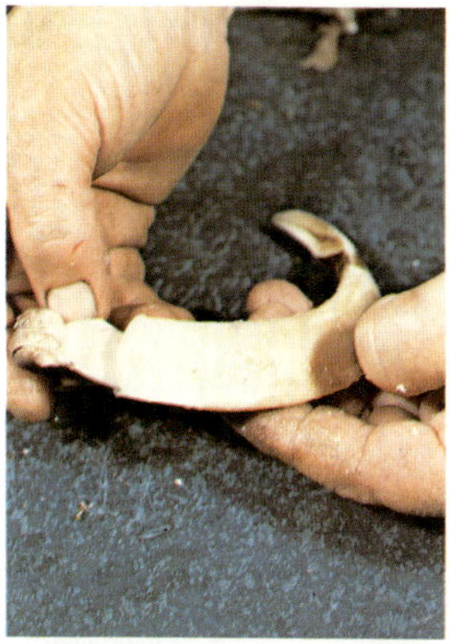

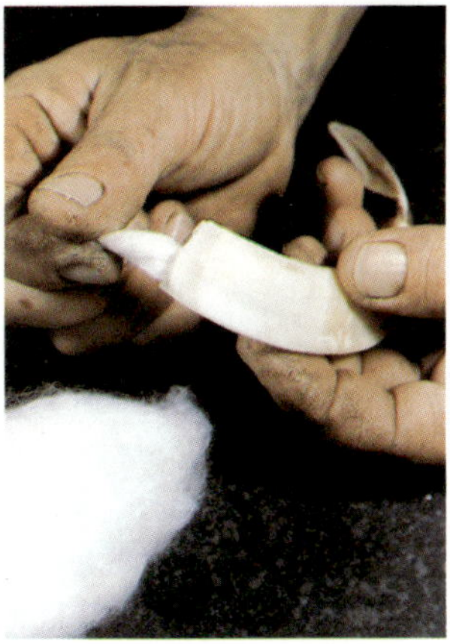

17

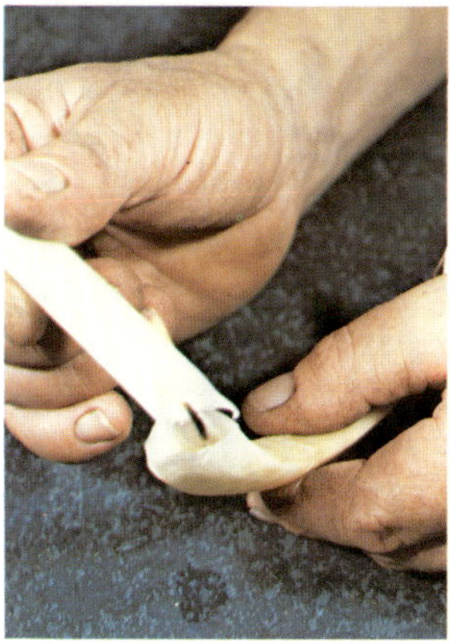

18

13 Diese Arbeit wird so lange fortgesetzt, bis sich die das hintere Ende des Hauers ankündigende Öffnung zeigt. Erleichtern kann man sich das Absägen, wenn man den Unterkieferast in einen Schraubstock (nicht allzu fest) einspannt.

14 Ist die Öffnung im Unterkieferast mit einer kleinen Zange erweitert, wird der Hauer rückwärts aus dem Knochen gedrückt. Auch hier entfernt man die Knochenhaut rundum mit Messer oder Daumennagel.

15 Wie bei den Haderern befindet sich auch in den Hauern Zahnmark. Es wird durch Klopfen des Hauers auf den Handballen oder mit einer Nadel gelockert und herausgezogen. Das feuchte Gewaff wickelt man anschließend in ein feuchtes Tuch und läßt es langsam trocknen. Das feuchte Tuch mindert die bei zu schnellem Trocknen gegebene Gefahr des Platzens, insbesondere der Hauer.

16 Der Vermeidung des Platzens dient auch das Füllen von Hauern und Haderern mit einem Füllstoff. Verwendet werden hierfür u. a. Ponal-Expreß (die Gewaffteile müssen hierfür in einer Halterung fixiert werden), Zweikomponentenkleber, silikonhaltige Füllstoffe oder – wie im dargestellten Falle – Bienenwachs oder Paraffin. Um nicht zu viel Wachs in die Hauer einträufeln zu müssen, wird etwas Watte zusammengedreht und in die Hauer gesteckt.

17 Anschließend träufelt man von einer brennenden Kerze das Wachs oder Paraffin in Hauer und Haderer und füllt sie bis zum Rand auf.

18 Das Aufsetzen des Keilergewaffs erfolgt auf spezielle, in ihrer Größe dem Gewaff entsprechende Bretter. Entweder wird das Gewaff mit einem Kontaktkleber aufgeklebt oder an der Basis mittels einer speziellen Halterung so befestigt, daß es für eine Bewertung leicht abgelöst werden kann.

Abbalgen von Raubwild

Nachdem Fuchs- und Marderbalg in der pelzverarbeitenden Industrie längere Zeit verschmäht wurden, ist neuerdings ein umgekehrter Trend erkennbar. Voraussetzung für einen guten Erlös ist jedoch eine fachgerechte Behandlung beim Abbalgen, späteren Trocknen sowie Gerben. Während letzteres meist nicht in die Verantwortung des Jägers fällt, sind sauberes Abbalgen und das richtige Trocknen handwerkliche Fertigkeiten, die sich jeder Jagdscheininhaber aneignen kann. Viele, die schon manchem Fuchs und Marder sein Kleid auszogen, bekennen im Gespräch, daß ihnen auch nicht immer alles auf Anhieb gelungen ist und sie manches Lehrgeld bezahlen mußten.
Die geringsten Probleme bereitet es, die Pranten sauber, d. h. am Übergang vom letzten Zehenknöchelchen zur Kralle, auszulösen. Schwieriger gestaltet sich schon das Auslösen der Rübe aus der Lunte, ohne daß diese abreißt oder die Haut durch Schnitte unnötig verletzt wird. In der Praxis immer häufiger anzutreffen ist eine Methode, bei der die Lunte mittels zweier Hölzer von der Rübe gestreift wird. Ein Verfahren, das die Lunte unverletzt läßt und an Leichtigkeit und Schnelligkeit seinesgleichen sucht. Um es anzuwenden, müssen jedoch folgende Voraussetzungen gegeben sein: Ausgelöste Hinterläufe, ein bis über die Keulen gestreifter Balg und eine auf einer Länge von etwa 5 cm vom Ansatz her freigelegte Rübe. Erst jetzt können die Hölzer – zwei etwa 7 cm lange Vierkanthölzer von 15 mm Stärke, von denen jedes in seiner Mitte eine halbrunde, etwa 6 mm tiefe und 12 mm breite Kerbe aufweist – eingesetzt werden. Mit den beiden Hölzern wird die Rübe so umfaßt, daß sie in der aus den beiden halbrunden Kerben gebildeten Öffnung liegt. Während die eine Hand die Rübe an ihrem Ansatz hält, streift die andere Hand mit den Hölzern unter kräftigem Zug den Balg von der Lunte ab. Anschließend wird der Balg weiter bis zur Luntenspitze aufgeschärft und wie die Läufe mit einem entsprechend langen und schmalen Streifen Zeitungspapier ausgeklebt. Es haftet sofort an der feuchten Haut und verhindert deren Einrollen und eine sich hieraus ergebende Fäulnis.
Sind Fuchs bzw. Marder abgebalgt, dann ist die fachgerechte Zurichtung des Balges noch nicht beendet. Einmal müssen der Knorpel auf der Oberlippe, zum anderen die Knorpel aus den Gehören geschält werden. Eine Filigranarbeit, die einige Zeit erfordert und vorsichtig mit einem kleinen Messer oder einem Skalpell (z. B. aus dem Puma-Präparatoren-Set) ausgeführt wird. Eine Mühe, der zu unterziehen sich stets dann lohnt,

wenn der Balg später vom Kürschner mit ganzem Kopf verarbeitet werden soll. Bälge, bei denen das Auslösen der Oberlippen- und Gehörknorpel (der Fachmann spricht von »Spalten«) nicht erfolgte, zeichnen sich nach dem Gerben durch eine zusammengeschrumpfte Nase und ebensolche Gehöre aus.

Zum Schluß noch einen Hinweis: Am leichtesten lassen sich Fuchs und Marder (aber auch Murmel, Bisam, Dachs etc.) »das Fell über die Ohren« ziehen, wenn der Wildkörper noch nicht völlig ausgekühlt ist. In jedem Fall sollte man sich ausreichend Zeit für die Feinarbeiten – sie erfordern halt Geduld – nehmen. Beim Trocknen auf dem Spannbrett ist der Balg nach zwei bis drei Tagen zu wenden, damit er auch von der Haarseite her gut austrocknet und Verunreinigungen aus dem Haar ausgebürstet werden können.

Vorsicht beim Abbalgen von Fuchs und Marder sowie beim Abschwarten von Dachsen ist stets dann geboten, wenn Verdacht auf Tollwut oder auf den Befall mit Fuchsbandwurm besteht. Derjenige, der das Abbalgen übernimmt, sollte möglichst gegen Tollwut geimpft sein und mit Handschuhen sowie Mundschutz arbeiten. Ist der Verdacht auf Tollwut, da das Revier zum Tollwutbezirk erklärt wurde, begründet, sollte auf ein Abbalgen ganz verzichtet werden. Der Wildkörper ist dann unschädlich (z. B. durch Abgabe an eine Tierkörperbeseitigungsanstalt) zu beseitigen. Wer tollwutverdächtiges Raubwild dennoch abbalgt und das Haupt anschließend zur veterinärmedizinischen Untersuchung einsendet, begeht – auch wenn der Tollwutverdacht nicht bestätigt wird – eine Ordnungswidrigkeit und kann sich ein beachtliches Bußgeld einhandeln.

Auslösen von Fuchshaken

Neben dem Balg zählen als Trophäe beim Fuchs die Eckzähne im Ober- und Unterkiefer – allgemein Fuchshaken genannt. Sie zu gewinnen, erfordert einige Sorgfalt, da sie leicht – z. B. beim Versuch, sie mit einer Zange aus dem Kiefer zu ziehen – splittern. Bewährt hat sich hierfür folgende Methode: Ober- und Unterkiefer werden so weit vom Balg befreit, daß sie in ihrer vorderen Hälfte freiliegen. Anschließend sägt man Ober- und Unterkiefer hinter den Eckzähnen ab. Die Kieferteile werden dann so lange abgekocht, bis sich die Haken gelockert haben und mit den Fingern aus dem Kiefer herausgezogen werden können. Die Haken selbst kann man mit anderen zusammen auf ein dunkles Brett als Trophäensammlung aufkleben oder sie zu Schmuckstücken verarbeiten lassen. Frauen erfolgreicher Fuchsjäger besitzen hiervon viele.

Abbalgen von Raubwild

1

2

3
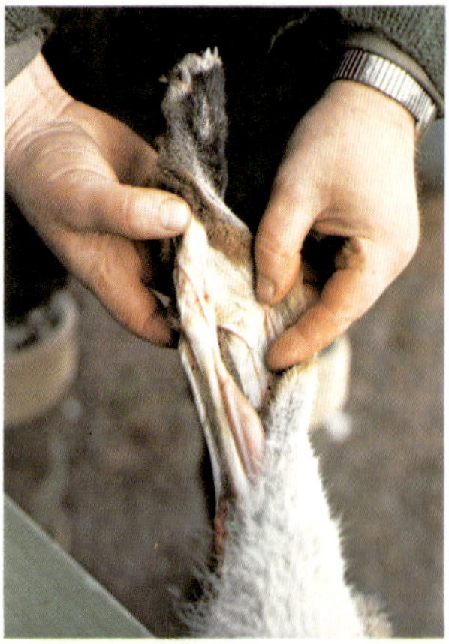
4

5
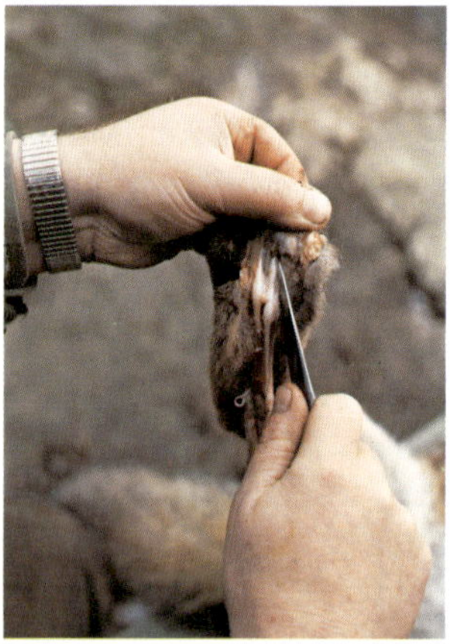
6

1 Die Gewinnung eines reifen Raubwildbalges zählt auch heute noch zur hohen Kunst jagdlicher Fertigkeiten. Im Abbalgen erfahrene Raubwildjäger schätzen es, wenn der Wildkörper noch nicht völlig ausgekühlt ist, da sich in diesem Falle der Balg leichter ablösen läßt. Das Abbalgen selbst erfordert Geduld, damit das wertvolle Pelzwerk nicht durch Messerschnitte verletzt wird und hierdurch eine Wertminderung erfährt. Sofern der abbalgende Jäger nicht gegen Tollwut geimpft ist, wird er zur eigenen Sicherheit diese Arbeit mit Handschuhen ausführen. Dabei wird er darauf achten, sich beim Abbalgen nicht zu verletzen.

2 Begonnen wird das Abbalgen an den Hinterläufen. Das Messer wird an der Brante angesetzt und der Schnitt an der Innenseite der Keule entlang der Trennlinie zwischen hellem Unterbalg und dunklem Oberbalg bis zum Weidloch geführt.

3 Mit den Händen löst man sodann den Balg vorsichtig vom Wildbret ab und zieht ihn in Richtung der Branten. Hierbei ist Vorsicht geboten, damit der Balg nicht durchreißt.

4 Viel Fingerspitzengefühl und eine geschickte Messerführung erfordert es, die Branten einschließlich der Krallen sauber auszulösen. Dazu faßt man mit einer Hand den unteren Teil des Hinterlaufes und schärft in Fortführung des Eröffnungsschnittes den Balg bis zu den Ballen auf.

5 Der Balg wird anschließend so weit wie möglich über die Fußknöchel gezogen. Mit der Messerspitze löst man dann vorsichtig jeden einzelnen Fußknöchel soweit heraus, daß der Übergang zur Kralle freiliegt.

6 Sind die Fußknöchelchen sauber herausgelöst und die Übergänge zu den Krallen freigelegt, trennt man jede Kralle vom Knöchel mit einer Aufbrechzange, einem Seitenschneider oder einer scharfen Kneifzange ab.

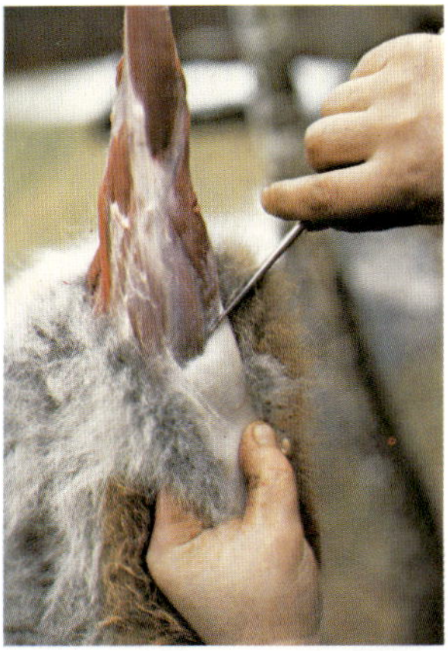

8

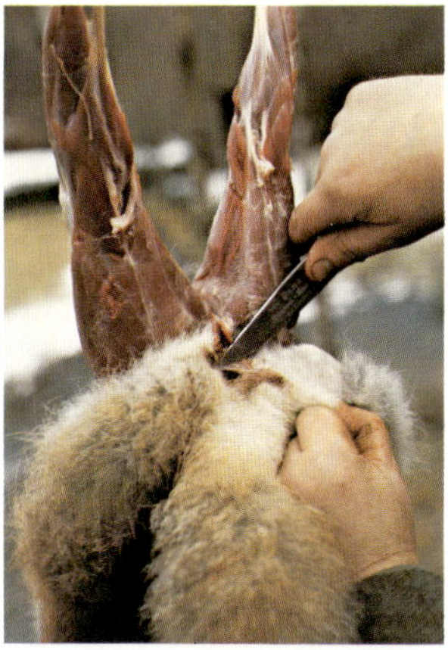

9

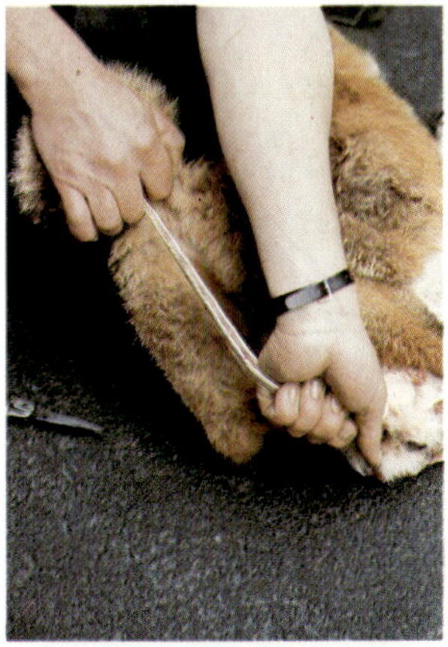

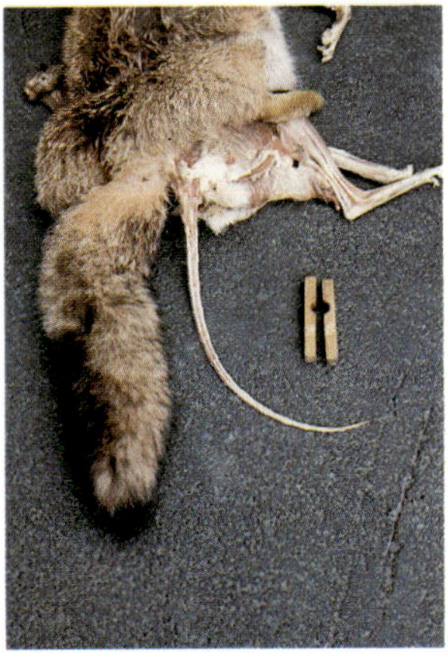

11

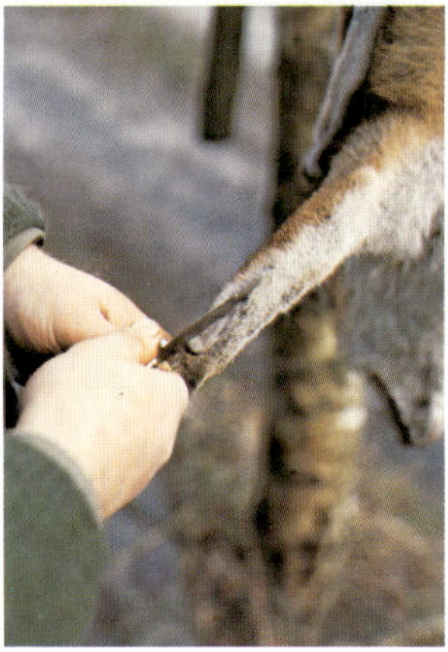

12

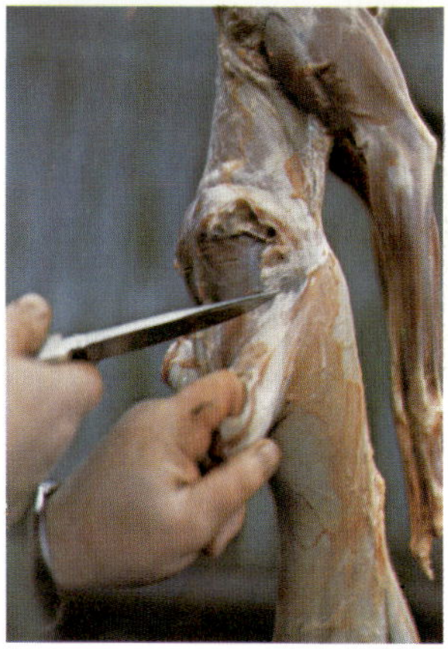

7 Anschließend wird das Raubwild an den Hinterläufen aufgehängt. Sodann löst man den Balg mit vorsichtigen Messerschnitten bis zum Ansatz der Rübe ab.

8 Im Bereich des Weidlochs wird der Ansatz der Rübe mit kleinen Messerschnitten freigelegt. Die Schnittführung erfolgt in der Mitte der Luntenunterseite.

9 Ist der Rübenansatz auf einer Länge von ca. 5 cm freigelegt, wird die Lunte mittels zweier mit einer Kerbung versehener Hölzer von der Rübe gestreift. Dabei hält die eine Hand die Rübe an ihrem Ansatz, während die andere Hand mit den Hölzern die Lunte vom Knochen zieht.

10 Anschließend schärft man die Lunte an ihrer Unterseite bis in die Spitze auf. Die Schnittführung sollte exakt in der Mitte verlaufen.

11 Das weitere Abbalgen erfolgt wieder in hängender Position, wobei der Balg wie ein Strumpf bis zu den Blättern heruntergezogen wird. Zum Auslösen der Vorderläufe faßt man den einzelnen Lauf an der Brante und schärft von dieser den Balg an der Laufinnenseite entlang der hell-dunkel Linie bis zum Blattansatz auf. Ansonsten wird wie bei den Hinterläufen verfahren.

12 Ist der Balg bis über die Blätter abgezogen, werden die Vorderläufe nach innen durchgesteckt und das Abbalgen über den Kopf fortgesetzt. Während die eine Hand den Balg nach unten zieht, löst ihn die andere mit kleinen Schnitten vom Kopf ab, ohne den Balg selbst zu verletzen. Dabei ist auf ein sorgfältiges Abschärfen der Gehöre zu achten. Die in den Kopf mündenden Gehörgänge werden unmittelbar am Knochen durchschärft. Sorgfalt ist auch beim Ablösen des Balges rund um die Seher geboten, um den Balg nicht zu verletzen.

Abbalgen von Raubwild

13
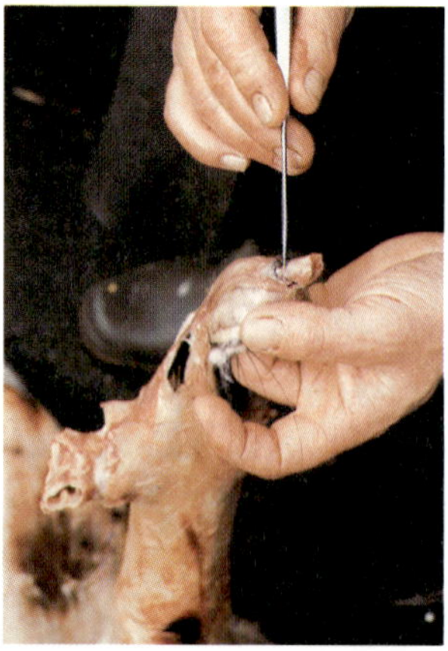

14
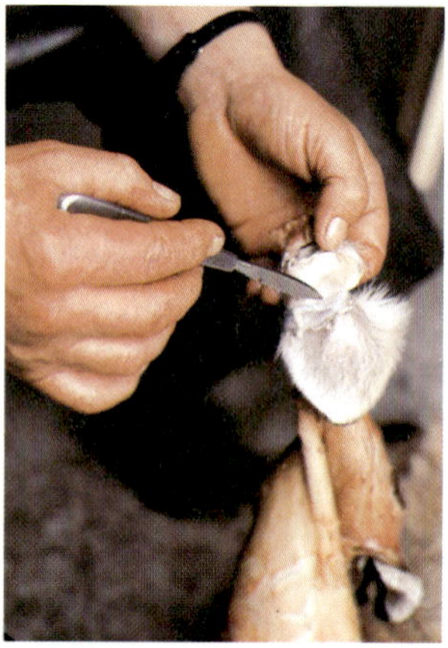

15
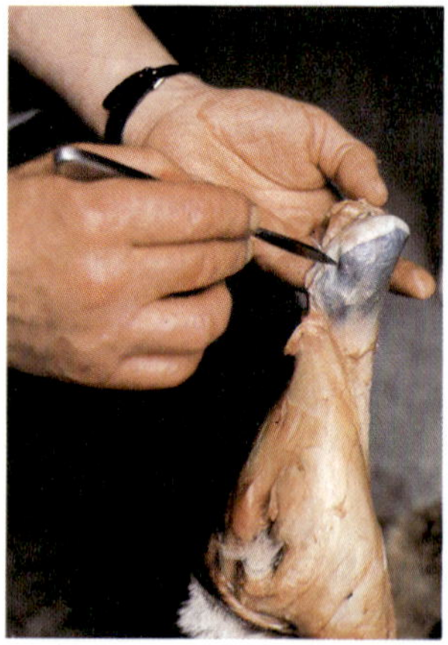

16
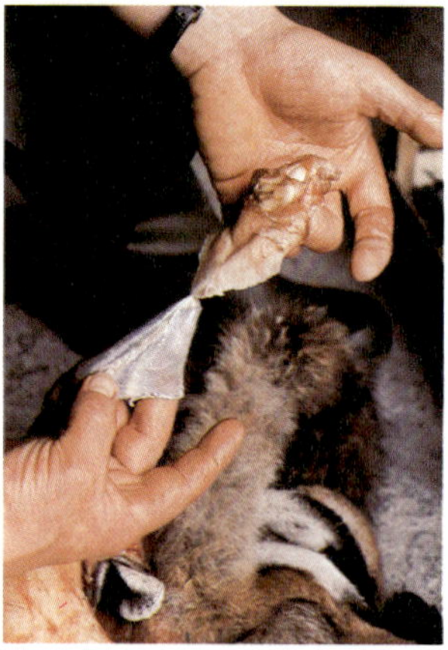

17

18

13 Nach dem Abstreifen des Raubwildes muß der Balg fachgerecht zugerichtet werden. Einmal muß an den Branten die Haut vorsichtig von der Ballenmuskulatur gelöst werden, zum anderen sind Oberlippe und Gehöre zu spalten. Eine Arbeit, die Geduld und Umsicht erfordert und am besten mit einem Skalpell (z. B. aus dem Puma-Präparatoren-Set) ausgeführt wird. Zum Auslösen des Knorpels aus der Oberlippe stülpt man diese mit dem Finger nach innen und löst den Knorpel sowie die Oberlippenmuskulatur vorsichtig heraus.

14 Gleichermaßen wird an den Gehören verfahren. Als erstes schält man den Knorpelansatz vorsichtig heraus, so daß er mit der Hand zu fassen ist.

15 Anschließend wird das Gehör nach innen umgestülpt und der Knorpel entlang der feinen Trennlinie zwischen Knorpel und Haut mit kleinen Schnitten vorsichtig weiter freigelegt.

16 Ist der Gehörknorpel bis in die Spitze freigelegt, wird er dort abgeschärft. Wird das Spalten der Ballen, der Gehöre und der Oberlippe unterlassen, schrumpfen diese Teile beim späteren Gerben.

17 Sind die Feinarbeiten erledigt, wird der Balg auf einem in Länge und Breite passenden Brett mit der Haarseite nach innen aufgespannt. Zur Befestigung dienen kleine breitköpfige Nägel. Um ein Zusammenrollen und Faulen der Läufe zu vermeiden, werden sie an ihrer Innenseite mit Zeitungspapierstreifen in voller Länge »ausgeklebt«.

18 Auf gleiche Weise wie bei den Läufen wird auch die aufgeschärfte Lunte ausgeklebt. Nach zwei bis drei Tagen ist der Balg an seiner Innenseite getrocknet. Er wird dann gewendet und erneut auf das Spannbrett aufgezogen, um auch die Haarseite zu trocknen und einen Fäulnisprozeß zu vermeiden.

Bedenkenswerte Hintergründe und Ereignisse

Als im Dezember 1983 der Bundesrat über eine Durchführungsverordnung zum Fleichbeschaugesetz (heute Fleischhygienegesetz) beriet, wurde seinerzeit vom schleswig-holsteinischen Minister Dr. Henning Schwarz u. a. gegen diese Verordnung wie folgt argumentiert: »Es gibt selbstverständliche und natürliche Übungen, die bis jetzt zur Erhaltung der Menschheit auch nach Verzehr von Wildfleisch ausgereicht haben«. Eine Auffassung, die mit Sicherheit auch von vielen Jagdscheininhabern – insbesondere jenen, die schon seit Jahrzehnten die Jagd ausüben – geteilt wird. Von ihnen ist bei einer aus heutiger Sicht und nach Gesetzeslage ungenügenden Behandlung erlegten Wildes immer wieder zu hören: »So haben wir es immer gehalten, und es ist auch nichts passiert!«
Und wie hat man es gehalten? Da blieb der Hase unausgeweidet über Tage, ja Wochen auf dem Dachboden oder im Keller hängen, mußte der Fasan so lange im Federkleid verbleiben, bis sich die Federn von der Haut abspreizten, wurde das anrüchige Stück Schalenwild dem Gastronomen oder Wildhändler verhökert, der dann zusehen mochte, wie er es weiter verwertete. Einmal aus den Augen, war es auch aus dem Sinn. Oder doch nicht? Schließlich gibt es viele Jäger, die es ablehnen, in einer Gaststätte Wild zu verspeisen. Nicht, weil sie kein Wildfleisch mögen, sondern weil sie sich nicht sicher sind, von welcher Qualität das Wildbret ist, das ihnen serviert wird. Aus eigener Erfahrung hat man halt seine Bedenken. Hinzu kommt, daß in vielen renommierten Speiserestaurants Wild rosa, also noch halb roh serviert wird. Etwas, das in des Jägers Küche von altersher – aus gutem Grund – verpönt ist. Durchgebratenes Wild, bei dem mögliche Kranheitserreger durch die Hitze abgetötet werden, kann einen selbst nicht mehr infizieren. Und mögliches Magendrücken durch den Verzehr des Wildbrets von einem brunftigen Hirschen oder rauschigen Keiler wird von vorneherein ausgeschlossen, da solche Stücke generell an den Wildhandel oder die Gastronomie abgegeben werden.
Unbestritten ist, daß der beim Wildhändler ein Stück Wildbret für die eigene Küche erwerbende Käufer ebenso einen Anspruch darauf hat, einwandfreies Fleisch zu erhalten, wie der in einem Restaurant ein Wildgericht bestellende Gast. Ein Anspruch, dem die Bundesregierung bei Wildfleischimporten schon Jahre vor Verabschiedung des Fleischhygienegesetzes und der Fleischhygieneverordnung insoweit Rechnung getragen hat, indem sie für dieses Wild eine veterinärmedizinische

Fleischbeschau im Ursprungsland verbindlich vorgeschrieben hat. Diese muß in sogenannten Wildgewinnungsbetrieben erfolgen, deren räumliche Ausstattung ebenso festgelegt wurde, wie die Art und Weise der dort durchzuführenden Fleischuntersuchung. Kontrolliert wurde und wird die Einhaltung der Vorgaben durch eine regelmäßige Visite bundesdeutscher Veterinärmediziner. (Daß trotz aller Vorschriften rund 15% bei Stichproben untersuchten importierten Wildbrets verworfen wird, hängt u. a. mit einer unsachgemäßen Behandlung des Wildbrets während des Transportes sowie dessen Lagerung zusammen.)

Verdoppelung der Keime in 20 Minuten

Da die bundesdeutschen Anforderungen an die Qualität des Wildbrets sehr streng sind, werden z. B. in Hasen exportierenden Ländern die zur Ausfuhr bestimmten Hasen – wie schon an anderer Stelle erwähnt – nur nachts im Scheinwerferlicht mit der kleinen Kugel durch Kopfschuß erlegt. Eine aus der Sicht der Waidgerechtigkeit für unsere Reviere abzulehnende Methode, die jedoch ihre Gründe hat: Eine durch Schrotschuß verursachte Verschmutzung der Bauchhöhle mit Magen- und Darminhalt wird vermieden. Da außerdem dafür gesorgt ist, daß die Hasen kurze Zeit nach dem Erlegen sauber ausgeweidet werden, wird auch ein zweiter, die Qualität des Wildbrets mindernder Faktor ausgeschlossen: Das Durchdringen der Magen- und Darmwand von im Magen-Darm-Kanal sich befindenden Erregern und deren Ansiedlung im Wildbret. Etwas, das beim Tod eines Stückes Wild stets nach kurzer Zeit erfolgt, da die bis dahin vorhandene Magen-Darm-Barriere mit dem Verenden des Wildes zusammenbricht. Wenn man bedenkt, daß sich bestimmte, auch im Gescheide vorhandene Erreger, wie Staphylokokken, Salmonellen, Clostridien und Kolibakterien bei Temperaturen über 20 °C innerhalb (nach Aussage des Bundesgesundheitsministeriums) von 20 Minuten verdoppeln, läßt sich leicht ausrechnen, wie schnell Wildbret genußuntauglich und beim Verzehr – zumal im rosa oder halbrohem Zustand – gefährlich werden kann. Nun muß davon ausgegangen werden, daß aus Ungarn, Polen, Neuseeland, Dänemark, England und anderen Ländern in die Bundesrepublik Deutschland importiertes Wild den gleichen, zumindest aber ähnlichen gesundheitlichen Gefährdungen unterliegt, wie heimisches Wild. Die Konsequenz daraus war die Einführung einer amtlichen Fleischuntersuchung auch für heimisches Haarwild, die letztlich auch von den übrigen Mitgliedsstaaten in der Europäischen Gemeinschaft nach dem Motto: »Was ihr von uns verlangt, das sollte euch billig sein« nachdrücklich gefordert wurde. Daß dies durchaus sinnvoll ist, wird auch der ältere, Neuerungen gegenüber meist recht skeptische Jäger erkennen, wenn er sich in

Erinnerung ruft, daß noch vor mehreren Jahrzehnten viele Menschen an Trichinose erkrankten, weil sie unbeschautes Schweinefleisch als Mett roh verzehrten. Eine Erkrankung, die übrigens noch in jenen Ländern gehäuft auftritt, in denen in Umgehung behördlicher Vorschriften manches Schwein schwarz geschlachtet und unbeschaut verspeist wird.
Wie seinerzeit die Ursache der Trichinose erforscht und durch eine inzwischen gesetzlich vorgeschriebene Untersuchung der geschlachteten Tiere als Krankheit zurückgedrängt wurde, hat die moderne Lebensmittelforschung auch neue Erkenntnisse hinsichtlich der Infektionsmöglichkeiten bei Wildtieren, der tatsächlich bei diesen auftretenden Erkrankungen sowie deren Auswirkungen auf die Genußtauglichkeit ihres Fleisches erbracht. Wollte man diese Erkenntnisse leugnen und die aus ihnen resultierenden Empfehlungen für die Behandlung erlegten Wildes unbeachtet lassen, dann würde man auf einem Wissenstand verharren, der unserer Zeit ebensowenig gerecht wird, wie die Jagdausübung mit Saufanggrube, Speer oder Vorderlader. Schließlich würde heute nicht nur der Jäger, sondern jeder Wild als Delikatesse schätzende Bürger es ablehnen, in der Erde vier Wochen vergrabene und in dieser Zeit durch Mikroorganismen zersetzte und damit mürbe gemachte Bärentatzen zu verspeisen, auch wenn eine derartige Behandlung dieser Wildbretteile früher üblich war und empfohlen wurde.

Sträflicher Leichtsinn

Die Auffassung, was man von den Vätern übernommen habe, müsse in Ehren gehalten werden, hat zwar in vielen Bereichen seine Berechtigung, in der Wildbrethygiene jedoch nur in Einzelfällen. So wäre es sträflicher Leichtsinn, wenn ein Revierinhaber heute ein Stück Wild in den Handel, die Gastronomie oder an Privatpersonen abgeben würde, das mit einer nicht völlig ausgeheilten und mehrere Tage alten Schußverletzung zur Strecke kam, ohne daß er dieses Wild zuvor entweder selbst einer veterinärmedizinischen Fleischuntersuchung zugeführt bzw. dessen Käufer auf dieses Erfordernis aufmerksam gemacht hätte. Daß eine solche Fleischuntersuchung keine – wie hin und wieder in der Diskussion um die Fleischhygieneverordnung zu hören gewesen – »Schikane« ist, die sich »irgendwelche Veterinäre« ausgedacht haben, um die Jäger mit noch mehr Verordnungen und Bestimmungen zu traktieren, sondern ihre guten Gründe hat, mag folgendes, selbst erlebtes und in der »Pirsch« (Heft 5/1984) geschildertes Beispiel aus der Praxis zeigen.
Am 31. Dezember 1983 (einem Samstag), wurde vom Sohn meines Jagdaufsehers eine nichtführende dreijährige Ricke erlegt. Das Stück war ohne erkennbare Anzeichen einer Verletzung angewechselt und von ihm

mit sauberem Kammerschuß gestreckt worden. Erst bei der Bergung der Ricke wurde an der linken Keule eine etwa drei Finger breite, offenbar von einem Streifschuß stammende Wunde entdeckt. Die offen zutage tretende Muskulatur war auf der Oberfläche leicht wässerig (Wundsekret) und zeigte in Teilbereichen einen leicht gelblichen Schimmer. Das typische Erscheinungsbild einer zwei bis höchstens vier Tage alten Verletzung. Das Stück selbst befand sich in sehr gutem Allgemeinzustand (aufgebrochen wog es 16,5 kg), war feist und wirkte ansonsten gesund. Beim Versorgen fiel lediglich die in ihrer Farbe vom Normalzustand abweichende, helle Leber auf, während die Milz keinerlei Veränderungen aufwies.

Da eine offene Wunde stets eine bakterielle Infektion nach sich zieht und ein Merkmal darstellt, das das Wildbret als bedenklich zum menschlichen Genuß erscheinen läßt, wurde beschlossen, es zur Fleischbeschau anzumelden. Aus den Entwürfen zur Durchführungsverordnung für die Fleischbeschau bei erlegtem Haarwild wußte ich, daß zur Fleischbeschau neben dem Stück selbst Lecker, Drosselknopf und Drossel, Schlund, Lunge, Herz, Leber, Milz sowie Nieren einschließlich Nierenfett (heute auch noch Pansen und Gescheide) sicherzustellen waren. Sie wurden gleich beim Versorgen in eine Plastiktüte gesteckt und kühl gelagert. Noch am gleichen Nachmittag wurde der für das Revier zuständige Fleischbeschauer – er war uns von der bei Schwarzwild obligatorischen Trichinenschau bestens bekannt – angerufen und nach dem für das Revier zuständigen Fleischbeschautierarzt sowie dem zuständigen staatlichen Veterinäramt befragt. Über den Anrufbeantworter des Amtes erfuhr ich Namen und Telefonnummer des Bereitschaftsdienst versehenden Veterinärs und wann er am Wochenende erreichbar sei. Das noch am Spätnachmittag des gleichen Tages mit dem Veterinärmediziner geführte Telefongespräch wurde zudem sehr informativ.

Die große Überraschung

Die Meldung, ich wolle ein Stück Rehwild zur Fleischbeschau anmelden, löste auf der Gegenseite zunächst Verwunderung und dann die Feststellung aus, Rehwild unterliege doch gar nicht der Fleischbeschau. Mein Einwand, daß ich nach dem (seinerzeitigen) Fleischbeschaugesetz beim Vorliegen eines bedenklichen Merkmals doch zur Anmeldung verpflichtet sei, ließ den Amtstierarzt stutzig werden. Ihm sei diese gesetzliche Vorschrift zwar bekannt, erklärte er, doch es fehle nicht nur die erforderliche (inzwischen gegebene) Durchführungsverordnung, sondern auch – was besonders wichtig sei – eine entsprechende Gebührenordnung. (Ein wesentlicher Faktor, wie sich noch herausstellen sollte!) Mein

Gesprächspartner erklärte, wenn er den für meinen Jagdbezirk zuständigen Fleischbeschautierarzt mit der Durchführung der Fleischbeschau und Entnahme von Proben zur bakteriologischen Untersuchung beauftrage, könne dieser mangels einer Gebührenordnung seine Aufwendungen privat in Rechnung stellen. In Anbetracht der Entfernung zum Revier, des Tages und der Zeit würde dies mit Sicherheit nicht ganz billig. Die Schätzung, daß ich hierfür zwischen 60 und 80 DM zu berappen hätte, hielt er für durchaus realistisch.
Sein Vorschlag: Bis Montag abzuwarten und dann das Stück Rehwild zusammen mit den für die Untersuchung wichtigen Innereien zum Veterinäramt zu bringen. Meinem Einwand, ich müsse bereits am Sonntag nach Remscheid zurück und könne nicht bis Montag warten, begegnete der Amtstierarzt mit dem Vorschlag, das Stück am kühlen Ort hängen zu lassen. Er würde dann selbst ins Revier kommen und die Untersuchung vornehmen. Wie diese Tätigkeit ohne eine Gebührenordnung abzurechnen sei, wisse er zwar nicht, doch irgendwie werde man schon klarkommen. Schließlich hielt er meinen Vorschlag, die Ricke mit nach Remscheid zu nehmen und sie dort zur Fleischbeschau anzumelden, für vernünftig – jedoch hierzu bedürfe es einer Freigabe durch das für mein Revier zuständige Veterinäramt. Diese erteilte er mir gleich fernmündlich mit der Bitte, ihn doch über die Reaktion seiner Kollegen in Remscheid und das Untersuchungsergebnis zu informieren.

Innereien sind wichtig
Der zweite Teil der amtlichen Untersuchung begann am Montag, dem 2. Januar 1984, in Remscheid mit der Suche im Telefonbuch nach einem veterinärmedizinischen Untersuchungsamt bzw. Veterinäramt. Doch dergleichen war nicht verzeichnet. Schließlich wurde die Stadtverwaltung angerufen. Sie konnte, da das Veterinäramt ihr zugehörig war, mit diesem verbinden. Es meldete sich eine Frau, die nach dem Vortrag meines Begehrens mit dem Amtsleiter verband. Auch hier eine leichte Verblüffung und der mir inzwischen bekannte (falsche) Hinweis, daß Rehwild der amtlichen Untersuchung doch gar nicht unterliege bzw. es hierfür noch keine DVO gebe. Meine Aussage, daß ich nur einer gesetzlichen Pflicht nachkomme, führte zu der Empfehlung, das Stück Rehwild zum Schlachthof zu bringen und es dort dem für die amtliche Untersuchung zuständigen Veterinärmediziner vorzulegen. 20 Minuten nach dem Gespräch trug ich im Schlachthof mein Anliegen vor. Die erste Frage des dort für die amtliche Untersuchung zuständigen Veterinärs galt den Innereien. Sodann auch hier die Klage, daß das Fleischbeschaugesetz bei begründetem Verdacht zwar eine amtliche Untersuchung bei erlegtem Haarwild

vorschreibe, aber eine Durchführungsverordnung einschließlich Gebührenordnung fehle. Dennoch, die gewünschte amtliche Untersuchung werde selbstverständlich(!) durchgeführt.
Während wir zum Wagen gingen, in dessen Kofferraum die Ricke lag, erfuhr ich so nebenher, daß kürzlich im westfälischen Lemgo ein Eisbär(!) zur Trichinen- und amtlichen Untersuchung angemeldet worden sei. Die nach der Quetschmethode vorgenommene Trichinenschau (zwischen zwei Gläser gequetschte und unter einem Mikroskop begutachtete Schnitte aus der Zwerchfellmuskulatur) habe keinen Befall ergeben. Dieser altväterlichen Untersuchungsmethode jedoch nicht trauend, habe das zuständige Veterinäramt eine weitere Untersuchung nach dem Digestionsverfahren, wie es an Schlachthöfen seit längerer Zeit üblich ist, angeordnet. (Dabei wird das Muskelfleisch zu einem Brei zerkleinert und mit Salzsäure und Pepsin verrührt. Das, was sich nach einer halben Stunde am Boden abgesetzt hat, wird dann verdünnt und unter dem Trichinoskop untersucht.) Das Ergebnis in Lemgo: Der Eisbär war voller Trichinen und damit genußuntauglich.
Derart eingestimmt, wurde ich hinsichtlich des Untersuchungsergebnisses bei meiner Ricke skeptisch. Doch noch war es nicht soweit. Zuerst begutachtete der in der Lebensmittelhygiene bewanderte Veterinärmediziner die mitgebrachten Innereien und legte Leber sowie Milz auf ein Tablett zur BU (bakteriologische Untersuchung). Anschließend wurde an der Innenseite der verletzten Keule ein Stück Muskel herausgetrennt. Gleiches geschah am linken Vorderlauf, dem der unmittelbar über dem Sprunggelenk liegende Muskelstrang entnommen wurde. Auf eine Entnahme verschiedener Lymphknoten, die eigentlich für die Untersuchung ebenfalls erforderlich gewesen wären, verzichtete er, da er solche in der unteren Bauchhöhle nicht vorfand und ein Aus-der-Decke-Schlagen vermeiden wollte. Die Hoffnung, die Ricke jetzt wieder nach Hause mitnehmen und sie dort zerwirken zu können, um nach dem Vorliegen des Untersuchungsergebnisses über die Verwendung des Wildbrets zu entscheiden, war falsch. Die Ricke wurde vorsorglich sichergestellt und in einem separaten Kühlraum des Schlachthofes unter Verschluß genommen. Über das Untersuchungsergebnis sollte ich telefonisch informiert werden. Akt zwei der »amtlichen Untersuchung« war damit beendet.

Völlig untauglich und verworfen

Der zugesagte Anruf ließ auf sich warten. Als er bis Donnerstagmittag noch immer nicht erfolgt war, rief ich den Veterinärmediziner an. Die Auskunft war unerfreulich: Im Wildbret waren Clostridien nachgewiesen worden. Hierbei handelt es sich um eine Gruppe von unter Luftabschluß lebenden Krankheitserregern, zu denen u. a. auch der Erreger des Starrkrampfes zählt. Kurzum, die Ricke war für den menschlichen Genuß untauglich. Die Frage, ob Rücken, Blätter und die unverletzte Keule, wenn sie gut durchgebraten bzw. durchgekocht würden, nicht doch verzehrt werden könnten, wurde eindeutig verneint. Selbst als Hundefutter und gut durchgekocht könne ich das Wildbret nicht verwerten, wurde mir beschieden. Die Erkrankungsgefahr sei einfach zu groß, zumal aus dem Untersuchungsbefund nicht erkennbar sei, um welche Art von Clostridien es sich handele. Außerdem sei der für die Qualität des Fleisches ausschlaggebende pH-Wert miserabel. Schlachttiere mit einem derartigen Befund wie bei meiner Ricke würden generell beschlagnahmt und der Tierkörperbeseitigungsanstalt zugeführt. Der für den Schutz des Verbrauchers tätige Veterinärmediziner und Lebensmittelhygieniker hatte entschieden! Schon ein Aus-der-Decke-Schlagen wäre seiner Aussage nach wegen der Infektionsgefahr durch Tetanuserreger gefährlich gewesen. Fazit: Die Ricke mußte unschädlich beseitigt werden, was dann auch geschah. Da es noch keine Gebührenordnung für die amtliche Untersuchung bei erlegtem Haarwild gab, wurde ausnahmsweise hierfür nichts berechnet. Dafür mußten 42,75 Mark für die bakteriologische Untersuchung berappt werden. Damit war der dritte Akt »zur amtlichen Untersuchung« abgeschlossen.

350 000 DM Schadenersatz

Ein Ereignis, das hinsichtlich seines Ablaufes und seines Ergebnisses zu denken geben sollte. Zunächst wäre festzuhalten, daß die Fleischbeschau-Tierärzte von dem Ansinnen, ein Stück Haarwild dem Gesetz entsprechend einer amtlichen Untersuchung zu unterziehen, überrascht waren. Die hier und da noch auftretenden bürokratischen Hemmnisse sollten jedoch einen Jäger nicht davon abhalten, ein nach seinen Feststellungen (bedenkliche Merkmale) einer amtlichen Untersuchung zu unterwerfendes Stück auch dieser zuzuführen. Wird es an einen Gastronomen oder Wildhändler mit entsprechenden Hinweisen abgegeben, dann hat dieser die amtliche Untersuchung zu veranlassen. Des weiteren lohnt sich die Überlegung: Was wäre möglicherweise geschehen, wenn die Ricke ohne amtliche Untersuchung an eine Gaststätte oder den Wildhandel verkauft und dort weiterverwertet worden wäre? Hierzu ebenfalls ein Beispiel aus der Praxis, in dem zwar kein Wildbret, sondern Schweinefleisch die entscheidende Rolle gespielt hat: Bei einem Metzgermeister im Raume Darmstadt wurden für die Mitarbeiter eines bundesweit tätigen Unternehmens des Isolierhandwerks mehrere Portionen Wellfleisch zum Imbiß geholt. Dieses Wellfleisch war, wie nachträglich festgestellt wurde,

mit Salmonellen verseucht. Die Folge: Mehrere hochqualifizierte Mitarbeiter erkrankten und fielen zum Teil für mehrere Wochen aus. Gegen den nur mit einer Betriebs-Haftpflichtversicherung, jedoch nicht gegen Vermögensschäden abgesicherten Metzgermeister wurde ein Schadensersatzprozeß angestrengt, in dem er in der ersten Instanz zu einer Schadensersatzleistung von 350 000 Mark (!) verurteilt wurde. In der zweiten Instanz wurde der geltend gemachte Anspruch auf Schadensersatz (entgangener Gewinn, durch Nichteinhaltung von Lieferterminen zu zahlende Konventionalstrafen und anderes mehr) bestätigt.
Ähnliches kann durchaus auch dem Restaurantbesitzer oder Wildhändler passieren, der ein mit für den menschlichen Genuß bedenklichen Merkmalen behaftetes Stück Wild vom Jäger erwirbt und dieses – eventuell noch rosa zubereitet – Dritten mit allen für deren Gesundheit möglichen Folgen zum Verzehr bzw. Kauf anbietet, ohne es zuvor von einem Veterinärmediziner beschaut haben zu lassen. Anlaß zur Klage auf Schadensersatz hätten neben den durch den Verzehr des Wildbrets Erkrankten (Schmerzensgeld, Verdienstausfall) der Arbeitgeber (finanzieller Ausgleich für entgangene Arbeitskraft bzw. zusätzlich engagierte Personen, Lohnfortzahlung im Krankheitsfalle) und die die Behandlungskosten tragende Krankenkasse (Regreßanspruch). Die Klage würde sich naturgemäß zuerst gegen den Gastronomen oder Wildhändler richten, von diesem jedoch – sofern eine Untersuchung noch vorhandenen Wildbrets den Nachweis seiner Verseuchung mit den entsprechenden Krankheitserregern bzw. eine bakteriologische Blutuntersuchung bei den Erkrankten die Bestätigung einer von Wildtieren auf den Menschen übertragbaren Krankheit erbringt – an den ihm das Stück Wild verkaufenden Jäger weitergereicht werden. Hinsichtlich der sich hieraus für den Revierinhaber als Aneignungsberechtigten des Wildes und damit auch dessen Verkäufer ergebenden prozessualen und finanziellen Folgen sind der Fantasie keine Grenzen gesetzt.

Keine Schwarzseherei

Der eine oder andere Leser mag jetzt angesichts dieser für ihn vielleicht recht hypothetisch anmutenden Darstellung alles als »Schwarzseherei« (schließlich sei dergleichen ja noch nicht geschehen) abtun. Nun, ein vor dem Amtsgericht in Wuppertal vor wenigen Jahren zwischen einem Gastronomen und einem Revierinhaber geführter Prozeß um die Bezahlung eines verhitzten und damit genußuntauglichen Rothirsches – er war durch die Aufmerksamkeit des Käufers einem Veterinärmediziner zur Begutachtung vorgelegt und verworfen worden – weist zumindest eine solche Möglichkeit auf. Hinzu kommt (das wird von den meisten Wildbret verzehrenden Personen nicht bedacht), daß manche von Wildtieren auf den Menschen übertragbare Krankheiten (Zoonosen) ein Erscheinungsbild aufweisen, das einem »grippalen Infekt« nicht unähnlich ist. Ein mit einem solchen Krankheitsbild konfrontierter Humanmediziner wird wohl in den seltensten Fällen an eine Zoonose denken und den sich als recht hartnäckig erweisenden »grippalen Infekt« schließlich mit hohen Dosen Antibiotika niederknüppeln, ohne zuvor über eine bakteriologische Blutuntersuchung den tatsächlichen Erreger zu ermitteln. Wie kann er ohne entsprechenden Hinweis auch ahnen, daß sich sein Patient möglicherweise durch den Verzehr eines rosa zubereiteten Reh- oder Hasenrükkens oder einer in halbrohem Zustand servierten Wildente – ein mit Salmonellen meist besonders stark verseuchter Wildvogel – infiziert hat? Zwar wird dem Humanmediziner nicht unbekannt sein, daß z. B. die Leptospirose eine fiebrige Infektionskrankheit ist, die unter den Anzeichen einer Grippe ein bis zwei Wochen nach Ansteckung ausbricht, doch daran denken wird er bei der Diagnose wohl ebenso wenig wie beispielsweise an eine Listeriose-Infektion, die als akut fiebrige Krankheit in uncharakteristischer Erscheinungsform, wie Mandelentzündung, Angina, Grippe, Lungenentzündung und anderem, auftritt. Daß auch manche als »Magen-Darm-Grippe« angesehene Erkrankung in Wirklichkeit durch den Verzehr von Fleisch, das mit Salmonellen, Staphylokokken, Clostridien und Colibakterien verseucht ist, darunter auch nicht voll durchgebratenes bzw. durchgekochtes Wildbret, verursacht worden sein kann, dürfte von vielen Ärzten ebenfalls übersehen werden.

Diagnose: »Blutkrebs«

Zu welchen Fehleinschätzungen eine von ihrem Erscheinungsbild her unklare und mit hoher Wahrscheinlichkeit auf einer Infektion mit einer Zoonose beruhende Erkrankung führen kann, mag ein weiteres Beispiel aus der Praxis verdeutlichen: Im Herbst 1978 wurde von meinem Jagdaufseher eine Ricke geschossen, deren Aufbruch und Bauchhöhle mit kleinen weißen Punkten übersät waren. Das Erscheinungsbild einer Pseudotuberkulose bzw. einer mit dieser zu verwechselnden Tularämie. Da das Stück sofort unschädlich beseitigt (vergraben) wurde, unterblieb eine genaue Bestimmung des Krankheitserregers. Eine Unterlassung, die rückblickend nicht hätte sein dürfen. Mein Jagdaufseher, von Beruf Bauschlosser, hatte an den Händen offene Schrunden, als er die Ricke versorgte, so daß die Gefahr einer Übertragung der Krankheitserreger gegeben war. Hierauf noch am Stück aufmerksam gemacht, meinte er, ihm werde schon nichts passieren. Mehrere Tage danach jedoch klagte er über Gliederschmerzen, hatte Fieberschübe und Anzeichen eines atypisch verlaufenden schweren »grippalen Infektes«. Da sein Blutbild sich immer mehr verschlechterte, wurde er schließlich vom Hausarzt mit dem Verdacht auf Blutkrebs (!) ins Krankenhaus eingewiesen. Auch dort herrschte Rätselraten über die Krankheitsursache, für die letztlich ein »unbekannter, hartnäckiger Virus« verantwortlich gemacht wurde. Der auf mein Drängen von meinem Jagdaufseher den Ärzten gegebene Hinweis, er habe sich möglicherweise an dem kranken Stück Rehwild infiziert, wurde zwar zur Kenntnis genommen, jedoch als wenig wahrscheinlich abgetan. Allerdings war man bereit, die schon vom Hausarzt gegebenen Antibiotikadosen zu erhöhen und ihn bis »zur Halskrause« mit entsprechenden Medikamenten – sozusagen als letzter Versuch – vollzupumpen. Bald darauf konnte der Patient als geheilt entlassen werden. Die Einweisungsdiagnose »Blutkrebs« hatte sich glücklicherweise als falsch erwiesen. Die Annahme, daß es sich hierbei um eine Infektion mit einer Zoonose gehandelt hat, konnte zwar wissenschaftlich nicht erhärtet werden, doch ist sie mit hoher Wahrscheinlichkeit richtig gewesen. Zumal der bakteriologische Nachweis, wie Informationen von verschiedenen Human- und Veterinärmedizinern besagen, einer Erkrankung an einer Zoonose nach vorheriger Behandlung mit Antibiotika (aber auch sonst) äußerst schwer ist. Was meinem Jagdaufseher passierte, kann jederzeit auch anderen zustoßen, wenn bei der Beurteilung eines Stückes Schalenwild vor seiner Weitergabe an den Verbraucher nicht jene Sorgfalt geübt wird, wie sie selbstverständlich sein sollte.

Erwähnenswert in diesem Zusammenhang ist auch eine von den Ärzten meinem Jagdaufseher gegenüber gemachte Aussage: Auf der Suche nach einem in seinem Erscheinungsbild und den Untersuchungsbefunden gleichgelagerten Krankheitsfall sei man in Hamburg fündig geworden. Der dortige Patient habe jedoch seine Erkrankung nicht überlebt.

Auf die gesetzlichen Bestimmungen, die der Jäger beim Lebensmittel Wild zu beachten hat, wurde bereits hingewiesen. Sofern der ein Stück Wild oder Teile von diesem veräußernde Jäger sich an die in diesem Buch gegebenen Empfehlungen hält, insbesondere die aufgeführten »bedenklichen Merkmale« und die sich daraus ergebende Verpflichtung beobachtet, wird er der ihm als gesetzlich zugelassener »Fleischkontrolleur Haarwild« übertragenen Verantwortung entsprechen.

Anhang

Auszüge aus Gesetzestexten, die u. a. auch das Lebensmittel Wild betreffen und für den Jäger (aber auch für den Wildhandel und die Gastronomie) von wesentlicher Bedeutung sind.

Bundesjagdgesetz

in seiner Fassung vom 29. September 1976 (BGBl I, Seite 2849)

§ 15, Absatz 5: »Die erste Erteilung eines Jagdscheines ist davon abhängig, daß der Bewerber im Geltungsbereich des Bundeswaldgesetzes vom 2. Mai 1975 (BGBl I, Seite 1037) eine Jägerprüfung bestanden hat, die aus einem schriftlichen und einem mündlich-praktischen Teil und einer Schießprüfung bestehen soll; er muß in der Jägerprüfung ausreichende Kenntnisse der Tierarten, der Wildbiologie, der Wildhege, des Jagdbetriebes, der Wildschadensverhütung, des Land- und Waldbaues, des Waffenrechts, der Waffentechnik, der Führung von Jagdwaffen (einschließlich Faustfeuerwaffen), der Führung von Jagdhunden, *in der Behandlung des erlegten Wildes unter besonderer Berücksichtigung der hygienisch erforderlichen Maßnahmen, in der Beurteilung der gesundheitlich unbedenklichen Beschaffenheit des Wildbrets, insbesondere auch hinsichtlich seiner Verwendung als Lebensmittel,* und im Jagd-, Tierschutz- sowie Naturschutz- und Landschaftspflegerecht nachweisen; mangelhafte Leistungen der Schießprüfungen sind durch Leistungen in anderen Prüfungsteilen nicht ausgleichbar. Die Länder können die Zulassung zur Jägerprüfung insbesondere vom Nachweis einer theoretischen und praktischen Ausbildung abhängig machen. Für Bewerber, die vor dem 1. April 1953 einen Jahresjagdschein besessen haben, entfällt die Jägerprüfung.

Fleischhygienegesetz (FlHG)

vom 24. Februar 1987 in seiner Fassung vom 22. Januar 1991

§ 1 Untersuchungspflicht

(1) Rinder, Schweine, Schafe, Ziegen, andere Paarhufer, Pferde, andere Einhufer, Kaninchen, die als Haustiere gehalten werden, unterliegen, wenn ihr Fleisch zum Genuß für Menschen bestimmt ist, vor und nach der Schlachtung einer amtlichen Untersuchung (Schlachttiere- und Fleischuntersuchung); dies gilt entsprechend für Haarwild, das auf andere Weise als durch Erlegen getötet wird. Erlegtes Haarwild unterliegt unbeschadet des Satzes 3 bei gleicher Zweckbestimmung nur der Fleischuntersuchung. Die Schlachttier- und Fleischuntersuchung kann bei

Hauskaninchen, die Fleischuntersuchung bei erlegtem Haarwild unterbleiben, wenn keine Merkmale festgestellt werden, die das Fleisch als bedenklich zum Genuß für Menschen erscheinen lassen, und

1. das Fleisch zum eigenen Verbrauch verwendet oder unmittelbar an einzelne natürliche Personen zum eigenen Verbrauch abgegeben wird oder
2. das erlegte Haarwild unmittelbar nach dem Erlegen in geringen Mengen an nahegelegene be- oder verarbeitende Betriebe zur Abgabe an Verbraucher zum Verzehr an Ort und Stelle oder zur Verwendung im eigenen Haushalt geliefert wird.

Fleisch von Affen, Hunden und Katzen darf zum Genuß für Menschen nicht gewonnen werden.

(2) Bei Notschlachtungen darf die Schlachttieruntersuchung unterbleiben. Eine Notschlachtung liegt dann vor, wenn zu befürchten steht, daß das Tier bis zur Ankunft des zuständigen Untersuchers sterben oder das Fleisch durch Verschlimmerung des krankhaften Zustands wesentlich an Wert verlieren werde, oder wenn das Tier infolge eines Unglücksfalls sofort getötet werden muß.

(3) Schweine, deren Fleisch zum Genuß für Menschen verwendet werden soll, sind nach der Schlachtung amtlich auch auf *Trichinen* zu untersuchen. Ferner unterliegen der Untersuchung auf Trichinen nach der Tötung Wildschweine, Bären, Füchse, Sumpfbiber, Dachse und andere fleischfressende Tiere, die Träger von Trichinen sein können, wenn das Fleisch zum Genuß für Menschen verwendet werden soll. Die Untersuchung auf Trichinen ist nicht erforderlich bei Hausschweinen und Sumpfbibern, wenn das Fleisch einer zugelassenen Kältebehandlung unter Aufsicht der zuständigen Behörde unterzogen worden ist.

§ 2 Duldungs- und Mitwirkungspflichten bei Rückstandsuntersuchungen

(1) In § 1 Abs. 1 Satz 1 genannte Tiere können auch in Erzeugerbetrieben und bei der Beförderung zum Schlachtbetrieb zur Sicherung der Einhaltung von Vorschriften für die in § 4 Abs. 1 Nr. 17 genannten Stoffe einer Untersuchung auf Rückstände unterzogen werden.

(2) Soweit es zur Durchführung der Rückstandsuntersuchung erforderlich ist, sind die mit der Durchführung beauftragten Personen, bei Gefahr im Verzuge auch alle Beamten der Polizei, während der üblichen Betriebs- oder Geschäftszeit befugt,

1. Räume oder Einfriedungen, in denen sich die in § 1 Abs. 1 Satz 1 genannten Tiere befinden, sonstige Geschäftsräume sowie Transportmittel zu betreten und zu besichtigen,
2. geschäftliche Unterlagen von Erzeugerbetrieben oder Transportunternehmen einzusehen und
3. Proben zu entnehmen.

Die in Satz 1 genannten Maßnahmen dürfen zur Verhütung dringender Gefahren für die öffentliche Sicherheit und Ordnung auch außerhalb der dort genannten Zeiten vorgenommen werden; das Grundrecht auf Unverletzlichkeit der Wohnung (Artikel 13 des Grundgesetzes) wird insoweit eingeschränkt.

(3) Die Inhaber von Erzeugerbetrieben, von Transportmitteln zur Beförderung von lebenden Schlachttieren und die von ihnen bestellten Vertreter sind verpflichtet, die Maßnahmen nach Absatz 1 oder 2 zu dulden sowie die in Absatz 2 und in § 6 genannten Personen bei der Erfüllung ihrer Aufgabe zu unterstützen, insbesondere ihnen auf Verlangen die Räume, Einrichtungen und Transportmittel zu bezeichnen, Räume und Transportmittel zu öffnen und die Entnahme von Proben zu ermöglichen.

§ 4 Begriffsbestimmungen

(1) Im Sinne dieses Gesetzes sind:

1. Haarwild:
   Säugetiere, die üblicherweise nicht als Haustiere gehalten werden und nicht ständig im Wasser leben.
2. Erlegen:
   Töten von Haarwild durch Abschuß nach jagdrechtlichen Vorschriften; als erlegtes Haarwild gilt auch durch andere äußere gewaltsame Einwirkungen getötetes Wild und Fallwild.
3. Schlachten:
   Tötung eines in § 1 genannten Tieres durch Blutentzug.
4. Fleisch:
   Alle Teile der in § 1 genannten Tiere, frisch oder zubereitet, die zum Genuß für Menschen geeignet sind.
5. u. 6. (gestrichen).
7. Mitgliedstaat:
   Ein Staat, der der Europäischen Wirtschaftsgemeinschaft angehört.
8. Drittland:
   Ein ausländischer Staat, der der Europäischen Wirtschaftsgemeinschaft nicht angehört.
9. Bestimmungsland:
   Ein Land, wohin Fleisch aus dem Geltungsbereich des Gesetzes verbracht wird.
10. Innergemeinschaftlicher Handelsverkehr:
    Der Handelsverkehr zwischen der Bundesrepublik Deutschland und den anderen Mitgliedstaaten der Europäischen Wirtschaftsgemeinschaft.
11. Einfuhr:
    Das Verbringen von Fleisch aus Drittländern in den Geltungsbereich des Gesetzes.
12. Ausfuhr:
    Das Verbringen von Fleisch aus dem Geltungsbereich des Gesetzes in Drittländer.
13. Beseitigung:
    Beseitigen von geschlachteten oder erlegten Tieren, deren Teilen sowie von Fleisch nach den Vorschriften des Tierkörperbeseitigungsgesetzes vom 2. September 1975 (BGBl. I S. 2313) in der jeweils geltenden Fassung.
14. Kommission:
    Die Kommission der Europäischen Gemeinschaften.

15. Amtlicher Tierarzt:
    Ein Tierarzt, dem von der zuständigen Behörde die Durchführung der amtlichen Untersuchungen und die Überwachung der Hygiene oder eine dieser beiden Aufgaben übertragen worden ist.
16. Erzeugerbetrieb:
    Betrieb, aus dem Tiere zur Schlachtung abgegeben werden.
17. Rückstände:
    Rückstände von Stoffen mit pharmakologischer Wirkung und deren Umwandlungsprodukte sowie von anderen Stoffen, die in Lebensmittel übergehen und gesundheitlich bedenklich sein können.

(2) Dem Gesetz unterliegen nicht
1. Extrakte, Brühen, Soßen und ähnliche Erzeugnisse, die die Struktur von Fleisch vollständig verloren haben, ausgenommen aus dem Fettgewebe ausgelassenes Fett,
2. unter Verwendung von ausgelassenem Fett hergestellte Erzeugnisse, soweit sie sonst kein Fleisch enthalten,
3. Knochenextrakte und ähnliche Erzeugnisse,
4. eiweißhaltige Abbauprodukte aus Fleisch wie Peptone, Zellproteine und Gelatine.

§ 5 Hygienische Anforderungen

Der Bundesminister für Jugend, Familie, Frauen und Gesundheit (Bundesminister) wird ermächtigt, durch Rechtsverordnung mit Zustimmung des Bundesrates, soweit es zum Schutz des Verbrauchers oder zur Durchführung von Rechtsakten der Organe der Europäischen Gemeinschaften erforderlich ist,
1. die hygienischen Mindestanforderungen festzusetzen, unter denen das Fleisch gewonnen, zubereitet, behandelt, in den innergemeinschaftlichen Handelsverkehr verbracht oder eingeführt werden darf,
2. vorzuschreiben, daß Schlacht-, Zerlegungs- oder Verarbeitungsbetriebe sowie außerhalb dieser gelegene Gefrier- oder Kühleinrichtungen, soweit sie Fleisch in andere Mitgliedstaaten versenden, von der zuständigen Behörde für den innergemeinschaftlichen Handelsverkehr zugelassen sein müssen, sowie die Voraussetzungen und das Verfahren für die Zulassung zu regeln,
3. das Inverkehrbringen von Fleisch davon abhängig zu machen, daß es von einer Genußtauglichkeitsbescheinigung begleitet wird, sowie Inhalt, Form und Ausstellung der Genußtauglichkeitsbescheinigung zu regeln,
4. das Verfahren für die amtlichen Untersuchungen und für die Überwachung der Einhaltung der hygienischen Mindestanforderungen zu regeln.
5. die Voraussetzungen zu regeln, unter denen Fleisch, das für Ausstellungen oder ähnliche Veranstaltungen sowie für Versuchszwecke bestimmt ist, in den Geltungsbereich dieses Gesetzes eingeführt oder sonst verbracht werden darf.
6. für die Einfuhr oder das sonstige Verbringen von Fleisch in den Geltungsbereich dieses Gesetzes Verbote oder Beschränkungen festzulegen.

§ 6 Personal

(1) Die Durchführung der amtlichen Untersuchungen, die Überwachung von Fleischsendungen aus Mitgliedstaaten sowie die Überwachung der Einhaltung der vorgeschriebenen Mindestanforderungen in den Betrieben und die Vorschriften für die Beförderung von Fleisch ist Aufgabe der zuständigen Behörde und obliegt einem amtlichen Tierarzt; dabei können fachlich ausgebildete Personen (Fleischkontrolleure) nach Weisung der zuständigen Behörde und unter der fachlichen Aufsicht des amtlichen Tierarztes eingesetzt werden. Der Bundesminister wird ermächtigt, durch Rechtsverordnung mit Zustimmung des Bundesrates Vorschriften über die fachlichen Anforderungen zu erlassen, die an Fleischkontrolleure zu stellen sind, sowie die Tätigkeit näher zu bestimmen, für die sie eingesetzt werden.

(2) Die Aufgaben nach Absatz 1 sind von Beamten oder Angestellten wahrzunehmen.

(3) Im Bereich der Bundeswehr obliegt die Durchführung dieses Gesetzes und der auf Grund dieses Gesetzes erlassenen Vorschriften den zuständigen Dienststellen der Bundeswehr. Die Aufgaben nach Absatz 1 sind von Sanitätsoffizieren (Veterinär) wahrzunehmen.

(4) Die amtlichen Tierärzte, die Fleischkontrolleure sowie die Sachverständigen der Mitgliedstaaten und der Kommission in Begleitung des amtlichen Tierarztes sind befugt, während der Betriebs- oder Geschäftszeit, soweit es zur Durchführung amtlicher Untersuchungen und zur Überwachung der Hygiene erforderlich ist,

1. Räume oder Einfriedungen, in denen sich Schlachttiere vor der Schlachtung befinden oder in denen Fleisch gewonnen, zubereitet oder behandelt wird, sonstige Geschäftsräume sowie Transportmittel zu betreten und zu besichtigen und
2. Proben zu entnehmen;

dabei dürfen die amtlichen Tierärzte geschäftliche Unterlagen einsehen. Die in Satz 1 genannten Maßnahmen dürfen zur Verhütung dringender Gefahren für die öffentliche Sicherheit und Ordnung auch außerhalb der dort genannten Zeiten vorgenommen werden; das Grundrecht auf Unverletzlichkeit der Wohnung (Artikel 13 des Grundgesetzes) wird insoweit eingeschränkt. Die Befugnis nach Satz 1 Nr. 1 gilt auch für Personen, die in der Ausbildung zum Tierarzt oder Fleischkontrolleur stehen.

(5) Bis zum Inkrafttreten einer Rechtsverordnung nach Absatz 1 Satz 2 gelten als Fleischkontrolleure:

1. Hilfskräfte nach § 2 Nr. 1 Buchstabe a der Hilfskräfteverordnung – Frisches Fleisch – vom 29. Juni 1977 (BGBl. I S. 1117),
2. Inhaber des Befähigungsausweises für Fleischbeschauer und Trichinenschauer auf Grund einer vor dem Inkrafttreten einer Rechtsverordnung nach Absatz 1 Satz 2 abgeschlossenen Ausbildung,
3. Inhaber des Befähigungsausweises für Trichinenschauer ausschließlich für die Untersuchung auf Trichinen,
4. Personen, die bis zum Wirksamwerden des Beitritts in dem in Artikel 3 des

Einigungsvertrages genannten Gebiet bei der Durchführung der Überwachung nach Absatz 1 Satz 1 mitgewirkt haben oder

5. Personen, die eine Ausbildung aufgrund entsprechender Vorschriften der Deutschen Demokratischen Republik vor dem Wirksamwerden des Beitritts in dem in Artikel 3 des Einigungsvertrages genannten Gebiet abgeschlossen oder begonnen haben und danach nach dem dort bisher geltenden Recht abschließen,
6. Lebensmittelkontrolleure ausschließlich für die Überwachung der Einhaltung der vorgeschriebenen Mindestanforderungen in den für den innergemeinschaftlichen Handelsverkehr nicht zugelassenen Betrieben und der Vorschriften für die Beförderung von Fleisch.

§ 9 Schlachterlaubnis

(1) Ergibt die Schlachttieruntersuchung keinen Grund zur Beanstandung der Schlachtung, so hat der Untersucher unter Anordnung der etwa zu beobachtenden besonderen Vorsichtsmaßregeln zu erlauben.

(2) Die Schlachtung darf nicht vor Erteilung der Erlaubnis und nur unter Einhaltung der angeordneten besonderen Vorsichtsmaßregeln stattfinden.

(3) Die Schlachttieruntersuchung ist am Tage des Eintreffens der Schlachttiere im Schlachtbetrieb durchzuführen; sie ist unmittelbar vor der Schlachtung zu wiederholen, wenn die Tiere nicht an demselben Tage geschlachtet werden. Abweichend von Satz 1 ist die Schlachttieruntersuchung in Betrieben, die ausschließlich für den innerstaatlichen Handelsverkehr schlachten, und bei Hausschlachtungen möglichst unmittelbar vor der Schlachtung durchzuführen; sie ist zu wiederholen, wenn die Tiere nicht innerhalb von 48 Stunden nach der Schlachttieruntersuchung geschlachtet worden sind.

(4) Bei Haarwild in Gehegen wird die Schlachttieruntersuchung in Form einer regelmäßigen Gesundheitsüberwachung des Haarwildbestandes durch einen amtlichen Tierarzt vorgenommen. Die Schlachtung darf, abweichend von den Absätzen 1 und 2, ohne Schlachterlaubnis erfolgen, wenn die Tiere zum Zeitpunkt des Schlachtens keine gesundheitlich bedenklichen Merkmale zeigen.

(5) Tiere, die

1. von einer auf den Menschen übertragbaren Krankheit befallen sind oder bei denen Einzelmerkmale oder das Allgemeinbefinden den Ausbruch einer solchen Krankheit befürchten lassen,
2. eine Störung des Allgemeinbefindens zeigen oder
3. wegen des Ausscheidens von Krankheitserregern geschlachtet werden,

dürfen nur in besonderen Schlachtbetrieben (Isolierschlachtbetrieben) oder in besonderen Schlachträumen (Isolierschlachträumen), die von den Schlachträumen für gesunde Tiere getrennt sind, geschlachtet werden. Satz 1 gilt auch für Notschlachtungen, sofern die besonderen Umstände, unter denen eine Notschlachtung vorgenommen werden muß, den Transport des Tieres in einen Isolierschlachtbetrieb oder Isolierschlachtraum zulassen. Nach jeder Schlachtung sind die Schlachtstätte in einem Isolierschlachtbetrieb oder der Isolierschlachtraum und die benutzten Geräte zu reinigen und zu desinfizieren.

(6) Soweit die besonderen Isolierschlachtbetriebe oder Isolierschlachträume nicht ausreichen, kann die zuständige Behörde im Einzelfall Ausnahmen von Absatz 5 Satz 1 für Tiere zulassen, die aus Gründen der Seuchenbekämpfung geschlachtet werden müssen. In diesen Fällen ist die Schlachtung von den übrigen Schlachtungen zeitlich getrennt durchzuführen; die Desinfektion der Räume ist amtlich zu überwachen.
(7) Der Bundesminister wird ermächtigt, durch Rechtsverordnung mit Zustimmung des Bundesrates Vorschriften über die hygienischen Mindestanforderungen an Isolierschlachtbetriebe und Isolierschlachträume zu erlassen, soweit dies erforderlich ist, um der Gefahr einer Verbreitung von Krankheitserregern vorzubeugen.

§ 10 Taugliches Fleisch

Ergibt die Untersuchung des Fleisches, daß kein Grund zur Beanstandung vorliegt, ist das Fleisch als tauglich zum Genuß für Menschen zu beurteilen. Dies darf im Falle des § 1 Abs. 3 Satz 3 erst nach der Kältebehandlung geschehen.

§ 11 Untaugliches Fleisch

Ergibt die Untersuchung, daß das Fleisch zum Genuß für Menschen untauglich ist, ist das Fleisch zu beschlagnahmen. Es darf als Lebensmittel nicht in den Verkehr gebracht werden.

§ 12 Bedingt taugliches Fleisch

Ergibt die Untersuchung, daß das Fleisch zum Genuß für Menschen bedingt tauglich ist, ist das Fleisch zu beschlagnahmen. Es darf nur nach Maßgabe des § 13 als Lebensmittel in den Verkehr gebracht werden.

§ 13 Inverkehrbringen bedingt tauglichen Fleisches

(1) Bedingt taugliches Fleisch darf als Lebensmittel nur durch hierfür von der zuständigen Behörde besonders zugelassene und überwachte Betriebe in den Verkehr gebracht werden, nachdem es in solchen Betrieben zum Genuß für Menschen brauchbar gemacht und in der vorgeschriebenen Weise kenntlich gemacht worden ist. Es darf sonst nur bei Hausschlachtungen zum Genuß für Menschen brauchbar gemacht werden. Brauchbar gemachtes bedingt taugliches Fleisch in luftdicht verschlossenen Behältnissen darf auch außerhalb zugelassener Betriebe in den Verkehr gebracht werden.
(2) Der Bundesminister wird ermächtigt, durch Rechtsverordnung mit Zustimmung des Bundesrates Vorschriften zu erlassen über

1. die Behandlungsverfahren, durch deren Anwendung das bedingt taugliche Fleisch zum Genuß für Menschen brauchbar gemacht werden darf,
2. die Kenntlichmachung des Fleisches,
3. die Mindestanforderungen an die Betriebe sowie deren Zulassung und Überwachung,
4. die Mindestanforderungen an die Lagerung, den Transport und die Abgabe von Fleisch durch die zugelassenen Betriebe.

§ 14 Minderwertiges Fleisch

Ergibt die Untersuchung, daß das Fleisch zum Genuß für Menschen zwar tauglich, jedoch im Nahrungs- oder Genußwert erheblich herabgesetzt (minderwertig) ist, finden die §§ 12 und 13 entsprechende Anwendung.

§ 15

Es ist verboten
1. Fleisch von Hunden, Katzen, anderen hundeartigen und katzenartigen Tieren (Caniden und Feliden), Dachsen und Affen in den Geltungsbereich des Gesetzes einzuführen oder sonst zu verbringen.

§ 22 Kennzeichnung von Fleisch

(1) Fleisch ist entsprechend dem Ergebnis der Untersuchung amtlich zu kennzeichnen.
(2) Der Bundesminister bestimmt die Art der Kennzeichnung.

§ 24 Gebühren

(1) Für die Amtshandlungen nach diesem Gesetz und den zur Durchführung dieses Gesetzes erlassenen Rechtsvorschriften werden kostendeckende Gebühren und Auslagen erhoben.
(2) Die nach Absatz 1 kostenpflichtigen Tatbestände werden durch Landesrecht bestimmt. Die Gebühren sind nach Maßgabe der Richtlinie 85/73/EWG des Rates vom 29. Januar 1985 über die Finanzierung der Untersuchungen und Hygienekontrollen von frischem Fleisch und Geflügelfleisch (ABl. EG Nr. L 32 S. 14) zu bemessen. Für Amtshandlungen, die auf besonderen Antrag außerhalb der normalen Öffnungszeiten vorgenommen werden, kann eine Vergütung verlangt werden.

§ 28 Strafvorschriften

(1) Mit Freiheitsstrafe bis zu drei Jahren oder mit Geldstrafe wird bestraft, wer

1. ein Tier, das nach diesem Gesetz der Schlachttieruntersuchung unterliegt, schlachtet, bevor die vorgeschriebene Untersuchung durchgeführt worden ist,
2. Fleisch, das nach diesem Gesetz der Fleischuntersuchung oder der Untersuchung auf Trichinen unterliegt, zum Genuß für Menschen zubereitet oder in den Verkehr bringt, bevor die vorgeschriebene Untersuchung durchgeführt worden ist,
3. entgegen § 1 Abs. 1 Satz 4 Fleisch von Affen, Hunden oder Katzen zum Genuß für Menschen gewinnt,
4. entgegen § 9 Abs. 4 Haarwild nicht der vorgeschriebenen Schlachttieruntersuchung unterzieht oder Haarwild schlachtet, das gesundheitlich bedenkliche Merkmale aufweist,
5. entgegen § 11 Satz 2 oder § 13 Abs. 1 Satz 1 untaugliches oder bedingt taugliches Fleisch in den Verkehr bringt,
6. Fleisch, das entgegen § 15 oder nach § 20 in den Geltungsbereich dieses Gesetzes verbracht oder eingeführt worden ist, als Lebensmittel in den Verkehr bringt oder
7. entgegen § 16 Abs. 1, § 18 Abs. 1 oder § 25 Abs. 1 Fleisch ohne Einfuhruntersuchung einführt oder in den Geltungsbereich dieses Gesetzes verbringt.

(2) Der Versuch ist strafbar.

(3) In besonders schweren Fällen ist die Strafe Freiheitsstrafe von sechs Monaten bis zu fünf Jahren. Ein besonders schwerer Fall liegt in der Regel vor, wenn der Täter durch eine der in Absatz 1 bezeichneten Handlungen

1. die Gesundheit einer großen Zahl von Menschen gefährdet,
2. einen anderen in die Gefahr des Todes oder einer schweren Schädigung an Körper oder Gesundheit bringt oder
3. aus grobem Eigennutz für sich oder einen andern Vermögensvorteile großen Ausmaßes erlangt.

(4) Handelt der Täter in den Fällen des Absatzes 1 fahrlässig, so ist die Strafe Freiheitsstrafe bis zu einem Jahr oder Geldstrafe.

§ 28a Strafvorschriften

Mit Freiheitsstrafe bis zu einem Jahr oder mit Geldstrafe wird bestraft, wer

1. entgegen § 9 Abs. 2 ohne Erlaubnis oder ohne Einhaltung einer angeordneten Vorsichtsmaßregel schlachtet oder entgegen § 9 Abs. 3 die Schlachttieruntersuchung nicht wiederholen läßt,
2. entgegen § 9 Abs. 5 Satz 1, auch in Verbindung mit Satz 2, kranke, krankheitsverdächtige, im Allgemeinbefinden gestörte Tiere oder Tiere, die Krankheitserreger ausscheiden, in anderen als den dort bezeichneten Betrieben oder Räumen schlachtet,
3. entgegen § 13 Abs. 1 Satz 1 bedingt taugliches Fleisch brauchbar macht oder entgegen § 14 in Verbindung mit § 13 Abs. 1 Satz 1 minderwertiges Fleisch in den Verkehr bringt,

4. entgegen § 15 eines dort bezeichneten Tieres in den Geltungsbereich dieses Gesetzes einführt oder sonst verbringt,
5. Kennzeichen der in § 22 bezeichneten Art fälschlich anbringt oder verfälscht oder Fleisch, an dem die Kennzeichen fälschlich angebracht, verfälscht oder beseitigt worden sind, in den Verkehr bringt, in den Geltungsbereich dieses Gesetzes einführt oder sonst verbringt oder aus dem Geltungsbereich dieses Gesetzes ausführt oder sonst verbringt oder
6. einer nach § 5 Nr. 6 erlassenen Rechtsverordnung zuwiderhandelt, soweit sie für einen bestimmten Tatbestand auf diese Strafvorschrift verweist.

§ 29 Bußgeldvorschriften

(1) Ordnungswidrig handelt, wer eine der in § 28a bezeichneten Handlungen fahrlässig begeht.

(2) Ordnungswidrig handelt, wer vorsätzlich oder fahrlässig
1. einer vollziehbaren Anordnung nach § 7 Abs. 1 Satz 1 oder Abs. 2 Satz 1 zuwiderhandelt,
2. entgegen § 9 Abs. 5 die Schlachtstätte, den Isolierschlachtraum oder die benutzten Geräte nicht reinigt oder desinfiziert oder
3. einer nach § 5 Nr. 1 bis 4, § 8 Abs. 2, § 9 Abs. 7 oder § 13 Abs. 2 erlassenen Rechtsverordnung oder einer Rechtsverordnung nach einer dieser Vorschriften in Verbindung mit § 26 Abs. 1 zuwiderhandelt, soweit die Rechtsverordnung für einen bestimmten Tatbestand auf diese Bußgeldvorschrift verweist; die Verweisung ist nicht erforderlich, soweit die Rechtsverordnung vor dem 1. Juli 1979 erlassen worden ist.

(3) Ordnungswidrig handelt, wer vorsätzlich oder fahrlässig
1. entgegen § 2 Abs. 3 Maßnahmen nach § 2 Abs. 1 oder 2 nicht duldet oder die bei ihrer Durchführung tätigen Personen nicht unterstützt,
2. entgegen § 8 Abs. 1 Schlachttiere abgibt, erwirbt, befördert oder aufbewahrt, die nicht in der vorgeschriebenen Weise gekennzeichnet sind, oder
3. einer nach § 25 Abs. 2 erlassenen Rechtsverordnung zuwiderhandelt, soweit sie für einen bestimmten Tatbestand auf diese Bußgeldvorschrift verweist.

(4) Die Ordnungswidrigkeit kann in den Fällen der Absätze 1 und 2 mit einer Geldbuße bis zu fünfzigtausend Deutsche Mark, in den Fällen des Absatzes 3 mit einer Geldbuße bis zu zwanzigtausend Deutsche Mark geahndet werden.

§ 30 Einziehung

Das Fleisch und die Tiere, auf die sich eine Straftat nach §§ 28, 28a oder eine Ordnungswidrigkeit nach § 29 bezieht, können eingezogen werden.

§ 31 Verhältnis zu anderen Gesetzen

Das Lebensmittel- und Bedarfsgegenständegesetz in der jeweils geltenden Fassung bleibt unberührt.

Auszug aus der allgemeinen Dienstanweisung Fleischhygienegesetz (DAFI) vom 18. Januar 1989

(3) Erlegtes Haarwild, das nach § 1 Abs. 1 Satz 3 Nr. 2 des Fleischhygienegesetzes keiner Fleischuntersuchung unterliegt, darf aus Mitgliedstaaten ohne Fleischkontrolle in den Geltungsbereich des Gesetzes verbracht und dem Verfügungsberechtigten überlassen oder freigegeben werden, wenn folgende Voraussetzungen erfüllt werden:

1. Das erlegte Haarwild muß in den genannten Ländern erlegt worden sein.
2. Es muß frisch erlegt, ungefroren und in der Decke geliefert werden und für be- oder verarbeitende Betriebe wie Gaststätten, Wildbetriebe oder ähnliche Betriebe bestimmt sein.
3. Es muß eine Schußverletzung aufweisen.
4. Es darf sich nur um Mengen handeln, wie sie als übliche Jagdstrecke eines Jagdtages anfallen.
5. Die zuständige Behörde des Empfangsortes ist fernmündlich zu verständigen, wenn die angelieferten Mengen ein Gewicht von ca. 250 kg überschreiten.

Verordnung über die hygienischen Anforderungen und amtlichen Untersuchungen beim Verkehr mit Fleisch (Fleischhygiene-Verordnung – FIHV)

BGBL I vom 5. November 1986, Seite 1678 – Auszug –

Die kursiv gesetzten Passagen sind der »Begründung« entnommen, wie sie in der Drucksache 363/86 dem Bundesrat zur Verabschiedung der FIHV vorgelegt wurde.

Die Fleischhygiene-Verordnung hat folgende Zielsetzung:

1. *Der Verbraucherschutz, insbesondere in gesundheitlicher Hinsicht, ist vor allem bei Fleisch bedeutungsvoll, weil sich die meisten Lebensmittelinfektionen und -vergiftungen ursächlich auf Fleisch zurückführen lassen. Durch die Verordnung müssen deshalb geeignete vorbeugende Maßnahmen getroffen werden, die den heutigen Gegebenheiten bei der Gewinnung von Fleisch, aber auch beim Verkehr mit Fleisch und Fleischerzeugnissen Rechnung tragen. Besondere Bedeutung dabei haben vom Tier auf den Menschen übertragbare Infektionskrankheiten, die bei lebenden oder geschlachteten Tieren ohne sichtbare Veränderungen ablaufen und daher bei der Schlachttier- und Fleischuntersuchung nicht ohne weiteres erkennbar sind. Eine weitere potentielle Gefah-*

renquelle für den Verbraucher sind die Kontaminationen des Fleisches mit Verderbnis- oder Krankheitserregern bei der Be- oder Verarbeitung, beim Transport oder bei der Lagerung.

3. *Vorbeugende Maßnahmen im Sinne des gesundheitlichen Verbraucherschutzes können sich nicht mehr ausschließlich auf das im nationalen Bereich anfallende Fleisch beschränken, sondern müssen berücksichtigen, daß bedeutende Mengen aus anderen Staaten, in erster Linie aus EG-Mitgliedstaaten, für die Versorgung der Verbraucher in der Bundesrepublik Deutschland unerläßlich sind. Nur gesundheitlich unbedenkliches und hygienisch einwandfreies Fleisch darf innergemeinschaftlich und freizügig gehandelt werden.*
   Die hygienischen Anforderungen an die Gewinnung und Behandlung von Fleisch müssen sich deshalb auf alle Betriebe erstrecken, die Fleisch behandeln und zubereiten. Es ist allerdings die unterschiedliche Hygienebelastung der verschiedenen Betriebsformen – z. B. Versandschlachtereien einerseits und Fleischereien andererseits – zu berücksichtigen.
   Dennoch darf im Ergebnis zwischen den Betriebsformen kein Hygienegefälle entstehen.
   Daher werden durch diese Verordnung auf Grundlage des EG-Fleischhygienerechts allgemeine hygienische Normen für das Gewinnen, Behandeln und Zubereiten von Fleisch in der Bundesrepublik Deutschland festgelegt.
4. *Beim innergemeinschaftlichen Handelsverkehr mit Fleisch und Fleischerzeugnissen sind systematische Kontrollen an den Binnengrenzen der Gemeinschaft nicht mehr zulässig, aber auch nicht mehr erforderlich, weil in allen Mitgliedstaaten nach gleichen hygienischen Grundsätzen verfahren wird. Das Fleisch nach längeren Transporten, unabhängig von seiner Herkunft, einer ständigen Hygieneüberwachung unterworfen wird, besonders auf großen Fleischmärkten oder in Verarbeitungsbetrieben, ist nach wie vor ein hygienisches Erfordernis. Damit wird der vorbeugende gesundheitliche Verbraucherschutz verbessert.*
7. *Die Verordnung wirkt sich auf den Gesundheitsschutz des Verbrauchers vorteilhaft aus, weil durch die Vereinheitlichung der Regelungen das Hygieneniveau angehoben wird.*

§ 1 Anwendungsbereich

(1) Diese Verordnung findet nur Anwendung auf
1. Tiere einschließlich Haarwild, die nach dem Fleischhygienegesetz amtlichen Untersuchungen unterliegen, sowie Fleisch dieser Tiere,
2. Betriebe, in denen das Fleisch der in Nummer 1 genannten Tiere gewonnen, zubereitet, behandelt oder von denen es in den innergemeinschaftlichen Handelsverkehr verbracht oder eingeführt wird.

(2) Diese Verordnung findet keine Anwendung auf
1. Verkaufsräume von Einzelhandelsgeschäften einschließlich Fleischereibetrieben, mit Ausnahme von ortsfesten oder beweglichen Abgabestellen für Freibankfleisch, als Verkaufsraum gilt auch ein der Vorbereitung des Fleisches zur unmittelbaren Abgabe an den Verbraucher dienender Raum.

2. Wochenmärkte, Jahrmärkte und ähnliche Veranstaltungen sowie das Reisegewerbe;
3. Küchen, Gaststuben oder ähnliche Räume in Gaststätten, Imbißstuben oder Einrichtungen zur Gemeinschaftsverpflegung.

§ 2 Begriffsbestimmungen

Im Sinne dieser Verordnung sind:

1. Amtliche Untersuchungen:
   a) Schlachttieruntersuchung einschließlich der Gesundheitsüberwachung bei Haarwild in Gehegen;
   b) Fleischuntersuchung einschließlich der Untersuchung auf Trichinen, der Rückstandsuntersuchung sowie der bakteriologischen Fleischuntersuchung;
   c) Überwachung von Fleischsendungen aus anderen Mitgliedstaaten;
   d) Einfuhruntersuchung;
   e) sonstige von der zuständigen Behörde angeordnete Untersuchungen;
2. Sendungen:
   Warenmengen von gleichartiger Beschaffenheit, die von demselben Absender versandt und zum selben Zeitpunkt zur Untersuchung gestellt werden; wird die Vorlage einer Genußtauglichkeitsbescheinigung verlangt, so gilt als Sendung die Warenmenge, auf die sich diese Bescheinigung bezieht;
3. Behandeln:
   das Entbeinen, Zerlegen, Zerkleinern oder Mahlen, das Wiegen, Umhüllen, Verpacken, Kennzeichnen, Kühlen, Gefrieren, Tiefgefrieren, Auftauen, Lagern oder Befördern von Fleisch; Behandeln ist auch jede sonstige Tätigkeit im Umgang mit Fleisch, soweit nicht Nummer 4 zutrifft;
4. Zubereiten:
   Das Herstellen von Fleicherzeugnissen, das Haltbarmachen von Fleischerzeugnissen durch Erhitzen, Salzen, Pökeln, Säuern oder Trocknen oder durch eine Kombination dieser Verfahren, das Herstellen von Fleischzubereitungen durch das Bearbeiten einschließlich Würzen von Fleisch;
5. Würzstoffe:
   Kochsalz, Senf, Gewürze und Gewürzextrakte, Küchenkräuter und ihre Extrakte;
6. Frisches Fleisch:
   Fleisch, das über das Gewinnen und über Nummer 3 Satz 1 hinaus nicht behandelt wurde;
7. Fleischerzeugnis:
   ein Erzeugnis, das aus Fleisch oder unter Verwendung von Fleisch so zubereitet worden ist, daß im Kern keine Merkmale von frischem Fleisch mehr vorhanden sind;
8. Fleichzubereitung:
   ein Erzeugnis, dem Würzstoffe, Zusatzstoffe oder Lebensmittel zugefügt worden sind und das weder der Nummer 6 noch der Nummer 7 entspricht.

9. Tierkörper:
   der ganze Körper eines Schlachttiers nach dem Entbluten, Enthäuten, bei Schweinen auch nach bloßem Entborsten, und nach dem Ausweiden; ein ganzer Körper liegt auch vor, wenn
   a) die Gliedmaßenden in Höhe des Vorderfußwurzel- oder Hinterfußwurzelgelenkes (Karpal- oder Tarsalgelenk), Kopf, Schwanz oder
   b) bei Rindern oder Schweinen die milchgebenden (laktierenden) Milchdrüsen abgetrennt worden sind;
10. Nebenprodukte der Schlachtung:
    frisches Fleisch geschlachteter Tiere, sofern es nicht zum Tierkörper gehört, auch wenn es mit diesem noch in natürlichem Zusammenhang ist.

§ 4 Anmeldung zur Schlachttier- und Fleischuntersuchung

(2) Wer erlegtes Haarwild, das nach § 1 Abs. 1 oder 3 des Fleischhygienegesetzes der Fleischuntersuchung unterliegt, in Eigenbesitz nimmt, hat dieses bei der für den Erlegungsort oder für seinen Wohnsitz zuständigen Behörde zur Fleischuntersuchung vor der weiteren Behandlung oder vor der Abgabe anzumelden. Die Verpflichtung nach Satz 1 besteht nicht, wenn das erlegte Haarwild an be- oder verarbeitende Betriebe oder an zur Jagdausübung ermächtigte Personen abgegeben wird. In diesem Falle trifft die Anmeldepflicht diese Betriebe oder Personen.
(3) Wer erlegtes Haarwild an be- oder verarbeitende Betriebe abgibt, hat diesen Merkmale nach Anlage 2 Kapitel VI Nr. 1.3, die beim Erlegen vorgelegen haben, bei der Abgabe mitzuteilen.

Zu § 4 Abs. 2:
Wer untersuchungspflichtiges erlegtes Haarwild in Eigenbesitz (§ 872 BGB) nimmt, hat diese zur Untersuchung anzumelden. Dies ist grundsätzlich der Aneignungsberechtigte i. S. des Jagdrechts. Diese Verpflichtung zur Anmeldung geht an den be- oder verarbeitenden Betrieb (Verfügungsberechtigter) oder an einen Jagdausübungsberechtigten (Jagdgast, Jagdaufseher, Jagdgenosse) nur in den Fällen über, wenn diesen vom Aneignungsberechtigten untersuchungspflichtiges erlegtes Haarwild überlassen wird. In allen anderen Fällen bleibt die Anmeldung zur Untersuchung beim Aneignungsberechtigten. Be- oder verarbeitende Betriebe oder Jagdausübungsberechtigte können die Anmeldungspflicht nicht weitergeben. Damit ist eine Regelung getroffen worden, die sowohl dem Verbraucherschutz als auch den praktischen Gegebenheiten Rechnung trägt. Unter untersuchungspflichtigem erlegtem Haarwild ist auch trichinenuntersuchungspflichtiges Haarwild zu verstehen, selbst wenn es sonst unter die gesetzliche Ausnahme von der Fleischuntersuchung fällt.
Die in § 4 Abs. 2 vorgesehene Regelung steht auch in Einklang zu § 27 Abs. 2 Nr. 2 Fleischhygienegesetz, da ein Inverkehrbringen i. S. des Fleischhygienegesetzes erst dann in Betracht kommen kann, wenn die amtlichen Untersuchungen abgeschlossen sind.

Zu § 4 Abs. 3
Bei erlegtem Haarwild muß jedoch im einzelnen, insbesondere beim Be- oder Verarbeiten, festgestellt werden, wann die Voraussetzungen für die Ausnahmen von der Fleischuntersuchung nach § 1 Abs. 1 Satz 3 des Fleischhygienegesetzes gegeben sind und damit eine Anmeldung unterbleiben kann. Der Gesetzgeber ist bei der Fassung des § 1 Abs. 1 Satz 3 Nr. 2 FlHG davon ausgegangen, daß unter »be- oder verarbeitende Betriebe« auch Wildeinzelhandelsgeschäfte fallen.

§ 5 Schlachttier- und Fleischuntersuchung

(1) Die Schlachttieruntersuchung ist nach Anlage 1 Kapitel I Nr. 1 bis 4 durchzuführen. Die Schlachterlaubnis (§ 9 des Fleischhygienegesetzes) ist zu versagen, wenn ein Beanstandungsgrund nach Anlage 1 Kapitel I Nr. 5 oder 6 vorliegt. Sie ist in den Fällen der Anlage 1 Kapitel I Nr. 7 zu verschieben und im Falle der Anlage 1 Kapitel I Nr. 8 unter der dort genannten Auflage zu erteilen.
(2) Die Fleischuntersuchung ist nach Anlage 1 Kapitel II durchzuführen. Ihr unterliegen alle Teile des geschlachteten Tieres einschließlich des Blutes.
(3) Im Rahmen der Fleischuntersuchung sind zusätzlich durchzuführen
1. die Untersuchung auf Trichinen (§ 1 Abs. 3 des Fleischhygienegesetzes) nach Anlage 1 Kapitel III Nr. 1,
2. stichprobenweise sowie bei begründetem Verdacht eine Rückstandsuntersuchung nach Anlage 1 Kapitel III Nr. 2,
3. eine bakteriologische Fleischuntersuchung nach Anlage 1 Kapitel III Nr. 3, sofern das zu untersuchende Fleisch nicht bereits auf Grund sonstiger Feststellungen als untauglich zu beurteilen ist,
4. sonstige Untersuchungen nach Anlage 1 Kapitel III Nr. 4, wenn noch Zweifel an der Genußtauglichkeit des Fleisches bestehen.

Bei erlegtem Haarwild richtet sich die Durchführung der in Satz 1 Nr. 3 und 4 genannten Untersuchungen nach Anlage 1 Kapitel III Nr. 5.

§ 6 Beurteilung, Kennzeichnung

(1) Nach Durchführung der Untersuchungen nach § 5 sind der Tierkörper und die Nebenprodukte der Schlachtung nach Anlage 1 Kapitel IV als tauglich, minderwertig, bedingt tauglich oder untauglich zu beurteilen und entsprechend der Beurteilung nach Anlage 1 Kapitel V zu kennzeichnen.
(2) Die in Anlage 1 Kapitel IV Nr. 11 bezeichneten Nebenprodukte der Schlachtung sind als nicht geeignet zum Genuß für Menschen zu erklären und bis zur Beseitigung nach den Vorschriften des Tierkörperbeseitigungsgesetzes zu beschlagnahmen.

§ 7 Hygienische Anforderungen an das Gewinnen, Zubereiten und Behandeln von Fleisch im innerstaatlichen Verkehr

(1) Fleisch für den innerstaatlichen Verkehr darf nur so gewonnen, zubereitet und behandelt werden, daß es bei Beachtung der im Verkehr erforderlichen Sorgfalt weder unmittelbar noch mittelbar nachteilig beeinflußt werden kann, insbesondere durch Mikroorganismen, Schimmelpilze, tierische Schädlinge, menschliche oder tierische Ausscheidungen, Witterungseinflüsse, Staub, Schmutz, Gerüche, Desinfektions-, Schädlingsbekämpfungs- oder Pflanzenschutzmittel.

§ 12 Verbringen von Fleisch aus anderen Mitgliedstaaten

(1) Wer Fleisch, mit Ausnahme von erlegtem Haarwild, bei dem nach § 1 Abs. 1 Satz 3 Nr. 2 des Fleischhygienegesetzes die Fleischuntersuchung unterbleiben kann, aus einem Mitgliedstaat in den Geltungsbereich dieser Verordnung verbringen will, hat

1. jede Sendung bei der für den Bestimmungsort zuständigen Behörde unter Angabe des Zeitpunktes der Entladung oder bei der von ihm gewählten Einfuhruntersuchungsstelle anzumelden,
2. Die Urschrift der Genußtauglichkeitsbescheinigung
   a) der Zollbehörde beim Übergang über die Grenze
      und
   b) der zuständigen Behörde des Bestimmungsortes oder der Einfuhruntersuchungsstelle

   vorzulegen.

Die zuständige Behörde oder die Einfuhruntersuchungsstelle hat die Genußtauglichkeitsbescheinigung einzubehalten und mindestens 3 Jahre aufzubewahren.

(2) Fleisch darf aus anderen Mitgliedstaaten in den Geltungsbereich dieser Verordnung nur verbracht werden, wenn jede Sendung von einer Genußtauglichkeitsbescheinigung nach Absatz 3 begleitet ist.

(3) Die Genußtauglichkeitsbescheinigung muß nach Anlage 3 Nr. 5 ausgestellt sein und nach Form und Inhalt jeweils dem folgenden Muster entsprechen:

2. bei frischem Fleisch von Hauskaninchen oder anderen nicht in Nummer 1 genannten Haussäugetieren sowie von Haarwild, ausgenommen erlegtem Haarwild, dem Muster nach Anlage 3 Nr. 6.2,
3. bei frischem Fleisch von erlegtem Haarwild nach § 4 Abs. 2 dem Muster nach Anlage 3 Nr. 6.3,

(4) Die zuständige Behörde überprüft am Ort der Entladung oder in einer Einfuhruntersuchungsstelle, ob die vorgeschriebene Genußtauglichkeitsbescheinigung in urschriftlicher Ausfertigung vorliegt und die Sendung den Angaben in dieser sowie den von der Zollstelle beigefügten Begleitpapieren entspricht. Die Sendungen sind stichprobenweise darauf zu überprüfen, ob das Fleisch den Vorschriften dieser Verordnung entspricht. Bei schwerwiegendem Verdacht auf Unregelmäßigkeiten sind Untersuchungen nach Anlage 4 Kapitel I durchzuführen. Ein schwerwiegender Verdacht liegt insbesondere dann vor, wenn der zuständigen Behörde Tatsachen bekannt sind, die zuverlässig darauf schließen lassen, daß

1. in einem Versandland Stoffe angewendet werden, die in Fleisch übergehen und gesundheitlich bedenklich sein können, oder
2. Vorschriften dieser Verordnung nicht eingehalten worden sind.

(5) Wird bei Untersuchungen nach Absatz 4 festgestellt, daß das Fleisch nicht den Anforderungen dieser Verordnung entspricht, so kann die zuständige Behörde dem Absender, dem Empfänger oder ihren Bevollmächtigten gestatten, die Sendung in das Versandland zurückzuverbringen oder im Geltungsbereich dieser Verordnung nach § 8 brauchbar zu machen, sofern gesundheitliche Bedenken nicht entgegenstehen. Die zuständige Behörde kann auch die Beseitigung nach den Vorschriften des Tierkörperbeseitigungsgesetzes zulassen. Bestehen gesundheitliche Bedenken, hat sie die Beseitigung anzuordnen und Maßnahmen zu treffen, die eine mißbräuchliche Verwendung des Fleisches verhindern.

Zu § 12 Abs. 2 und 3:
Für Fleisch aus anderen Mitgliedstaaten, für das bereits EG-Regelungen bestehen, ist die Genußtauglichkeitsbescheinigung nach den Richtlinien die Bestätigung der hygienisch einwandfreien Gewinnung und der gesundheitlich einwandfreien Beschaffenheit. Es muß deshalb bei jeder Sendung gefordert werden, daß diese Genußtauglichkeitsbescheinigung beigefügt ist, unabhängig davon, ob im Inland diese Sendung am Bestimmungsort überprüft wird.
Für Fleisch von Haarwild und anderen Säugetieren, die in den vorgenannten Richtlinien nicht aufgeführt sind, deren Fleisch aber gelegentlich auch innergemeinschaftlich gehandelt wird, werden die Voraussetzungen genannt, unter denen es in den Geltungsbereich der Verordnung verbracht werden darf. Die Voraussetzungen entsprechen den vorgenannten Richtlinien. Den Versandstaaten wird aber unter Berücksichtigung einschlägiger Urteile des Europäischen Gerichtshofes gestattet, eigene Vorschriften anzuwenden, wenn diese den Anforderungen nach dieser Vorschrift und damit nach den Richtlinien gleichwertig sind. Die Vorschriften sind auf § 3a Nrn. 1 und 3 Fleischhygienegesetz gestützt.

§ 13 Einfuhr von Fleisch

(1) Wer Fleisch in den Geltungsbereich dieser Verordnung einführen will, hat dies rechtzeitig bei der von ihm gewählten Einfuhruntersuchungsstelle anzumelden. Bei der Anmeldung sind Art und Menge des Fleisches sowie der Zeitpunkt anzugeben, zu dem die Untersuchung beginnen soll. Die Einfuhruntersuchungsstelle setzt, soweit erforderlich, die Menge fest, die an diesem Tag untersucht werden kann.

(2) Fleisch darf nur eingeführt werden, wenn es aus Betrieben stammt, die nach § 14 Abs. 1 bis 4 im Bundesanzeiger bekannt gemacht sind, und die Sendung von einer Genußtauglichkeitsbescheinigung nach Absatz 3 begleitet ist. Frisches Fleisch von erlegtem Haarwild darf nur eingeführt werden, wenn neben den Anforderungen nach Satz 1 die Einfuhrbedingungen der Anlage 5 erfüllt sind.

(3) Die Genußtauglichkeitsbescheinigung muß nach Anlage 3 Nr. 5 ausgestellt sein und nach Form und Inhalt jeweils dem folgenden Muster entsprechen:
1. bei frischem Fleisch von Rindern einschließlich Büffeln, von Schweinen, Scha-

fen, Ziegen und Einhufern, die als Haustiere gehalten werden, dem Muster nach Anlage 3 Nr. 6.6,
2. bei frischem Fleisch von Hauskaninchen oder anderen nicht in Nummer 1 genannten Tieren sowie von Haarwild, ausgenommen erlegtem Haarwild, dem Muster nach Anlage 3 Nr. 6.7,
3. bei frischem Fleisch von erlegtem Haarwild dem Muster nach Anlage 3 Nr. 6.8,
4. bei Fleischerzeugnissen dem Muster nach Anlage 3 Nr. 6.9.

(4) Die Einfuhruntersuchung (§ 16 des Fleischhygienegesetzes) ist nach Anlage 4 Kapitel II durchzuführen. § 12 Abs. 5 und 6 gilt entsprechend.

Zu § 13 Abs. 2 und 3:
Frisches Fleisch, das eingeführt wird, darf in EG-Mitgliedstaaten nur verbracht werden, wenn die Vorschriften der Drittland-Richtlinie eingehalten worden sind. Für die Zulassung und Überwachung dieser Betriebe ist die Kommission der EG zuständig. Durch die Verweisung auf die Genußtauglichkeitsbescheinigung nach dieser Richtlinie wird sichergestellt, daß nur Fleisch in die Bundesrepublik Deutschland verbracht werden darf, das der Drittland-Richtlinie entsprechend hygienisch einwandfrei gewonnen und gesundheitlich von einwandfreier Beschaffenheit ist. In gleicher Weise werden auch die Vorschriften der genannten Richtlinie für frisches Fleisch von Haarwild oder von anderen Haussäugetieren verbindlich gemacht, da keine Gründe für abweichende Hygienenormen vorhanden sind. Für Fleischerzeugnisse bestehen nur gemeinschaftsrechtliche Regelungen für den innergemeinschaftlichen Handelsverkehr, nicht jedoch für die Einfuhr. Da für eingeführtes Fleisch keine Anforderungen gestellt werden dürfen, die geringer sind als diejenigen, die im innergemeinschaftlichen Handelsverkehr gelten, ist es zweckmäßig, die Vorschriften dieser Richtlinie auch für die Einfuhr verbindlich zu machen.

§ 14 Zulassung von Betrieben für die Einfuhr von Fleisch

(2) Schlacht- oder Zerlegungsbetriebe für die Einfuhr von Fleisch anderer als in § 13 Abs. 3 Nr. 1 genannter Tiere, ausgenommen Fleisch von erlegtem Haarwild, werden vom Bundesminister im Bundesanzeiger bekanntgemacht, wenn die oberste Veterinärbehörde des Versandlandes bestätigt hat, daß sie
1. die Voraussetzungen nach § 11 Abs. 1 Nr. 1 oder vom Bundesminister als gleichwertig anerkannte Voraussetzungen erfüllen,
2. für den Versand von Fleisch in den Geltungsbereich dieser Verordnung zugelassen worden sind und
3. durch vom Bundesminister beauftragte Tierärzte überprüft werden dürfen.

(3) Wildexportbetriebe für die Einfuhr von erlegtem Haarwild werden vom Bundesminister im Bundesanzeiger bekanntgemacht, wenn die oberste Veterinärbehörde des Versandlandes bestätigt hat, daß sie die Anforderungen nach Anlage 5 erfüllen. Absatz 2 Nr. 2 und 3 gilt entsprechend.

(4) Verarbeitungsbetriebe für die Einfuhr von Fleischerzeugnissen werdem vom Bundesminister im Bundesanzeiger bekanntgemacht, wenn sie
1. nach Artikel 4 der Richtlinie 72/462/EWG zugelassen worden sind oder

2. sofern das Verfahren für ein Drittland nach Artikel 4 der vorgenannten Richtlinie noch nicht eingeleitet ist, die Voraussetzungen nach § 11 Abs. 1 Nr. 2 erfüllen. Absatz 2 Nr. 2 und 3 gilt entsprechend.

(5) Der Bundesminister berichtigt die Bekanntmachung, wenn die in den Absätzen 1 bis 4 genannten Voraussetzungen nicht gegeben waren oder nicht mehr gegeben sind.

Zu Anlage 5

Aus hygienischen Gründen und auch zur Sicherung des Gesundheitsschutzes ist es erforderlich, daß die Tierkörper, die zum Versand in die Bundesrepublik Deutschland bestimmt sind, in Wildexportbetrieben nicht nur enthäutet, sondern auch in Teile zerlegt werden, damit gesundheitlich bedenkliche Merkmale entdeckt werden. Für die Zerlegung in kleinere Teile (Verbraucherpackungen) müssen in Wildexportbetrieben geeignete Einrichtungen vorhanden sein; deshalb müssen diese Betriebe, die derartige Zerlegungen durchführen, vom Bundesminister besonders zugelassen werden.

Bei Sendungen von erlegtem Haarwild aus EG-Mitgliedstaaten und aus anderen europäischen Staaten, die der Bundesrepublik Deutschland benachbart sind, ist es unter hygienisch-gesundheitlichen Gesichtspunkten auch vertretbar, Hirsche, Rehe, Wildschweine in der Decke und Hasen im Fell zur Einfuhr unter bestimmten Voraussetzungen zuzulassen. Die Tierkörper müssen so rechtzeitig nach dem Erlegen in deutschen Wildbetrieben eintreffen, daß nach Entfernen der Decke die Tierkörper hier zerlegt und eventuelle Veränderungen entdeckt werden.

In diesen Fällen ist die Verlagerung der Zerlegungsvorschrift aus dem Ausland in das Inland vertretbar, weil die Zeitspanne sehr klein gehalten werden kann.

§ 15 Probenahme

(1) Der Verfügungsberechtigte hat die zur Durchführung der amtlichen Untersuchungen erforderlichen Probenahmen zu dulden.

(2) Bei der amtlichen Probenahme zur Rückstandsuntersuchung sind dem Verfügungsberechtigten auf Verlangen amtlich verschlossene Proben gleicher Art auszuhändigen. Auf der Probe ist das Datum zu vermerken, nach dessen Ablauf der Verschluß der Probe als aufgehoben gilt.

(3) Nach der Untersuchung sind Probenreste wie untaugliches Fleisch zu behandeln. Eine Entschädigung für Proben wird nicht gewährt.

§ 16 Mitwirkungspflichten

(1) Der Verfügungsberechtigte hat bei der Durchführung der Schlachttier- und Fleischuntersuchung, der Überwachung der Hygiene, der Einfuhruntersuchung und der Überwachung von Fleisch aus Mitgliedstaaten in erforderlichem Umfang mitzuwirken. Er hat hierbei die hygienischen Anforderungen, die beim Schlachten, Zerlegen und Verarbeiten vorgeschrieben sind, zu beachten.

Er hat insbesondere
1. Tiere und Fleisch in untersuchungsfähigem Zustand bereitzustellen sowie gefrorenes Fleisch, soweit erforderlich, aufzutauen,
2. die vom Untersucher als untauglich bezeichneten und die zu beschlagnahmenden Fleischteile vor Beendigung der Fleischuntersuchung abzutrennen und in die dafür vorgesehenen Behältnisse oder Räume zu verbringen,
3. auf Verlangen des Untersuchers ausreichend sonstige Hilfen zu stellen.

(2) Kommt der Verfügungsberechtigte seinen Mitwirkungspflichten nicht nach, ist die Untersuchung zu unterbrechen, bis er im erforderlichen Umfang mitwirkt.

§ 17 Verbote und Beschränkungen

(1) In den Geltungsbereich der Verordnung dürfen nicht eingeführt oder sonst verbracht werden:

9. Fallwild;
10. Haarwild, bei dem Merkmale nach Anlage 2 Kapitel VI Nr. 1.3 festgestellt worden sind;
16. Hackfleisch oder Fleisch in Stücken von weniger als 100 g von Einhufern, Haarwild oder Hauskaninchen.

§ 17a Ausnahmen

(1) Die Anforderungen an das Verbringen von Fleisch aus anderen Mitgliedstaaten sowie an die Einfuhr finden keine Anwendung auf Fleisch, das

1. von Reisenden in ihrem persönlichen Gepäck mitgeführt wird, soweit es sich bei Fleisch nach § 13 Abs. 3 Nr. 1 und 4 um eine Menge von höchstens 1 kg je Person und bei anderem Fleisch um eine Menge von höchstens 30 kg oder um einen einzelnen Tierkörper von erlegtem Haarwild handelt, wenn es den Umständen nach ausgeschlossen erscheint, daß es zum Handel oder zur gewerblichen Verwendung bestimmt ist;
2. als Geschenk von natürlichen Personen mit Wohnsitz außerhalb des Geltungsbereichs dieser Verordnung an natürliche Personen unmittelbar eingeht und ausschließlich zum eigenen Verbrauch des Empfängers bestimmt ist, soweit es sich bei Fleisch nach § 13 Abs. 3 Nr. 1 und 4 um eine Menge von höchstens 1 kg und bei anderem Fleisch um eine Menge von höchstens 30 kg handelt, wenn es den Umständen nach ausgeschlossen erscheint, daß das Fleisch zum Handel oder zur gewerblichen Verwendung bestimmt ist.

   Hinsichtlich der Nummern 1 und 2 bleiben die Vorschriften über die Untersuchung auf Trichinen unberührt. Eine Fleischuntersuchung ist durchzuführen, wenn bei der Einfuhr oder dem sonstigen Verbringen in den Geltungsbereich dieser Verordnung festgestellt wird, daß diese zum Schutze des Verbrauchers erforderlich ist.

§ 18 Straftaten

Nach § 28a Nr. 6 des Fleischhygienegesetzes wird bestraft, wer entgegen § 17 Abs. 1 Fleisch einführt oder sonst verbringt.

§ 18a Ordnungswidrigkeiten

(1) Wer eine in § 18 bezeichnete Handlung fahrlässig begeht, handelt nach § 29 Abs. 1 des Fleischhygienegesetzes ordnungswidrig.

(2) Ordnungswidrig im Sinne des § 29 Abs. 2 Nr. 3 des Fleischhygienegesetzes handelt, wer vorsätzlich oder fahrlässig entgegen

1. § 3 Satz 1 Schlachttiere nicht oder nicht rechtzeitig kennzeichnet oder kennzeichnen läßt,
2. § 4 Abs. 3 dort bezeichnete Merkmale nicht oder nicht rechtzeitig mitteilt,
3. § 7 Abs. 1 oder 2 Fleisch für den innerstaatlichen Verkehr gewinnt, zubereitet oder behandelt,
4. § 8 Abs. 2 bedingt taugliches Fleisch brauchbar macht oder es mit anderem Fleisch in Berührung kommen läßt,
5. § 8 Abs. 3 Fleisch abgibt, das nicht oder nicht in der vorgeschriebenen Weise mit den dort vorgeschriebenen Angaben kenntlich gemacht ist,
6. § 8 Abs. 4 Brühwürstchen abgibt,
7. § 8 Abs. 5 oder 6 Fleisch abgibt,
8. § 9 Isolierschlachtbetriebe oder -räume betreibt,
9. § 10 Abs. 1 Fleisch in einen anderen Mitgliedstaat verbringt,
10. § 12 Abs. 2 Fleisch aus einem anderen Mitgliedstaat in den Geltungsbereich dieser Verordnung verbringt,
11. § 13 Abs. 2 Fleisch einführt oder
12. § 15 Abs. 1 eine Probenahme nicht duldet.

Anlage 1 (zu den §§ 5 und 6)

Kapitel II: Fleischuntersuchung

5.4 bei Schweinen einschließlich in Gattern gehaltenen Wildschweinen:

5.4.1 Besichtigung von Kopf und Rachen; die Kehlgangslymphknoten (Lnn. madibulares) sind anzuschneiden und zu untersuchen; Maul- und Rachenschleimhaut sowie Zunge sind zu besichtigen; die Mandeln sind zu untersuchen und danach zu entfernen; der Ohrgrund und die Schlundkopflymphknoten (Lnn. retropharyngei) sind nach Abszessen zu durchtasten und im Verdachtsfall anzuschneiden (Taschenschnitt);

5.4.2 Besichtigung von Lunge, Luft- und Speiseröhre; Durchtasten der Lunge, der Lymphknoten an der Lungenwurzeln (Lnn. tracheobronchales) und im Mittelfell (Lnn. mediastinales); die Luftröhre und die Hauptluftröhrenäste müssen durch einen Längsschnitt geöffnet werden; außerdem ist ein Querschnitt im unteren Drittel der Lunge durch die Hauptluftröhrenäste anzulegen; das Anschneiden der Lunge ist jedoch nicht erforderlich, wenn sie vom menschlichen Verzehr ausgeschlossen wird;

5.4.3 Besichtigung von Herzbeutel und Herz; am Herzen ist ein Längsschnitt anzulegen, durch den die Kammern geöffnet werden und die Scheidewand durchtrennt wird;

5.4.4 Besichtigung des Zwerchfells;

5.4.5 Besichtigung der Leber sowie der Lymphknoten an der Leberpforte (Lnn. hepatici) und Bauchspeicheldrüse (Lnn. pancreatico duodenales); Durchtasten der Leber und Anschneiden ihrer Lymphknoten; die Gallenblase ist zu besichtigen;

5.4.6 Besichtigung des Magen-Darm-Kanals, der Lymphknoten der Magengegend (Lnn. gastrici) und des Mesenteriums sowie der Mesenteriallymphknoten (Lnn. jejunales, ileocolis, colici und mesenterici caudales); Durchtasten der Lymphknoten der Magengegend und der Mesenteriallymphknoten und, falls notwendig, Anschneiden dieser Lymphknoten;

5.4.7 Besichtigung und Durchtasten der Milz;

5.4.8 Besichtigung der Nieren und der Harnblase; falls notwendig, sind die Nieren und ihre Lymphknoten (Lnn. renales) anzuschneiden;

5.4.9 Besichtigung von Brust- und Bauchfell;

5.4.10 Besichtigung der Genitalien;

5.4.11 Besichtigung des Gesäuges und seiner Lymphknoten (Lnn. mammarii); bei Sauen Anschneiden der Lymphknoten des Gesäuges;

5.4.12 Besichtigung und Durchtasten der Nabelgegend und der Gelenke bei jungen Tieren; im Zweifelsfall ist es erforderlich, in der Nabelgegend einen Einschnitt vorzunehmen und die Gelenke zu öffnen;

5.9 Bei erlegtem Haarwild erfolgt die Fleischuntersuchung durch Besichtigen; soweit im Falle des § 1 Abs. 1 Satz 3 des Fleischhygienegesetzes gesundheitlich bedenkliche Merkmale nach Anlage 2 Kapitel VI Nr. 1.3 vorliegen, müssen neben dem Tierkörper auch Zunge, Speiseröhre, Lunge einschließlich Luftröhre und Kehlkopf, das Herz, die Leber, Milz sowie Nieren samt Nierenfett zur Fleischuntersuchung gestellt werden; Köpfe, einschließlich Trophäen, nur bei Tollwutverdacht; Lunge, Leber, Milz und Nieren sowie veränderte Teile sind zu durchtasten und erforderlichenfalls anzuschneiden.

Kapitel III: Weitere Untersuchungen

1. Untersuchung auf Trichinen

1.1 Die Trichinenuntersuchung darf nur in einem Raum des Schlachtbetriebes oder in einem anderen geeigneten, von der zuständigen Behörde zugelassenen Raum durchgeführt werden, in dem Geräte und Material vorhanden sind, die die Untersuchung mit der Verdauungsmethode zulassen. Die zuständige Behörde kann Ausnahmen zulassen.

1.2 Bei Hausschweinen und Sumpfbibern sind aus Zwerchfellpfeilern zwei Proben von mindestens je 2 g, bei allen anderen Tierarten ist zusätzlich aus der Unterarmmuskulatur eine Probe von mindestens 2 g zu entnehmen.

1.3 Können Proben nach Nummer 1.2 nicht entnommen werden, ist die doppelte Probenzahl von Stellen zu entnehmen, an denen die Muskulatur in sehnige Teile übergeht.

1.4 Ist die Trichinenuntersuchung an zerlegtem Fleisch durchzuführen, so sind von jedem Fleischteil mindestens drei Proben zu entnehmen.

1.5 Vor Abschluß der Trichinenuntersuchung darf das geschlachtete Tier nicht aus dem Schlachtbetrieb entfernt und nicht weiter als in Hälften zerlegt werden. Die zuständige Behörde kann eine weitere Zerlegung oder Verarbeitung zulassen, wenn das Fleisch bis zum Vorliegen der Untersuchungsergebnisse unter amtlicher Aufsicht gehalten wird. Dies gilt für Hausschlachtungen entsprechend.

2. Rückstandsuntersuchung

2.1 Geeignete Stichproben sind nach näherer Anweisung der zuständigen Behörde zu entnehmen von etwa zwei Prozent aller gewerblich geschlachteten Kälber und etwa einem halben Prozent aller gewerblich geschlachteten sonstigen Tiere.

2.2 Von einer stichprobenweisen Untersuchung auf bestimmte Rückstände kann die zuständige Behörde absehen, wenn Untersuchungsergebnisse aus einem ständig tierärztlich überwachten Herkunftsbetrieb dies zulassen.

2.3 Wird eine Rückstandsuntersuchung auf Grund begründeten Verdachts durchgeführt, so kann bei Tieren, die unter gleichen Fütterungs- und Haltungsbedingungen in einem Bestand gehalten werden, die Rückstandsuntersuchung auf eine für die Beurteilung ausreichende Zahl repräsentativer Stichproben beschränkt werden.

2.4 Positive Ergebnisse der Rückstandsuntersuchungen sind der zuständigen Behörde des Herkunftsbetriebes unverzüglich mitzuteilen.

3. Bakteriologische Fleischuntersuchung (BU)

3.1 Die bakteriologische Fleischuntersuchung ist, sofern das geschlachtete Tier nicht auf Grund sonstiger Feststellungen als untauglich zu beurteilen ist, durchzuführen bei Tieren,

3.1.1 die mit einer Störung des Allgemeinbefindens geschlachtet worden sind;

3.1.2 die mit akuten Entzündungen oder mit Allgemeinerkrankungen im Anschluß an Entzündungen oder Knochenbrüche geschlachtet worden sind;

3.1.3 die krankhafte Veränderungen aufweisen, die das Fleisch für den menschlichen Genuß bedenklich erscheinen lassen (wie Verdacht auf Bakteriämie oder Virämie);

3.1.4 bei denen vor der Schlachtung das Ausscheiden von Salmonellen nachgewiesen worden ist oder die der Ausscheidung verdächtig sind;

3.1.5 bei denen das Ausweiden nicht spätestens eine Stunde nach dem Betäuben erfolgt ist; dies gilt nicht bei erlegtem Haarwild;

3.1.6 bei denen für die Fleischuntersuchung erforderliche Teile des geschlachteten Tieres fehlen oder einer Behandlung unterworfen worden sind, die eine einwandfreie Beurteilung unmöglich macht; dies gilt nicht bei erlegtem Haarwild;

3.1.7 bei denen die Schlachtung ohne die vorgeschriebene Schlachttieruntersuchung erfolgt ist;

3.1.8 über die der zuständigen Behörde sonst Tatsachen bekannt sind, die eine bakteriologische Fleischuntersuchung erforderlich machen.

Im Rahmen der bakteriologischen Fleischuntersuchung ist auch eine Untersuchung auf Hemmstoffe durchzuführen. Die bakteriologische

Fleischuntersuchung ist nicht erforderlich, wenn das geschlachtete Tier mit Zustimmung des Verfügungsberechtigten beseitigt wird (Kapitel IV Nr. 8).

3.2 Sobald das Ergebnis der bakteriologischen Fleischuntersuchung von der Untersuchungsstelle mitgeteilt worden ist, ist die unterbrochene Fleischuntersuchung abzuschließen und das Fleisch entsprechend zu kennzeichnen.

3.3 Untersuchungen nach Nummer 3.1.4 können bei Tieren, die unter gleichen Fütterungs- und Haltungsbedingungen in einem Bestand gehalten werden, auf eine für die Beurteilung ausreichende Zahl repräsentativ entnommener Stichproben beschränkt werden.

4. Sonstige Untersuchungen

Sonstigen Untersuchungen, z. B. auf abweichende Fleischreifung, Wäßrigkeit, mangelhafte Ausblutung, Farb-, Geruchs- und Geschmacksabweichungen unterliegt Fleisch von Tieren, bei denen die Fleischuntersuchung nicht zweifelsfrei ergeben hat, daß das Fleisch tauglich zum Genuß für Menschen ist.

5. Untersuchungen nach Nummer 3 sowie Nummer 4 sind bei erlegtem Haarwild, sofern dieses auf Grund sonstiger Feststellungen oder mit Zustimmung des Verfügungsberechtigten nicht als untauglich zu beurteilen ist, insbesondere beim Vorliegen folgender Merkmale durchzuführen:

5.1 akute Entzündungen;

5.2 Leber- und Milzschwellung;

5.3 offene Knochenbrüche, die nicht mit dem Erlegen in Zusammenhang stehen;

5.4 fremder Inhalt in den Körperhöhlen, wenn Brust- und Bauchfell verfärbt sind;

5.5 erhebliche Abmagerung;

5.6 erhebliche Abweichungen in Farbe, Konsistenz oder Geruch, ausgenommen artspezifischer Geschlechtsgeruch.

Kapitel IV: Beurteilung des Fleisches

1. Der Beurteilung jedes einzelnen geschlachteten Tieres sind zugrunde zu legen die Ergebnisse

1.1 der Schlachttier- und Fleischuntersuchung,

1.2 der bakteriologischen Untersuchung im Falle des Kapitels III Nr. 3.1.4 und 3.3 und der Rückstandsuntersuchung im Falle des Kapitels III Nr. 2.3 auch bei denjenigen Tieren, die nicht dieser Untersuchung unterlegen haben, wenn diese Tiere unter gleichen Fütterungs- und Haltungsbedingungen in demselben Bestand gehalten worden sind; dies gilt auch bei erlegtem Haarwild, wenn es sich um eine Jagdstrecke derselben Tierart aus demselben Jagdbezirk handelt.

2. Als tauglich

2.1 sind der untersuchte Tierkörper und die Nebenprodukte der Schlachtung zu beurteilen, wenn sie keinerlei Veränderungen aufgewiesen haben oder nur kurz vor der Schlachtung entstandene Verletzungen, Mißbildungen oder örtlich begrenzte Veränderungen, soweit – gegebenenfalls auf Grund zusätzlicher Untersuchungen – sichergestellt ist, daß diese die Genußtauglichkeit des Tierkörpers einschließlich der dazu gehörigen Nebenprodukte der Schlachtung nicht beeinträchtigen.

4. Als minderwertig zu beurteilen sind der Tierkörper und die Nebenprodukte der Schlachtung, ausgenommen Blut,

4.1 wenn keine gesundheitlich bedenklichen Veränderungen, aber mäßige Abweichungen hinsichtlich Konsistenz, Farbe, Geruch, Geschmack, Zusammensetzung, Haltbarkeit oder Fleischreifung vorliegen; zur Feststellung dieser Abweichungen sind ggf. weitere Untersuchungen nach Kapitel III Nr. 4 durchzuführen, bei Abweichungen hinsichtlich Farbe, Geruch, Geschmack oder Zusammensetzung ist frühestens 24 Stunden nach der Schlachtung zu beurteilen; wenn lediglich einzelne Fleischteile vorstehende Abweichungen aufweisen, sind nur diese als minderwertig zu beurteilen.

Anlage 2 (zu § 4 Abs. 3 und den §§ 7, 8 und 9)

Kapitel I: Beschaffenheit und Ausstattung der Räume, in denen Fleisch gewonnen, zubereitet oder behandelt wird

1. In den Räumen müssen

1.1 Fußböden mit einem Belag versehen sein, der wasserundurchlässig, leicht zu reinigen und zu desinfizieren ist;

1.2 Wände glatt und mit einem hellen Belag oder Anstrich versehen sein, der bis zu einer Höhe von mindestens 2 m abwaschfest ist;

1.3 Decken hell und glatt sein;

1.4 Türen und Fensterrahmen

1.4.1 aus Kunststoff oder Metall, glatt, hell, korrosionsbeständig oder korrosionsgeschützt sein oder

1.4.2 aus Holz glatt und mit einem hellen abwaschbaren Belag oder Anstrich versehen sein;

1.5 Beleuchtungen vorhanden sein, die Abweichungen des Fleisches erkennen lassen;

1.6 in größtmöglicher Nähe des Arbeitsplatzes in ausreichender Anzahl Einrichtungen zur Reinigung und Desinfektion

1.6.1 der Hände mit handwarmem, fließendem Wasser, Reinigungs- und Desinfektionsmitteln sowie Wegwerf-Handtüchern,

1.6.2 der Arbeitsgeräte mit Wasser von mindestens +82 °C vorhanden sein.
Bei den Einrichtungen zur Reinigung der Hände dürfen die Ventile nicht von Hand zu betätigen sein.

2. Einrichtungsgegenstände und Arbeitsgeräte, wie Schneidetische, Tische mit auswechselbaren Schneidunterlagen, Behältnisse, Transportbänder und Sägen müssen aus korrosionsbeständigem, die Qualität des Fleisches nicht beeinträchtigendem, leicht zu reinigendem und zu desinfizie-

rendem Material bestehen. Die Verwendung von Holz ist nur zulässig in Räucher- oder Reiferäumen, bei Hackklötzen oder dem Transport von verpacktem Fleisch.

3. Es müssen ferner vorhanden sein

3.1 geeignete Vorrichtungen zum Schutz gegen Ungeziefer wie Insekten oder Nagetiere;

3.2 Vorrichtungen oder Behältnisse, die verhindern, daß das Fleisch unmittelbar mit dem Boden oder den Wänden in Berührung kommt;

3.3 für die Aufnahme von zum Genuß für Menschen nicht bestimmtem oder untauglichem Fleisch sowie für zum Genuß für Menschen nicht geeigneter Teile geschlachteter Tiere

3.3.1 besondere wasserdichte, korrosionsbeständige Behältnisse mit dicht schließenden Deckeln, die so beschaffen sind, daß eine unbefugte Entnahme des Inhaltes verhindert wird,

3.3.2 ein verschließbarer Raum, wenn es die anfallende Menge erforderlich macht oder dieses Fleisch nicht am Ende des Arbeitstages aus dem Betrieb entfernt wird, wobei sicherzustellen ist, daß Fleisch, das zum Genuß für Menschen bestimmt ist, dadurch nicht, insbesondere durch Gerüche, nachteilig beeinflußt werden kann;

3.4 Kühleinrichtungen, die gewährleisten, daß die in Kapitel IX vorgeschriebene Innentemperatur des Fleisches erreicht und eingehalten werden kann, und die an die Abwasserleitung angeschlossen sind oder bei denen das Wasser auf andere Weise hygienisch abgeleitet wird;

3.5 eine Anlage, die in ausreichender Menge heißes Wasser liefert;

3.6 Wasser unter Druck in ausreichender Menge zum Reinigen;

3.7 Toilettenanlagen mit Handwaschgelegenheiten, in denen die Ventile nicht von Hand zu betätigen sein dürfen;

3.8 ein getrennter, geeigneter Platz zum Abstellen von Reinigungsgeräten sowie der Mittel zur Wartung, Reinigung und Desinfektion.

4. Die Vorschriften in Nummer 1 gelten nicht für Räucherräume und für Räume, in denen Rohwürste, Rohschinken und andere haltbare Fleischerzeugnisse reifen und lagern, sowie für Räume, in denen verpacktes Fleisch, Gewürze und andere Zutaten sowie Umhüllungs- und Verpackungsmaterial lagern.

Kapitel II: Sonstige allgemeine Hygienevorschriften für Personal, Einrichtungsgegenstände und Arbeitsgeräte in Räumen, in denen Fleisch gewonnen, zubereitet oder behandelt wird

1. Personen, die mit kranken Tieren oder infiziertem Fleisch in Berührung gekommen sind, haben unverzüglich Hände und Arme mit warmem Wasser gründlich zu waschen und zu desinfizieren. Das Personal hat eine leicht waschbare, saubere Arbeitskleidung und eine saubere Kopfbedekkung zu tragen. Beim Behandeln von Tierkörpern und Fleisch sowie beim Zubereiten und Behandeln von Fleischerzeugnissen hat das Personal eine leicht waschbare, helle und saubere Arbeitskleidung und eine helle, saubere Kopfbedeckung sowie erforderlichenfalls einen Nackenschutz zu

tragen. Arbeitskleidung darf nur ihrem Zweck entsprechend verwendet werden.

2. Räume, Einrichtungsgegenstände und Arbeitsgeräte müssen ständig sauber und in einwandfreiem Zustand gehalten werden. Sie sind vor ihrer Wiederverwendung, bei Verunreinigungen und soweit sonst erforderlich sowie am Ende jedes Arbeitstages sorgfältig zu reinigen und soweit erforderlich zu desinfizieren. Sie dürfen nur ihrem Zweck entsprechend verwendet werden.

2.1 In den Räumen dürfen weder Speisen eingenommen noch darf geraucht werden; Behältnisse mit Getränken dürfen nicht in Arbeitsräume verbracht werden.

2.2 Ungeziefer, wie Insekten oder Nagetiere, ist systematisch zu bekämpfen. Andere Tiere als Schlachttiere sind von den Räumen fernzuhalten.

3. Dosen oder ähnliche Behältnisse für die Aufnahme von Fleisch sind unmittelbar vor dem Füllen zu reinigen, soweit erforderlich auch nach dem Verschließen oder dem Erhitzen.

4. Stoffe, wie Reinigungs- und Desinfektionsmittel, sind so zu verwenden, daß sie sich weder auf Einrichtungsgegenstände und Arbeitsgeräte noch auf Fleisch nachteilig auswirken können. Nach ihrer Verwendung müssen sie gründlich abgespült werden.

Kapitel III: Besondere Hygienevorschriften für Schlachtbetriebe und das Schlachten

2.9 Tierkörper und Organe dürfen nicht mit Tüchern, Schwämmen oder ähnlichen Gegenständen abgewischt oder abgetrocknet werden, Messer nicht in Fleisch eingestochen werden.

2.10 Bis zum Abschluß der Fleischuntersuchung dürfen Tierkörper nicht weiter zerlegt, Teile der geschlachteten Tiere nicht entfernt oder sonst behandelt werden; nicht zum Genuß für Menschen bestimmtes Blut darf mit Zustimmung des Untersuchers entfernt werden.

Kapitel IV: Besondere Hygienevorschriften für das Zerlegen von Fleisch

Für das Zerlegen von Fleisch gilt über die Hygienevorschriften nach Kapitel I und II hinaus folgendes:

1. In Betrieben, in denen Fleisch zerlegt wird, muß

1.1 ausreichend Kühlraum vorhanden sein;

1.2 ein Raum oder ein geeigneter Platz vorhanden sein, an dem das Fleisch ohne nachteilige Beeinflussung zerlegt werden kann.

2. Im Schlachtraum darf nicht zerlegt werden.

3. Frisches Fleisch darf in Räume, in denen es zerlegt werden soll, mengenmäßig nur den Arbeitserfordernissen entsprechend verbracht werden.

4. Die Innentemperatur des Fleisches von +7 °C darf nur bei der Warmzerlegung überschritten werden. In Betrieben, die ausschließlich für den eigenen Betriebsbedarf zerlegen, gilt dies nicht.

5. Abweichend von Nummer 2 ist das Zerlegen von Fleisch in einem zum Zeitpunkt des Inkrafttretens der Verordnung bestehenden Schlachtraum in Betrieben zulässig, die ausschließlich für den eigenen Bedarf schlachten und zerlegen. Die Zerlegung darf nicht zeitgleich mit Schlachtungen und nur nach besonders gründlicher Reinigung und Desinfektion erfolgen.
6. Nicht zum Genuß für Menschen geeignetes oder bestimmtes Fleisch ist sofort in die dafür vorgeschriebenen verschließbaren Behältnisse oder Räume zu verbringen.

Kapitel VI: Besondere Hygienevorschriften für erlegtes Haarwild

Über die Hygienevorschriften nach Kapitel I und II hinaus gilt für Fleisch von erlegtem Haarwild folgendes:

1. Erlegtes Haarwild ist unverzüglich aufzubrechen und auszuweiden, Hasen und ähnliches Niederwild spätestens bei der Anlieferung in den Betrieben. Das Enthäuten und eine Zerlegung am Erlegungsort ist nur zulässig, wenn der Transport sonst nicht möglich ist.

1.2 Erlegtes Haarwild ist unmittelbar nach dem Aufbrechen und Ausweiden so aufzubewahren, daß es gründlich auskühlen und in den Körperhöhlen abtrocknen kann. Das Haarwild muß alsbald nach dem Erlegen auf eine Innentemperatur von mindestens +7 °C abgekühlt sein; erforderlichenfalls ist es dazu in eine geeignete Kühleinrichtung zu verbringen.

1.3 Beim Erlegen, Aufbrechen, Zerwirken und weiteren Behandeln ist auf Merkmale zu achten, die das Fleisch als gesundheitlich bedenklich erscheinen lassen. Diese liegen insbesondere vor bei:

1.3.1 abnormen Verhaltensweisen und Störungen des Allgemeinbefindens;

1.3.2 Fehlen von Anzeichen äußerer Gewalteinwirkung als Todesursache (Fallwild);

1.3.3 Geschwülsten oder Abszessen, wenn sie zahlreich oder verteilt in inneren Organen oder in der Muskulatur vorkommen;

1.3.4 Schwellungen der Gelenke oder Hoden, Hodenvereiterung, Leber- oder Milzschwellung, Darm- oder Nabelentzündung;

1.3.5 fremdem Inhalt in den Körperhöhlen, insbesondere Magen- und Darminhalt oder Harn, wenn Brust- oder Bauchfell verfärbt sind;

1.3.6 erheblicher Gasbildung im Magen- und Darmkanal mit Verfärbung der inneren Organe;

1.3.7 erheblichen Abweichungen der Muskulatur oder der Organe in Farbe, Konsistenz oder Geruch;

1.3.8 offenen Knochenbrüchen, soweit sie nicht unmittelbar mit dem Erlegen in Zusammenhang stehen;

1.3.9 erheblicher Abmagerung oder Schwund einzelner Muskelpartien;

1.3.10 frischen Verklebungen oder Verwachsungen von Organen mit Brust- oder Bauchfell;

1.3.11 sonstigen erheblichen sinnfälligen Veränderungen außer Schußverletzungen, wie z. B. stickige Reifung.

1.4 Organe, die Veränderungen aufweisen, sind so zu kennzeichnen, daß die

Zugehörigkeit zu dem betreffenden Tierkörper festgestellt werden kann; sie müssen bis zum Abschluß der amtlichen Untersuchungen beim Tierkörper verbleiben.

2. Betriebe, die erlegtes Haarwild be- oder verarbeiten, müssen verfügen über:

2.1 einen ausreichend großen Raum für die Annahme, die Untersuchung und, soweit erforderlich, auch für das Ausweiden und Enthäuten;

2.2 einen ausreichend großen Raum für das Zerlegen sowie das Umhüllen, soweit dies im Betrieb erfolgt; dieser Raum muß ausreichend zu kühlen und mit einem Temperaturmeßgerät ausgerüstet sein;

2.3 einen Raum für das Verpacken und für den Versand.
Die Nummern 2.1 und 2.3 gelten nicht für inländische Betriebe, die einzelne Tierkörper von erlegtem Haarwild be- oder verarbeiten und unmittelbar an Verbraucher abgeben.

3. Räume zum Sammeln von Haarwild nach dem Erlegen (Wildkammern) müssen verfügen über:

3.1 eine geeignete Kühleinrichtung, wenn auf andere Weise eine gründliche Auskühlung des erlegten Haarwildes nicht erreicht werden kann;

3.2 einen geeigneten Platz zum Enthäuten und Zerlegen, wenn diese Arbeiten darin ausgeführt werden.

4. In den Betriebsräumen und gegebenenfalls in Wildkammern gilt für das Behandeln des erlegten Haarwildes folgendes:

4.1 Untersuchungspflichtiges erlegtes Haarwild ist so rechtzeitig der Untersuchung zuzuführen, daß Veränderungen durch den Untersucher erkannt und beurteilt werden können.

4.2 Erlegtes Haarwild ist auf Ersuchen des Untersuchers zur Untersuchung zu enthäuten; der Brustkorb ist zu öffnen; bei Einhufern ist der Kopf längs zu spalten. Die Wirbelsäule und der Kopf sind längs zu spalten, wenn nach Feststellung des Untersuchers gesundheitliche Gründe dies erforderlich machen. Erlegtes Haarwild in der Decke darf nicht eingefroren werden.

4.3 Haarwild in der Decke und ungerupftes Federwild dürfen enthäutetes oder zerwirktes Fleisch von erlegtem Haarwild nicht berühren.

Zu Anlage 2 Kapitel VI
Hygienische Probleme eigener Art ergeben sich bei der Behandlung von Wild nach dem Erlegen. Es werden die hygienischen Maßnahmen geregelt, denen erlegtes Haarwild nach dem Erlegen unterliegt; insbesondere die alsbaldige Kühlung ist aus hygienischen Gründen erforderlich. Nach wissenschaftlicher Erfahrung ist es geboten, daß spätestens nach 72 Stunden eine Innentemperatur von +7 °C bei Wildbret erreicht wird. Dies trägt auch den praktischen Gegebenheiten der Jagd Rechnung.
Die gesundheitlich bedenklichen Merkmale, die bei erlegtem Haarwild zur Untersuchungspflicht führen, werden beispielhaft aufgelistet. Die Verpflichtung zur Feststellung dieser Merkmale trifft den Aneignungsberechtigten oder eine von ihm beauftragte Person sowie den Verfügungsberechtigten be- oder verarbeitende Betriebe.
Die besonderen räumlichen Anforderungen an Wildeinzelhandel, Wildgroßhandel

und Wildexportbetriebe werden geregelt. Den besonderen Gegebenheiten im Einzelhandel, der nicht regelmäßig Wildbret be- oder verarbeitet, wird dabei Rechnung getragen.
Das gemeinsame Bearbeiten oder Behandeln von nicht enthäutetem Haarwild oder ungerupftem Federwild mit enthäutetem oder gerupftem Wild muß vermieden werden, um damit verbundene Kontaminationsmöglichkeiten auszuschließen.

Kapitel IX: Hygienevorschriften für das Kühlen, Lagern und Befördern von Fleisch

1. Nach der Schlachtung ist Fleisch so zu behandeln, daß die Innentemperatur
1.1 bei Tierkörpern von
1.1.1 Rindern und Pferden spätestens nach 36 Stunden mindestens auf +7 °C,
1.1.2 den übrigen Schlachttieren spätestens nach 24 Stunden mindestens auf +7 °C,
1.1.3 Hauskaninchen alsbald mindestens auf +3 °C oder
1.2 bei Nebenprodukten der Schlachtung alsbald mindestens auf +3 °C herabgekühlt ist. Abweichend von Nummer 1.2 kann Fett am Tage der Schlachtung auch so behandelt werden, daß es gründlich abtrocknen und auskühlen kann.
2. Leicht verderbliche Fleischerzeugnisse sind nach der Herstellung so zu kühlen, daß ihre Haltbarkeit bis zur Abgabe an den Verbraucher gewährleistet ist.
3. Frisches Fleisch, das nach den Nummern 1 und 2 zu kühlen ist, und leicht verderbliche Fleischerzeugnisse dürfen nur bei einer Innentemperatur von höchstens +7 °C befördert werden; die Transportbehältnisse müssen so eingerichtet sein, daß die vorgeschriebene Innentemperatur eingehalten werden kann. Dies gilt nicht nur für frisches Fleisch, das nach Nummer 1 zu kühlen ist und aus Schlachtbetrieben ungekühlt an Betriebe befördert wird, die dieses Fleisch oder daraus hergestellte Fleischerzeugnisse unmittelbar an den Endverbraucher abgeben und die Beförderungsdauer nicht länger als zwei Stunden beträgt. Dies gilt ferner nicht für erlegtes Haarwild, das von Aneignungsberechtigten unmittelbar an den Verbraucher abgegeben wird.
4. Fahrzeugladeräume, Behältnisse und sonstige Vorrichtungen, die als Beförderungsmittel für Fleisch dienen, müssen so beschaffen und eingerichtet sein, daß Fleisch nicht nachteilig beeinflußt werden kann. Sie sind regelmäßig und gründlich zu reinigen und erforderlichenfalls zu desinfizieren.
5. Lagerräume für Fleisch müssen eine hygienisch einwandfreie Isolierung besitzen, die Innenflächen müssen leicht zu reinigen und zu desinfizieren sein; in Gefrierräumen müssen die Innenflächen so beschaffen sein, daß sie leicht trocken gereinigt werden können. Der Fußboden in Kühlräumen muß so beschaffen sein, daß Reinigungswasser leicht aus dem Raum abfließen kann.

Laufende Nr. ______________

Für Veterinärmediziner

Angaben entsprechend § 4, Absatz 2 und 3 sowie Anlage 2, Kapitel VI der Fleischhygieneverordnung (FLHV)*

Anlieferung von ________ Stück männlichen/weiblichen Schalenwildes (Wildart: ________________ /______ kg), sonstigen Haarwildes (Wildkaninchen, Hase), das nach den Bestimmungen des Fleischhygienegesetzes der
○ Fleischbeschau ○ Trichinenschau unterliegt.

Verkäufer (Jagdausübungsberechtigter): ______________________ Wohnsitz: ______________

Anlieferer: ______________________________________ Wohnsitz: ______________

Revier: ______________________ Entfernung des Reviers zum Anlieferungsort: __________ km

Zeitpunkt der Erlegung: ______________ Zeitpunkt der Anlieferung: ______________

Zutreffendes bitte ankreuzen.

○ Das obige Stück wurde auf der Nachsuche (______ Stunden nach dem Schuß) zur Strecke gebracht/verendet aufgefunden.

○ Das Aufbrechen/Ausweiden des Stückes erfolgte unverzüglich, ______ Minuten/Stunden nach dem Erlegen/Auffinden.

○ Das Stück wurde überfahren und ______ Minuten/Stunden nach dem vermutlichen Todeszeitpunkt versorgt.

○ Es wurde noch lebend angetroffen und nach dem Fangschuß unverzüglich aufgebrochen und ausgeweidet.

○ Das Stück wurde unmittelbar nach dem Aufbrechen und Ausweiden so aufbewahrt, daß es gründlich auskühlen und in den Körperhöhlen abtrocknen konnte *(Haarwild muß alsbald nach dem Erlegen auf eine Innentemperatur von mindestens plus 7 Grad abgekühlt sein).*

○ Es wurde in nicht herabgekühltem Zustand angeliefert.

Es wurden folgende, eine Fleischbeschau erforderlich machenden Merkmale (Zutreffendes ist angekreuzt bzw. unterstrichen oder angegeben) beim Erlegen und Versorgen bzw. der Anlieferung des Wildes festgestellt:

○ Vor dem Erlegen: abnorme Verhaltensweisen (______________________________), Störung des Allgemeinsbefindens, wie Abmagerung, allgemeine Schwäche, Durchfall, Aufblähen, Lähmungserscheinungen, Krämpfe, Lahmheit, die nicht auf frische oder abgeheilte Verletzungen zurückzuführen sind.

○ Fehlen von Anzeichen äußerer Gewalteinwirkung (Fallwild).

○ Geschwülste bzw. Abszesse, zahlreich oder verteilt in den inneren Organen oder der Muskulatur.

○ Schwellungen der Hoden, der Gelenke, Hodenvereiterung, Leber- oder Milzschwellung, Darm- oder Nabelentzündung.

○ Fremder Inhalt in den Körperhöhlen, insbesondere Magen- und Darminhalt oder Harn, verfärbtes Brust- und Bauchfell.

○ Erhebliche Gasbildung im Magen- und Darmkanal mit Verfärbung der inneren Organe.

○ Erhebliche Abweichung der Muskulatur bzw. der Organe in Farbe, Konsistenz, Geruch.

○ Offene Knochenbrüche *(bzw. Fleischwunden)*, die nicht unmittelbar beim Erlegen entstanden sind.

○ Erhebliche Abmagerung – Schwund einzelner Muskelpartien.

○ Frische Verklebungen bzw. Verwachsungen von Organen mit Bauch- oder Brustfell.

○ Sonstige erhebliche sinnfällige Veränderungen (außer Schußverletzungen), wie z. B. stickige Reifung etc.

____

○ Für die Fleischbeschau sind nach den gesetzlichen Bestimmungen (Fleischhygieneverordnung Anlage 1, Kapitel II, Absatz 5.19) mitgeliefert: **Zunge, Speiseröhre, Lunge einschließlich Luftröhre und Kehlkopf, Milz, Herz, Leber, Niere samt Nierenfett, Magen und Darm** (bei Tollwutverdacht Kopf einschl. Trophäe).

○ **Es wurden keine der vorgenannten, eine Fleischbeschau erfordernden bedenklichen Merkmale festgestellt.****

Fleischbeschau / Trichinenschau ○ ist vom Käufer zu veranlassen ○ wurde durchgeführt am __________

Untersucher: ______________________________________

Die Richtigkeit vorgenannter Angaben wird bestätigt durch Revierinhaber/Anlieferer

____

(Name, Straße, Wohnort) (Unterschrift)

Die Entgegennahme vorgenannter Angaben (und angelieferten Teile) wird hiermit bestätigt.

____

(Ort/Datum) (Käufer) (Unterschrift)

* FLHV vom 30. Oktober 1986, BGBl. I, S. 1678.

** Falschaussage kann zu Regreßansprüchen und Ordnungsstrafe führen.

Muster

Genußtauglichkeitsbescheinigung
für Fleisch von erlegtem Haarwild nach § 12 Abs. 3 Nr. 3 Fleischhygiene-Verordnung

Nr. ______________________ [1])

Versandland ______________________

Zuständiges Ministerium ______________________

Ausstellende Behörde ______________________

I. Angaben zur Identifizierung des frischen Fleisches von erlegtem Haarwild

Fleisch von ______________________
(Tierart oder Tiergattung)

Art der Teile ______________________

Art der Verpackung ______________________

Zahl der Teile oder Packstücke ______________________

Nettogewicht ______________ Kennzeichen der Sendung ______________

II. Bestimmung des Fleisches

Das Fleisch wird versandt von ______________________
(Versandort)

nach ______________________
(Bestimmungsort und -land)

mit folgendem Beförderungsmittel[2]) ______________________

Name und Anschrift des Absenders ______________________

Name und Anschrift des Empfängers ______________________

III. Bescheinigung

Der Unterzeichnete bescheinigt folgendes:

1. a) – das vorstehend bezeichnete Fleisch[3]),
   – das an der Verpackung des vorstehend bezeichneten Fleisches angebrachte Etikett[3]) ist (sind)[3]) mit einem Stempelabdruck versehen, aus dem ersichtlich ist, daß das Fleisch nur von Tieren stammt, die in zugelassenen Wildexportbetrieben gesammelt worden sind;
   b) das Fleisch ist auf Grund einer nach den Vorschriften des Bestimmungslandes durchgeführten tierärztlichen Untersuchung als tauglich zum Genuß für Menschen befunden worden;
   c) das Fleisch ist in einem zugelassenen Wildexportbetrieb zerlegt worden[3]);
   d) das Fleisch ist – ist nicht –[3]) auf Trichinen untersucht worden;
   e) die Beförderungsmittel und die für das frische Fleisch dieser Sendung geltenden Ladebedingungen entsprechen den für den Versand nach dem Bestimmungsland vorgesehenen hygienischen Anforderungen

   oder
2. das Fleisch ist nach Vorschriften des Versandlandes gewonnen, untersucht, beurteilt, verpackt, gelagert und befördert worden, die vom Bundesminister als gleichwertig anerkannt worden sind[3]).

Ausgefertigt in ______________________ am ______________

____
(Unterschrift des amtlichen Tierarztes)

[1]) Fakultativ.
[2]) Bei Versand mit Eisenbahn- oder Lastwagen sind die jeweiligen Kennzeichen oder Nummern, bei Versand per Flugzeug ist die Flugnummer, bei Versand mit Schiffen der Name des Schiffes einzutragen.
[3]) Nichtzutreffendes streichen.

6. Kühl- oder Gefrierräume müssen über geeignete Stapelmöglichkeiten verfügen.
7. In Kühl- oder Gefrierräumen darf Fleisch mit anderen Lebensmitteln gemeinsam nur gelagert werden, wenn durch Verpackung sichergestellt wird, daß eine nachteilige Beeinflussung des Fleisches ausgeschlossen ist.
8. Beförderungsmittel, die für den Transport lebender Tiere benutzt werden, dürfen nicht zur Beförderung von Fleisch verwendet werden; dies gilt auch für Beförderungsmittel, die für den Transport unverpackter geschlachteter oder erlegter Tiere im Fell oder in Federn benutzt werden.
9. Fleisch darf außerhalb von Räumen nur in Fahrzeugen mit allseits geschlossenen Laderäumen oder in entsprechenden Behältnissen befördert werden. Dies gilt nicht für die Beförderung innerhalb der Betriebsstätten, sofern das frische Fleisch sonst ausreichend geschützt ist.
10. In Personenkraftwagen dürfen frisches Fleisch und Nebenprodukte der Schlachtung unverpackt nur in besonderen, allseits geschlossenen Behältnissen oder in Umhüllungen befördert werden.

Anlage 5

(zu § 12 Abs. 2 und 3 Nr. 3 und § 13 Abs. 2 Satz 2)

Anforderungen an frisches Fleisch von erlegtem Haarwild, das in den Geltungsbereich dieser Verordnung verbracht oder eingeführt wird

Für frisches Fleisch von erlegtem Haarwild, das in den Geltungsbereich dieser Verordnung verbracht oder eingeführt wird, gilt über die Anforderungen nach Anlage 2 Kapitel VI hinaus folgendes:

1. Erlegtes Haarwild muß einem Wildexportbetrieb in der Decke zugeführt, dort nach Anlage 1 Kapitel II Nr. 5.9 untersucht, nach Kapitel IV beurteilt, nach nachstehender Nummer 2 gekennzeichnet und vor dem Einfrieren enthäutet werden. Wild in der Decke darf nicht eingefroren werden.
2. Erlegtes Haarwild ist mit einem runden Stempel nach dem Muster in Anlage 1 Kapitel V Nr. 6.1 und gemäß Anlage 1 Kapitel V 3.2 und 3.4 bis 3.10, 4 und 5 zu kennzeichnen mit folgenden abweichenden Angaben:

2.1 Name des Versandlandes oder die im Rahmen des internationalen Übereinkommens über die Kraftfahrzeugzulassung anerkannte Herkunftsbezeichnung für dieses Land,

2.2 Veterinärkontrollnummer des Wildexportbetriebes.

Das Fleisch von erlegtem Haarwild ist zusätzlich so zu kennzeichnen, daß die Tierart feststellbar ist. Bei Fleisch von erlegtem Schalenwild in der Decke sowie Hasen oder Wildkaninchen im Fell genügt je ein Stempelabdruck an den freiliegenden Fleischteilen oder dem Brustfell.

3. Tierkörper mit einem Gewicht bis 10 kg dürfen nur unzerlegt, Tierkörper mit einem Gewicht über 10 kg auch in Keulen, Schultern, Rücken, Hals und Rumpf zerlegt, eingeführt werden.

3.1 Enthäuten, Zerlegen sowie das Behandeln der Organe ist nur in Wildexportbetrieben zulässig.

4. Wildexportbetriebe, in denen zerlegt wird, müssen über die Räume nach Anlage 2 Kapitel VI Nr. 2 hinaus auch über ausreichend große Kühl- und Gefrierräume verfügen, die den Anforderungen von Anlage 2 Kapitel IX Nr. 5 bis 7 entsprechen. Die Räume für die Zerlegung sowie für die Kühlung und das Gefrieren müssen mit einem Registrier- oder einem Registrierfernthermometer ausgestattet sein.

5. Für das Zerlegen und Entbeinen gilt folgendes:

5.1 Frisches Fleisch darf nur entsprechend den Arbeitserfordernissen in die Zerlegeräume verbracht werden. Das Fleisch ist nach dem Zerlegen – gegebenenfalls nach Umhüllung und Verpackung – umgehend in den entsprechenden Kühl- beziehungsweise Gefrierraum zu verbringen.

5.2 Während des Zerlegens, Entbeinens, Umhüllens und Verpackens muß die Innentemperatur des Fleisches durchgehend auf höchstens +7 °C gehalten werden. Während des Zerlegens darf die Temperatur im Zerlegensraum nicht höher als +12 °C sein.

6. Elche, Hirsche, Gemsen, Rehe und Wildschweine in der Decke sowie Hasen oder Wildkaninchen im Fell dürfen aus Mitgliedsstaaten, aus Staaten, die eine gemeinsame Grenze mit der Bundesrepublik Deutschland bilden oder aus anderen europäischen Staaten, die vom Bundesminister bekanntgemacht worden sind, in den Geltungsbereich dieser Verordnung verbracht oder eingeführt werden, wenn

6.1 die Tierkörper unverzüglich nach dem Erlegen

6.1.1 einem Wildexportbetrieb zugeführt werden;

6.1.2 mindestens auf eine Temperatur von +7 °C herabgekühlt, bei dieser Temperatur gelagert und innerhalb von 6 Tagen in den Geltungsbereich dieser Verordnung verbracht werden oder eingeführt, oder auf eine Temperatur von – 3 °C bis – 5 °C herabgekühlt, gelagert und innerhalb von 21 Tagen in den Geltungsbereich dieser Verordnung verbracht oder eingeführt werden;

6.2 der Zeitpunkt des Erlegens an jedem Tierkörper in Verbindung mit dem Genußtauglichkeitskennzeichen amtlich angegeben ist;

6.3 die Untersuchung am Bestimmungsort der Sendung durchgeführt wird. Die zuständige Behörde kann die Untersuchung auch an einem anderen geeigneten Ort zulassen.

Hinweis zu 6.1.2: Ab 1. 1. 1994 gilt nach EG-Regelung eine Innentemperatur von max. –1 °C.

Lebensmittel- und Bedarfsgegenständegesetz

in seiner Fassung vom 15. August 1974 (BGBl I, Seite 1946)

§ 8 Verbote zum Schutz der Gesundheit

Es ist verboten,

1. Lebensmittel für andere derart herzustellen oder zu behandeln, daß ihr Verzehr geeignet ist, die Gesundheit zu schädigen;
2. Stoffe, deren Verzehr geeignet ist, die Gesundheit zu schädigen, als Lebensmittel in den Verkehr zu bringen.

§ 17 Verbote zum Schutz vor Täuschung

(1) Es ist verboten,

1. zum Verzehr nicht geeignete Lebensmittel oder Lebensmittel, die entgegen den Vorschriften des § 31 hergestellt oder behandelt worden sind, als Lebensmittel gewerbsmäßig in den Verkehr zu bringen.

§ 51 Straftaten

(1) Mit Freiheitsstrafe bis zu zwei Jahren oder mit Geldstrafe wird bestraft, wer

1. entgegen § 8 Nr. 1 Lebensmittel herstellt oder behandelt oder entgegen § 8 Nr. 2 Stoffe als Lebensmittel in den Verkehr bringt.

(2) Der Versuch ist strafbar.

(3) Wer fahrlässig eine der in Absatz 1 bezeichneten Handlungen begeht, wird mit Freiheitsstrafe bis zu einem Jahr oder mit Geldstrafe bestraft.

(4) In besonders schweren Fällen ist die Strafe Freiheitsstrafe von sechs Monaten bis zu fünf Jahren. Ein besonders schwerer Fall liegt in der Regel vor, wenn der Täter durch eine der in Absatz 1 bezeichneten Handlungen die Gesundheit einer großen Zahl von Menschen gefährdet oder einen anderen in die Gefahr des Todes oder einer schweren Schädigung an Körper oder Gesundheit bringt.

§ 53 Ordnungswidrigkeiten

(2) Ordnungswidrig handelt auch,

1. wer vorsätzlich oder fahrlässig
   b) einer Vorschrift des § 17 Abs. 1 Nr. 4 zuwiderhandelt

(3) Die Ordnungswidrigkeit kann mit einer Geldbuße bis zu fünfzigtausend Deutsche Mark geahndet werden.

Gesetz über die Beseitigung von Tierkörpern, Tierkörperteilen und tierischen Erzeugnissen

in der Fassung vom 2. September 1975 (BGBl I Seite 2313)

§ 1 Begriffsbestimmungen

(2) Die Beseitigung im Sinne dieses Gesetzes umfaßt das Abliefern, Abholen, Sammeln, Befördern, Lagern, Vergraben, Behandeln und Verwerten von Tierkörpern, Tierkörperteilen und Erzeugnissen.

§ 3 Grundsatz

(1) Tierkörper, Tierkörperteile und Erzeugnisse sind so zu beseitigen, daß
1. die Gesundheit von Mensch und Tier nicht durch Erreger übertragbarer Krankheiten oder toxische Stoffe gefährdet,
2. Gewässer, Boden und Futtermittel durch Erreger übertragbarer Krankheiten oder toxische Stoffe nicht verunreinigt,
3. schädliche Umwelteinwirkungen im Sinne des Bundes-Immissionsschutzgesetzes nicht herbeigeführt,
4. die öffentliche Sicherheit und Ordnung sonst nicht gefährdet oder gestört werden.

Die Belange des Naturschutzes und der Landschaftspflege sowie des Städtebaues sind bei Errichtung und Betrieb von Tierkörperbeseitigungsanstalten zu wahren.

§ 5 Beseitigung von Tierkörpern

(1) In Tierkörperbeseitigungsanstalten sind zu beseitigen
1. Körper von Einhufern, Klauentieren, Hunden, Katzen, Geflügel, Kaninchen und Edelpelztieren, die sich im Haus, Betrieb oder sonst im Besitz des Menschen befinden.
3. herrenlose Tierkörper der in Nummer 1 genannten Tierarten, ausgenommen solche von freilebendem Wild.

(2) Absatz 1 Satz 1 gilt nicht für einzelne Körper... Die Tierkörper müssen so vergraben werden, daß sie mit einer ausreichenden, mindestens 50 Zentimeter starken Erdschicht, gemessen vom Rande der Grube an, bedeckt sind...

§ 8 Ausnahmen

1. Die Verfütterung von Körpern seuchenkranker oder verdächtiger Tiere darf nicht zugelassen werden...
2. die Verfütterung von Tierkörperteilen darf...
   b) nicht zugelassen werden, wenn sie mit Tierseuchenerregern, Fleischvergiftungen und tierischen Schmarotzern behaftet sind.

EG-Richtlinie vom 16. Juni 1992*

zur Regelung der gesundheitlichen und tierseuchenrechtlichen Fragen beim Erlegen von Wild und bei der Vermarktung von Wildfleisch

DER RAT DER EUROPÄISCHEN GEMEINSCHAFTEN

Wildfleisch ist in der Liste der Erzeugnisse in Anhang II des Vertrages aufgeführt. Die Vermarktung von Wildfleisch stellt eine zusätzliche Einkommensquelle für einen Teil der landwirtschaftlichen Bevölkerung dar.
Um eine rationelle Entwicklung dieses Sektors zu gewährleisten und die Produktivität zu steigern, müssen Vorschriften, die Fragen der öffentlichen Gesundheit und der Tiergesundheit hinsichtlich der Erzeugung und Vermarktung von Wildfleisch betreffen, auf Gemeinschaftsebene erlassen werden.
Unterschiede in bezug auf veterinärrechtliche und hygienische Vorschriften in den Mitgliedstaaten sollten in dem Bestreben beseitigt werden, den innergemeinschaftlichen Handel mit diesem Fleisch zu fördern und auf diese Weise zur Vollendung des gemeinsamen Binnenmarktes beizutragen.
Durch dieses Fleisch können auf Haustiere und Menschen übertragbare Krankheiten verbreitet werden. Es müssen Vorschriften zur Eindämmung dieser Gefahr erlassen werden.
Es sind die Hygienebedingungen festzulegen, unter denen Wildfleisch gewonnen, behandelt und untersucht werden muß, damit es nicht zu Infektionen bzw. Lebensmittelvergiftungen kommt.
Die Hygienevorschriften sind festzulegen, welche von den Wildbearbeitungsbetrieben einzuhalten sind, damit die Zulassung zum Handel erlangt werden kann.
Für die Organisation der vom Bestimmungsmitgliedstaat durchzuführenden Kontrollen sowie die Folge- und Schutzmaßnahmen wird auf die allgemeinen Vorschriften in der Richtlinie 89/662/EWG des Rates vom 11. Dezember 1989 zur Regelung der veterinärrechtlichen Kontrollen im innergemeinschaftlichen Handel im Hinblick auf den gemeinsamen Binnenmarkt* verwiesen.
Es ist angezeigt, aus Drittländern eingeführte ganze Wildtierkörper und aus Drittländern eingeführtes Wildfleisch den in dieser Richtlinie für den Handel zwischen Mitgliedstaaten vorgesehenen Mindestanforderungen zu unterwerfen und deren Einhaltung gemäß den Grundsätzen und Regeln der Richtlinie 90/675/EWG** zu kontrollieren.

* ABl. Nr. 395 vom 30. 12. 1989, S. 13. Richtlinie zuletzt geändert durch Richtlinie 91/496/EWG (ABl. Nr. L 268 vom 24. 9. 1991, S. 56).
** Richtlinie 90/675/EWG des Rates vom 10. Dezember 1990 zur Festlegung von Grundregeln für die Veterinärkontrollen von aus Drittländern in die Gemeinschaft eingeführten Erzeugnissen (ABl. Nr. L 373 vom 31. 12. 1990, S. 1). Richtlinie geändert durch Richtlinie 91/496/EWG (ABl. Nr. L 268 vom 24. 9. 1991, S. 56).

*** Die vorliegende Fassung entspricht der Entwurfsvorlage vom 12. Juni 1992, über die der EG-Fachministerrat am 16. Juni 1992 abschließend beraten und beschlossen hat.**

Geringe Mengen von Wildfleisch sollten von dieser Regelung ausgenommen werden.
Es sind zeitweilige Ausnahmeregelungen vorzusehen, um die Wildbearbeitungsbetriebe in die Lage zu versetzen, den neuen Anforderungen nachzukommen.
Der Kommission sollte die Aufgabe übertragen werden, Maßnahmen zur Durchführung dieser Richtlinie zu erlassen. Zu diesem Zweck sind Verfahren vorzusehen, die eine enge und wirksame Zusammenarbeit zwischen der Kommission und den Mitgliedstaaten innerhalb des Ständigen Veterinärausschusses gewährleisten.

Hat folgende Richtlinie erlassen:

Kapitel I

Allgemeine Bestimmungen

Artikel 1

(1) In dieser Richtlinie werden die gesundheitlichen und tierseuchenrechtlichen Bedingungen für das Erlegen von Wild sowie für die Zurichtung und Vermarktung von Wildfleisch festgelegt.
(2) Sie gilt nicht
a) für die Abgabe kleiner Mengen ganzer Wildtierkörper, nicht gehäutet oder nicht gerupft, und – im Falle von Kleinwild – nicht ausgeweidet, durch den Jäger an den Verbraucher oder Einzelhändler;
b) für die Abgabe kleiner Mengen von Wildfleisch an den Endverbraucher;
c) für die Zerlegung und Lagerung von Wildfleisch im Einzelhandel oder in Räumlichkeiten, die an Verkaufsstellen angrenzen und in denen das Fleisch ausschließlich zum Zwecke des an Ort und Stelle stattfindenen Direktverkaufs an den Verbraucher zerlegt und gelagert wird.
Für die genannten Tätigkeiten gelten weiterhin die für den Einzelhandel vorgeschriebenen einzelstaatlichen Hygienekontrollen.
(3) Die Anforderungen dieser Richtlinie an den Handel und an die Einfuhr aus Drittländern gelten nicht für Trophäen und ganze Tierkörper von erlegtem Wild, die von Reisenden in ihrem Kraftfahrzeug mitgeführt werden, soweit es sich hierbei um eine geringe Menge Kleinwild oder um einen einzelnen ganzen Tierkörper von großem Wild handelt, wenn es den Umständen nach ausgeschlossen erscheint, daß diese ganzen Tierkörper für den Handel oder zur gewerblichen Verwendung bestimmt sind, und sofern das betreffende Wild nicht aus dem Land bzw. Landesteil stammt, von dem aus der Handel nach Artikel 11 Absätze 2 und 3 oder nach Artikel 18 untersagt ist.

Artikel 2

(1) Im Sinne dieser Richtlinie gelten als
a) Wild: jagbare wilde Landsäugetiere (einschließlich wilden Säugetieren, die in einem geschlossenen Gebiet in ähnlicher Weise frei leben wie Wild) und jagbare Wildvögel, die nicht unter Artikel 2 der Richtlinie 91/495/EWG des Rates vom

27. November 1990 zur Regelung der gesundheitlichen und tierseuchenrechtlichen Fragen bei der Herstellung und Vermarktung von Kaninchenfleisch und Fleisch von Zuchtwild* fallen;

b) großes Wild bzw. große Wildtiere: wilde Säugetiere der Ordnung der Huftiere;

c) Kleinwild bzw. kleine Wildtiere: wilde Säugetiere der Familie der Leporidae und Flugwild für den Verzehr;

d) Wildfleisch: alle zum Verzehr geeigneten Teile von Wild;

e) Wildbearbeitungsbetrieb: gemäß Artikel 7 zugelassener Betrieb, in dem Wild bearbeitet und Wildfleisch gemäß den Hygienevorschriften dieser Richtlinie gewonnen und untersucht wird;

f) Sammelstelle: jeder Ort, an dem das erlegte Wild im Hinblick auf die Beförderung in einen Bearbeitungsbetrieb gemäß den Hygienevorschriften von Anhang I Kapitel IV Nummer 2 verwahrt wird;

g) Vermarktung: das Feilhalten von Wildfleisch, das Anbieten von Wildfleisch zum Verkauf, das Verkaufen, das Liefern oder jede andere Form des Inverkehrbringens von Wildfleisch für den Verzehr in der Gemeinschaft mit Ausnahme der Abgabe im Sinne von Artikel 1 Absatz 2;

h) Handel: der Warenaustausch zwischen Mitgliedstaaten im Sinne von Artikel 9 Absatz 2 des Vertrages.

(2) Erforderlichenfalls gelten für diese Richtlinie die Begriffsbestimmungen des Artikels 2 der Richtlinie 89/662/EWG und der Richtlinie 90/425/EWG des Rates vom 26. Juni 1990 zur Regelung der veterinärrechtlichen und tierzüchterischen Kontrollen im innergemeinschaftlichen Handel mit lebenden Tieren und Erzeugnissen im Hinblick auf den Binnenmarkt* sowie die Begriffsbestimmung für frisches Fleisch in Artikel 2 Buchstabe b der Richtlinie 64/433/EWG des Rates vom 26. Juni 1964 zur Regelung gesundheitlicher Fragen beim innergemeinschaftlichen Handelsverkehr mit frischem Fleisch*.

* ABl. Nr. L 224 vom 18. 8. 1990, S. 29. Richtlinie zuletzt geändert durch Richtlinie 91/496/EWG (ABl. L 268 vom 24. 9. 1991, S. 56).

* ABl. Nr. 121 vom 29. 7. 1964, S. 2012/64. Richtlinie zuletzt geändert durch Richtlinie 91/497/EWG (ABl. L 268 vom 24. 9. 1991, S. 69).

** ABl. Nr. L 302 vom 31. 12. 1972, S. 24. Richtlinie zuletzt geändert durch Richtlinie 91/266/EWG (ABl. Nr. L 134 vom 29. 5. 1991, S. 45).

Kapitel II

Bestimmungen für die Gemeinschaftserzeugung und den Handel

Artikel 3

(1) Die Mitgliedstaaten tragen dafür Sorge, daß Wildfleisch

a) von Wild gewonnen wird, das

- in Jagdgebieten und mit Mitteln erlegt worden ist, die nach dem einzelstaatlichen Jagdrecht zulässig sind;
- nicht aus einem Gebiet stammt, das gemäß der Richtlinie 72/461/EWG des Rates vom 12. Dezember 1972 zur Regelung viehseuchenrechtlicher Fragenb beim innergemeinschaftlichen Handelsverkehr mit frischem Fleisch**,

der Richtlinie 91/494/EWG des Rates vom 26. Juni 1991 über die tierseuchenrechtlichen Bedingungen für den innergemeinschaftlichen Handel mit frischem Geflügelfleisch und für seine Einfuhr aus Drittländern* und der Richtlinie 91/495/EWG Beschränkungen unterworfen ist, oder einem Jagdgebiet, das gemäß den Artikeln 10 und 11 der vorliegenden Richtlinie Beschränkungen unterworfen ist;

- unmittelbar nach dem Erlegen gemäß Anhang I Kapitel III zugerichtet und 12 Stunden in einen Bearbeitungsbetrieb im Sinne von Buchstabe b oder in eine Sammelstelle verbracht worden ist, wo es auf die in Anhang I Kapitel III vorgesehenen Temperaturen gekühlt werden muß und von wo aus es binnen 12 Stunden bzw. – wenn, im Falle der entlegenen Gebiete, die Witterungsbedingungen es erlauben – innerhalb einer von der zuständigen Behörde festzusetzenden Frist zu einem Bearbeitungsbetrieb im Sinne des Buchstaben b befördert werden muß, damit der amtliche Tierarzt des genannten Bearbeitungsbetriebes die in Anhang I Kapitel V vorgesehene Fleischuntersuchung unter zufriedenstellenden Bedingungen vornehmen kann;

b) entweder

  i) in einem Wildbearbeitungsbetrieb gewonnen wird, der die allgemeinen Bedingungen des Anhangs I Kapitel I und II erfüllt und gemäß Artikel 7 zu den Zwecken des vorliegenden Kapitels zugelassen worden ist,

  oder

  ii) in einem Wildbearbeitungsbetrieb gewonen wird, der, im Falle von großem Wild, gemäß Artikel 10 der Richtlinie 64/433/EWG bzw., im Falle von Kleinwild, gemäß Artikel 5 der Richtlinie 71/118/EWG des Rates vom 15. Februar 1971 zur Regelung gesundheitlicher Fragen beim Handelsverkehr mit frischem Geflügelfleisch** zugelassen ist, sofern

  - die ganzen Wildtierkörper nicht in den für Fleisch im Sinne der genannten Richtlinien vorbehaltenen Räumen oder, sofern sie dort zu anderen Zeiten gehäutet werden,
  - diese Betriebe für die Zwecke dieser Richtlinie eigens zugelassen sind,
  - Maßnahmen zwecks eindeutiger Kennzeichnung des im Rahmen der vorliegenden Richtlinie und des im Rahmen der Richtlinien 64/433/EWG und 71/118/EWG gewonnenen Fleisches getroffen werden;

c) von erlegten Tieren stammt, die der amtliche Tierarzt in Augenschein genommen hat, um

- etwaige Anomalien festzustellen. Der amtliche Tierarzt kann sich bei seiner Diagnose auf Angaben des Jägers über das Verhalten des Tieres vor dem Erlegen stützen, gegebenenfalls auf der Grundlage einer Bescheinigung, die die zuständige Behörde im Rahmen der Jagdordnung vorschreibt;
- nachzuprüfen, ob andere Todesursachen als das Erlegen bei der Jagd vorliegen;

* ABl. Nr. L 268 vom 24. 9. 1991, S. 35.

** ABl. Nr. L 55 vom 8. 3. 1971, S. 23. Richtlinie zuletzt geändert durch Richtlinie 90/654/EWG (ABl. Nr. L 353 vom 17. 12. 1990, S. 48).

d) von ganzen Wildtierkörpern stammt,
   - mit denen im Einklang mit Anhang I Kapitel III, IV und V in hygienisch einwandfreier Weise umgegangen worden ist;
   - die einer Fleischuntersuchung gemäß Anhang I Kapitel V durch einen amtlichen Tierarzt oder durch Hilfskräfte unterzogen wurden, die eine berufliche Befähigung im Sinne von Anhang III der Richtlinie 64/433/EWG besitzen und unter der Aufsicht des amtlichen Tierarztes tätig werden;
   - die keine Veränderungen aufweisen; ausgenommen sind während des Erlegens erlittene Verletzungen sowie begrenzte Mißbildungen oder Abweichungen, sofern – erforderlichenfalls durch geeignete Laboruntersuchungen – festgestellt wird, daß das Fleisch hierdurch nicht genußuntauglich wird oder eine Gefahr für die Gesundheit darstellt;
   - von denen, wenn es sich um ganze Kleinwildtierkörper handelt, die nicht unmittelbar nach dem Erlegen gemäß Anhang II Kapitel V Nummer 1 ausgeweidet wurden, eine repräsentative Auswahl der Tiere gleicher Herkunft durch einen amtlichen Tierarzt auf Genußtauglichkeit untersucht wurde.

Stellt der amtliche Tierarzt eine auf den Menschen übertragbare Krankheit bzw. Mängel gemäß Anhang I Kapitel V Nummer 4 fest, so unterzieht er die gesamte Partie einer weitergehenden Untersuchung. Entsprechend dem Ergebnis dieser Untersuchung erklärt er entweder die gesamte Partie für genußuntauglich oder er untersucht jeden einzelnen Tierkörper.

(2) Der amtliche Tierarzt hat dafür Sorge zu tragen, daß Wildfleisch in den folgenden Fällen vom Verzehr ausgeschlossen wird:

i) Er hat bei dem Fleisch Mängel nach Anhang I Kapitel V Nummer 3 Buchstabe e festgestellt, bzw. es wurde gemäß Nummer 4 des genannten Kapitels beschlagnahmt;

ii) bei den Untersuchungen gemäß Absatz 1 Buchstabe d tritter Gedankenstrich des vorliegenden Artikels wurde eine auf den Menschen übertragbare Krankheit bzw. das Vorhandensein von Trichinen gemäß Absatz 3 festgestellt;

iii) es stammt von Tieren, die Stoffe aufgenommen haben, durch die Fleisch möglicherweise gesundheitsgefährlich oder gesundheitsschädlich wird und über die nach dem Verfahren des Artikels 22 ein diesbezüglicher Beschluß nach Stellungnahme des Wissenschaftlichen Veterinärausschusses ergangen ist. Solange dieser Beschluß nicht vorliegt, bleiben die einzelstaatlichen Vorschriften über die genannten Stoffe unter Beachtung der allgemeinen Bestimmungen des Vertrags gültig;

iv) es ist unbeschadet einer etwaigen Gemeinschaftsregelung über die Ionisation mit ionisierenden oder ultravioletten Strahlen, mit möglicherweise die organoleptischen Eigenschaften des Fleisches verändernden Stoffen oder mit anderen als zur Kennzeichnung der Genußtauglichkeit verwendeten Farbstoffen behandelt worden.

(3) Fleisch von Wildschweinen und anderem Wild, das Träger von Trichinen sein kann, ist mit Hilfe einer Methode der künstlichen Verdauung gemäß der Richtlinie 77/96/EWG des Rates vom 21. Dezember 1976 über die Untersuchung von frischem Schweinefleisch auf Trichinen bei der Einfuhr aus Drittländern* oder

* ABl. Nr. L 26 vom 31. 1. 1977, S. 67. Richtlinie zuletzt geändert durch Richtlinie 90/321/EWG (ABl. Nr. L 133 vom 17. 5. 1989, S. 33).

mittels Trichinenschau mit mirkroskopischer Beobachtung von Mehrfachproben jedes einzelnen Tieres, die zumindest den Kau- und Zwerchfellmuskeln, der Unterarmmuskulatur, der Rippenmuskulatur und der Muskulatur der Zunge entnommen wurden, auf Trichinen zu untersuchen.
Der Rat legt vor dem 1. Januar 1994 mit qualifizierter Mehrheit auf Vorschlag der Kommission und nach Stellungnahme der Wissenschaftlichen Veterinärausschusses die Methoden der künstlichen Verdauung fest, die zum Trichinennachweis bei Wildschweinen und anderem Wild, das Träger von Trichinen sein kann, geeignet sind; gleiches gilt für das Verfahren einer trichinoskopischen oder mikroskopischen Untersuchung auf Trichinen.

(4) Für genußtauglich erklärtes Wildfleisch muß

i) gemäß Anhang I Kapitel VIII als genußtauglich gekennzeichnet sein.
Gegebenenfalls kannn nach dem Verfahren des Artikels 22 beschlossen werden, die Bestimmungen des genannten Kapitels zu ändern oder zu ergänzen, um vor allem den unterschiedlichen Aufmachungen im Handel Rechnung zu tragen, sofern sie den Hygieneregeln dieser Richtlinie entsprechen.
Die Richtlinie 80/879/EWG der Kommission vom 3. September 1980 über die Kennzeichnung der Genußtauglichkeit von frischem Geflügelfleisch in Großpackungen* gilt für Kleinwildfleisch;

ii) gemäß Anhang I Kapitel X nach einer hygienisch einwandfreien Fleischuntersuchung in gemäß Artikel 7 dieser Richtlinie zugelassenen Wildbearbeitungsbetrieben, in gemäß Artikel 10 der Richtlinie 64/433/EWG bzw. Artikel 10 der Richtlinie 64/433/EWG zugelassenen und kontrollierten Kühlhäusern gelagert werden;

iii) während des Vesands mit folgenden Dokumenten versehen sein:
- einem vom amtlichen Tierarzt mit einem Sichtvermerk versehenen Begleitdokument, das
  = neben den Angaben im Sinne von Anhang I Kapitel VII Nummer 2 für gefrorenes Fleisch die unkodierte Angabe des Monats und des Jahres des Einfrierens und die Kodenummer zur Ermittlung des amtlichen Tierarztes enthält
  = und vom Empfänger mindestens ein Jahr lang aufbewahrt werden muß, damit es der zuständigen Behörde auf Verlangen vorgelegt werden kann.

  Die Durchführungsvorschriften hierzu, insbesondere zur Zuteilung der Kodenummern und zur Erstellung einer oder mehrerer Listen für die Ermittlung der amtlichen Tierärzte, werden nach dem Verfahren des Artikels 22 erlassen;
- einer Gesundheits- und Tiergesundheitsbescheinigung gemäß dem Muster in Anhang II bei Fleisch aus einem Wildbearbeitungsbetrieb, der in einem Gebiet oder Teilgebiet liegt, für das Beschränkungen gelten, oder bei Fleisch, das in verplombten Lastkraftwagen durch ein Drittland in einen anderen Mitgliedstaat befördert wird;

iv) unter hygienisch einwandfreien Bedingungen gemäß Anhang I Kapitel XI befördert werden;

* ABl. Nr. L 251 vom 24. 9. 1980, S. 10.

v) sofern es sich um Teile von Tierkörpern oder entbeintes Fleisch von Kleinfederwild handelt, unter Bedingungen, die den Bedingungen des Artikels 3 Buchstabe B der Richtlinie 71/118/EWG vergleichbar sind, in eigens zu diesem Zweck gemäß Artikel 7 der vorliegenden Richtlinie zugelassenen Betrieben gewonnen werden;

vi) unbeschadet der Richtlinie 79/112/EWG des Rates vom 18. Dezember 1978 zur Angleichung der Rechtsvorschriften der Mitgliedstaaten über die Etikettierung und Aufmachung von für den Endverbrauch bestimmten Lebensmitteln sowie die Werbung hierfür* unter genauer Angabe der Bezeichnung des Tieres etikettiert werden.

Artikel 4

(1) Die Mitgliedstaaten sorgen dafür, daß

a) für genußuntauglich erklärtes Fleisch deutlich von für genußtauglich erklärtem Fleisch zu unterscheiden ist,

b) für genußuntauglich erklärtes Fleisch einer Behandlung gemäß der Richtlinie 90/667/EWG des Rates vom 27. November 1990 zum Erlaß veterinärrechtlicher Vorschriften für die Beseitigung, Verarbeitung und Vermarktung tierischer Abfälle und zum Schutz von Futtermitteln tierischen Ursprungs, auch aus Fisch, gegen Krankheitserreger sowie zur Änderung der Richtlinie 90/425/EWG** unterzogen wird.

(2) Für Fleisch aus einem Gebiet, das tierseuchenrechtlichen Beschränkungen unterworfen ist, werden für jeden Einzelfall nach dem Verfahren des Artikels 22 spezifische Vorschriften erlassen.

(3) Die Durchführungsbestimmungen zu diesem Artikel werden, soweit erforderlich, nach dem Verfahren des Artikels 22 festgelegt.

Artikel 5

Die Mitgliedstaaten sorgen dafür, daß für den Handel nur freigegeben werden:

1. gehäutete und ausgeweidete ganze Wildtierkörper, die den Anforderungen der Artikel 3 und 4 genügen, oder frisches Wildfleisch;
2. gemäß Artikel 3 Absatz1 Buchstabe b Ziffer ii dritter Gedankenstrich untersuchte ganze Kleinwildtierkörper, nicht gehäutet oder gerupft, nicht ausgeweidet, nicht gefroren oder tiefgefroren, sofern deren Behandlung und Lagerung getrennt von frischem Fleisch im Sinne der Richtlinie 64/433/EWG, von Geflügelfleisch und Fleisch von gehäutetem oder gerupftem Wild erfolgt;
3. nicht gehäutete ganze Tierkörper von großem Wild,
   a) die den Anforderungen von Artikel 3 Absatz 1 Buchstabe a erster und zweiter Gedankenstrich, Artikel 3 Absatz 1 Buchstabe c und Artikel 3 Absatz 1 Buchstabe d erster Gedankenstrich genügen:

* ABl. Nr. L. 33 vom 8. 2. 1979, S. 1. Richtlinie zuletzt geändert durch Richtlinie 91/72/EWG (ABl. Nr. L 42 vom 16. 2. 1991, S. 27).

** ABl. Nr. L 363 vom 27. 12. 1990, S. 51.

b) deren Eingeweide in einem Wildbearbeitungsbetrieb auf Genußtauglichkeit untersucht wurden;

c) die mit einer vom amtlichen Tierarzt unterzeichneten Gesundheitsbescheinigung gemäß einem nach dem Verfahren des Artikels 22 auszuarbeitenden Muster versehen sind, in der bestätigt wird, daß das Ergebnis der Fleischuntersuchung nach Buchstabe b zufriedenstellend war und daß das Fleisch für genußtauglich erklärt worden ist;

d) die auf eine Temperatur von nicht weniger als −1 °C und

i) höchstens +7 °C gebracht wurden und auf dieser Temperatur während ihrer Beförderung in einen Wildbearbeitungsbetrieb höchstens sieben Tage lang nach der Genußtauglichkeitsuntersuchung gemäß Buchstabe b gehalten werden;

ii) höchstens +1 °C gebracht wurden und auf dieser Temperatur während ihrer Beförderung in einen Wildbearbeitungsbetrieb höchstens fünfzehn Tage lang nach der Genußtauglichkeitsuntersuchung gemäß Buchstabe b gehalten werden.

Fleisch von solchen nicht gehäuteten, ganzen Tierkörpern von großem Wild darf mit dem Genußtauglichkeitskennzeichen gemäß Artikel 3 Absatz 4 Ziffer *i* nur dann versehen werden, wenn es nach der Enthäutung der Tiere im Bestimmungsbearbeitungsbetrieb gemäß Anhang I Kapitel V untersucht und vom amtlichen Tierarzt für genußtauglich erklärt wurde.

Artikel 6

Die Mitgliedstaaten sorgen dafür, daß

– Wildbearbeitungsbetriebe, die nicht den Normen des Anhangs I Kapitel I genügen und für die die Ausnahmeregelungen des Artikels 8 gelten, nicht gemäß Artikel 7 zugelassen werden können, und daß die aus diesen Betrieben stammenden Erzeugnisse nicht mit dem Genußtauglichkeitskennzeichen gemäß Anhang I Kapitel VIII versehen werden und nicht in den Handel gebracht werden dürfen.

– ganze Wildtierkörper, die den Anforderungen gemäß Artikel 3 nicht genügen, weder in den Handel gebracht noch aus Drittländern eingeführt werden dürfen,

– für genußtauglich erklärte Nebenprodukte von erlegtem Wild nur in den Handel gebracht werden, wenn sie gemäß der Richtlinie 77/99/EWG des Rates vom 21. Dezember 1976 zur Regelung gesundheitlicher Fragen beim innergemeinschaftlichen Handelsverkehr mit Fleischerzeugnissen* in geeigneter Weise behandelt wurden.

Artikel 7

(1) Jeder Mitgliedstaat stellt ein Verzeichnis der Wildbearbeitungsbetriebe auf, die er zugelassen und denen er eine Veterinärkontrollnummer erteilt hat. Die Mitgliedstaaten können für die Bearbeitung von Wild gemäß den Richtlinien 64/433 und 71/118 zugelassene Betriebe zulassen, wenn diese Betriebe für die

* ABl. Nr. L 26 vom 31. 1. 1977, S. 85. Richtlinie zuletzt geändert durch Richtlinie 89/662/EWG (ABl. Nr. L 395 vom 30. 12. 1989, S. 13).

Verarbeitung von Wildfleisch entsprechend ausgerüstet sind und unter Bedingungen arbeiten, mit denen die Einhaltung der Hygienevorschriften dieser Richtlinie gewährleistet wird. Sie übermitteln dieses Verzeichnis den übrigen Mitgliedstaaten und der Kommission.
Ein Mitgliedstaat läßt einen Wildbearbeitungsbetrieb nur zu, wenn die Einhaltung dieser Richtlinie gewährleistet ist.
Werden hygienische Mängel festgestellt und erweisen sich die Abhilfemaßnahmen nach Anhang I Kapitel V Nummer 5 Absatz 2 als unzureichend, so setzt die zuständige Behörde die Zulassung vorübergehend aus.
Werden die festgestellten Mängel vom Betriebsinhaber bzw. Geschäftsführer des Betriebs nicht in der von der zuständigen Behörde festgesetzten Frist behoben, so entzieht diese die Zulassung.
Hat eine Überprüfung nach Artikel 12 stattgefunden, so berücksichtigt der betreffende Mitgliedstaat in diesem Zusammenhang die dabei erzielten Ergebnisse. Die übrigen Mitgliedstaaten und die Kommission werden von der Aussetzung oder dem Entzug einer Zulassung unterrichtet.
(2) Der Betriebsinhaber bzw. Geschäftsführer des Wildbearbeitungsbetriebs ist verpflichtet, die allgemeine Hygiene hinsichtlich der Produktionsbedingungen in seinem Betrieb im Einklang mit Absatz 4 regelmäßig, unter anderem auch durch mikrobiologische Kontrollen, überwachen zu lassen.
Die Kontrollen müssen sich auf die Einrichtungsgegenstände, Arbeitsgeräte, Maschinen und Geräte auf allen Produktionsstufen sowie erforderlichenfalls auf die Erzeugnisse erstrecken.
Der Betriebsinhaber bzw. Geschäftsführer des Wildbearbeitungsbetriebs muß dem amtlichen Tierarzt oder den Veterinärsachverständigen der Kommission die Art, die Häufigkeit und das Ergebnis der zu diesem Zweck durchgeführten Kontrollen sowie erforderlichenfalls den Namen des mit der Kontrolle beauftragten Labors mitteilen.
Die Art der Kontrollen, ihre Häufigkeit sowie die Methoden der Probenahme und der bakteriologischen Prüfung werden nach dem Verfahren des Artikels 22 festgelegt.
(3) Der Betriebsinhaber bzw. Geschäftsführer des Wildbearbeitungsbetriebs muß ein Schulungsprogramm für das Personal durchführen, mit dem dieses befähigt wird, den der Erzeugungsstruktur angepaßten Bedingungen für eine hygienische Produktion zu entsprechen.
Der für den zugelassenen Wildbearbeitungsbetrieb zuständige amtliche Tierarzt muß an der Gestaltung und Durchführung des Programms beteiligt werden.
(4) Die Überprüfung und Kontrolle der zugelassenen Wildbearbeitungsbetriebe werden unter der Verantwortung des amtlichen Tierarztes durchgeführt, der sich gemäß Artikel 9 der Richtlinie 64/433/EWG von Hilfskräften unterstützen lassen darf. Der amtliche Tierarzt muß jederzeit freien Zugang zu sämtlichen Teiles des Wildbearbeitungsbetriebs haben, um sich zu vergewissern, daß die Bestimmungen dieser Richtlinie eingehalten werden; bei Zweifeln in bezug auf die Herkunft des Fleisches bzw. der erlegten Tiere sind ihm auch die Buchungsunterlagen offenzulegen, anhand derer er das Herkunftsjagdgebiet feststellen kann.
Der amtliche Tierarzt muß in regelmäßigen Abständen die Ergebnisse der Kontrollen nach Absatz 2 analysieren. Je nach dem Ergebnis dieser Analysen kann er

ergänzende mikrobiologische Prüfungen auf allen Produktionsstufen oder an den Erzeugnissen vornehmen.
Das Ergebnis dieser Analysen wird in einem Bericht niedergelegt, dessen Schlußfolgerungen und Empfehlungen dem Betriebsinhaber bzw. Geschäftsführer des Betriebs zur Kenntnis gebracht werden, der dafür Sorge trägt, daß festgestellte Mängel im Hinblick auf die Verbesserung der Hygienebedingungen behoben werden.

Artikel 8

(1) Die Migliedstaaten können bis zum 31. Dezember 1996 Wildbearbeitungsbetrieben, die bei Bekanntgabe dieser Richtlinie die Zulassungsbedingungen nicht erfüllen, Abweichungen von einigen der in Anhang I vorgesehenen Anforderungen einräumen, sofern das Wildfleisch aus diesen Betrieben mit dem einzelstaatlichen Stempel versehen wird.
(2) Eine Abweichung nach Absatz 1 darf nur Wildbearbeitungsbetrieben eingeräumt werden, die vor dem 1. April 1993 bei der zuständigen Behörde einen entsprechenden Antrag eingereicht haben.
Diesem Antrag müssen ein Plan und ein Arbeitsprogramm beigegeben sein, in denen angegeben wird, innerhalb welcher Fristen der Betrieb den in Absatz 1 erwähnten Anforderungen nachkommen kann.
(3) Die Mitgliedstaaten teilen der Kommission vor dem 1. Oktober 1992 mit, nach welchen Kriterien sie beurteilen, ob die Bestimmungen dieses Artikels auf einen Betrieb bzw. eine Kategorie von Betrieben anwendbar sind.

Artikel 9

Die Mitgliedstaaten beauftragen eine zentrale Dienststelle oder Einrichtung mit der Erfassung und Auswertung der Ergebnisse der von dem amtlichen Tierarzt im Hinblick auf die Diagnose von auf den Menschen übertragbaren Krankheiten vorgenommenen Fleischuntersuchung.
Wird eine solche Krankheit diagnostiziert, so sind die den spezifischen Fall betreffenden Ergebnisse unverzüglich den für die Kontrolle des Herkunftsjagdgebiets zuständigen Veterinärbehörden mitzuteilen.
Die Mitgliedstaaten übermitteln der Kommission die Angaben über bestimmte Krankheiten, insbesondere im Falle der Feststellung von auf den Menschen übertragbaren Krankheiten.
Die Kommission legt nach dem Verfahren des Artikels 22 die Durchführungsbestimmungen zu diesem Artikel und insbesondere folgende Einzelheiten fest:
- die Häufigkeit der Vorlage der Angaben bei der Kommission,
- die Art der Angaben,
- die Krankheiten, über die Angaben eingeholt werden müssen,
- die Verfahren für das Einholen und für die Auswertung der Angaben.

Artikel 10

(1) Die Mitgliedstaaten tragen dafür Sorge, daß der Gesundheitszustand des Wilds in den Jagdgebieten auf ihrem Hoheitsgebiet regelmäßig überprüft wird.
(2) Zu diesem Zweck wird eine zentrale Dienststelle oder Einrichtung damit

beauftragt, die Ergebnisse der gemäß dieser Richtlinie durchgeführten Gesundheitskontrollen zu sammeln und auszuwerten, falls auf Mensch oder Tier übertragbare Krankheiten diagnostiziert oder Rückstände über die zulässigen Werte hinaus festgestellt werden.
(3) Wird eine Krankheit oder ein Sachverhalt im Sinne von Absatz 2 festgestellt, so werden die entsprechenden Untersuchungsergebnisse der zuständigen Behörde, der die Überwachung des Jagdgebiets obliegt, so rasch wie möglich mitgeteilt.
(4) Die zuständige Behörde läßt entsprechend der epizootischen Situation spezifische Wilduntersuchungen durchführen, um festzustellen, ob die in Anhang I der Richtlinie 82/894/EWG des Rates über die Mitteilung von Viehseuchen in der Gemeinschaft* genannten Krankheiten vorliegen.
Liegen diese Krankheiten vor, so wird dies der Kommission und den anderen Mitgliedstaaten entsprechend der genannten Richtlinie mitgeteilt.

Artikel 11

(1) Die Mitgliedstaaten ergänzen ihre in Artikel 4 der Richtlinie 86/469/EWG des Rates vom 16. September 1986 über die Untersuchung von Tieren und von frischem Fleisch auf Rückstände** genannten Pläne zur Ermittlung von Rückständen, um Wildfleisch den in jener Richtlinie vorgesehenen Kontrollen im erforderlichen Maße zu unterziehen und im Stichprobenverfahren das Vorhandensein von kontaminierenden Stoffen in der Umwelt feststellen zu können.
(2) Die Mitgliedstaaten sorgen entsprechend den Ergebnissen der in Absatz 1 und in Artikel 10 Absatz 4 genannten Untersuchungen dafür, daß Wild aus beanstandeten Jagdgebieten sowie deren Fleisch vom Handel ausgeschlossen werden.
(3) Die Kommission legt nach dem Verfahren des Artikels 22 die Durchführungsbestimmungen zu dem vorliegenden Artikel fest.

Artikel 12

Sachverständige der Kommission können, soweit dies für die einheitliche Anwendung der vorliegenden Richtlinie erforderlich ist, in Zusammenarbeit mit den zuständigen einzelstaatlichen Behörden Kontrollen an Ort und Stelle durchführen. Im besonderen können sie bei einer repräsentativen Zahl von Wildbearbeitungsbetrieben nachprüfen, ob die zuständigen Behörden dafür sorgen, daß die Vorschriften dieser Richtlinie von den zugelassenen Bearbeitungsbetrieben eingehalten werden. Die Kommission unterrichtet die Mitgliedstaaten über das Ergebnis der durchgeführten Kontrollen.
Der Mitgliedstaat, in dessen Hoheitsgebiet eine Kontrolle vorgenommen wird, gewährt den Sachverständigen bei der Erfüllung ihrer Aufgabe die erforderliche Unterstützung.
Die Durchführungsvorschriften zu diesem Artikel werden nach dem Verfahren des Artikels 22 festgelegt.

* ABl. Nr. L. 378 vom 31. 12. 1982, S. 58. Richtlinie zuletzt geändert durch Entscheidung 90/134/EWG (ABl. Nr. L 76 vom 22. 3. 1990, S. 23).
** ABl. Nr. L 275 vom 26. 9. 1986, S. 36. Richtlinie geändert durch Entscheidung 89/187/EWG (ABl. Nr. L 66 vom 10. 3. 1989, S. 37).

Artikel 13

(1) Unbeschadet der spezifischen Vorschriften dieser Richtlinie führt der amtliche Tierarzt oder die zuständige Behörde bei Verdacht auf Verstoß gegen die Veterinärvorschriften oder bei Zweifeln an der Genußtauglichkeit des Fleisches alle sachdienlich erscheinenden Veterinärkontrollen durch.

(2) Die Mitgliedstaaten treffen verwaltungs- und/oder strafrechtliche Maßnahmen, um Verstöße gegen die gemeinschaftliche Veterinärregelung zu ahnden, insbesondere wenn festgestellt wird, daß die ausgestellten Bescheinigungen oder Dokumente dem tatsächlichen Zustand der Wildfleisches nicht entsprechen, daß die Kennzeichnung nicht dieser Regelung entspricht, daß das Wildfleisch nicht zur Inspektion vorgelegt oder nicht dem ursprünglich vorgesehenen Verwendungszweck zugeführt worden ist.

Artikel 14

(1) Die Vorschriften der Richtlinie 89/662/EWG über die veterinärrechtlichen Kontrollen im innergemeinschaftlichen Handel im Hinblick auf den gemeinsamen Binnenmarkt finden Anwendung, insbesondere in bezug auf die Durchführung der vom Bestimmungsmitgliedstaat vorzunehmenden Kontrollen sowie die Folge- und Schutzmaßnahmen im Zusammenhang mit gesundheitlichen Fragen bei der Erzeugung und Vermarktung von Wildfleisch im Gebiet der Gemeinschaft.

(2) Die Richtlinie 89/662/EWG wird wie folgt geändert:

a) Am Ende des Anhangs A wird angefügt:

»– Richtlinie 92/45/EWG des Rates vom 16. Juni 1992 zur Regelung der gesundheitlichen und tierseuchenrechtlichen Fragen beim Erlegen von Wild und bei der Vermarktung von Wildfleisch.«

b) In Anhang B wird der Gedankenstrich »– Fleisch von freilebenden Wildtieren« gestrichen.

(3) In Artikel 2 Buchstabe *d* der Richtlinie 77/99/EWG des Rates zur Regelung gesundheitlicher Fragen bei der Herstellung und dem Inverkehrbringen von Fleischerzeugnissen und einigen anderen Erzeugnissen tierischen Ursprungs* wird folgender Gedankenstrich hinzugefügt:

»– Artikel 2 Absatz 1 Buchstabe *d* der Richtlinie 92/45/EWG«, das den Anforderungen der Artikel 3 und 5 sowie denen des Kapitels III genügt.

* ABl. Nr. L 26 vom 31. 1. 1977, S. 85, und kodifizierte Fassung ABl. Nr. L 57 vom 2. 3. 1992, S. 4. Richtlinie zuletzt geändert und aktualisiert durch Richtlinie 92/5/EWG (ABl. Nr. L 57 vom 2. 3. 1992, S. 1).

Kapitel III
Vorschriften für Einfuhren in die Gemeinschaft

Artikel 15

Die Bedingungen für die Vermarktung von aus Drittländern eingeführtem Wildfleisch müssen den Bedingungen, die für die Erzeugung und Vermarktung von gemäß Kapitel II gewonnenem Wildfleisch vorgesehen sind, mindestens gleichwertig sein; dies gilt jedoch nicht für die in den Artikeln 6 und 8 vorgesehenen Bedingungen.

Artikel 16

(1) Zu einheitliche Durchführung des Artikels 15 finden die nachstehenden Absätze Anwendung:

(2) Die Einfuhr in die Gemeinschaft ist nur zulässig, wenn es sich um ganze Wildtierkörper oder Wildfleisch handelt, die bzw. das

a) aus Drittländern oder Gebietsteilen stammen bzw. stammt, aus denen die Einfuhr nicht aus tierseuchenrechtlichen Gründen untersagt ist;

b) aus einem Drittland stammen bzw. stammt, das in einem gemäß Absatz 3 Buchstabe a zu erstellenden Verzeichnis genannt ist;

c) mit einer Gesundheitsbescheinigung nach einem gemäß dem Verfahren des Artikels 22 festzulegenden Muster versehen sind bzw. ist, die von der zuständigen Behörde unterzeichnet ist und mit der bescheinigt wird, daß diese Erzeugnisse den in Kapitel II veröffentlichten Anforderungen entsprochen, gegebenenfalls die ergänzenden Bedingungen nach Absatz 3 Buchstabe c erfüllen bzw. erfüllt oder gleichwertige Garantien im Sinne des Absatzes 3 Buchstabe c bieten bzw. bietet und aus Betrieben stammen bzw. stammt, die die in Anhang I vorgesehenen Garantien bieten.

(3) Nach dem Verfahren des Artikels 22 wird folgendes festgelegt:

a) ein vorläufiges Verzeichnis der Drittländer bzw. Teile von Drittländer, die den Mitgliedstaaten und der Kommission die Garantien im Sinne von Absatz 2 Buchstabe c zu bieten vermögen und die ebendort genannten Anforderungen und Bedingungen erfüllen können, sowie das Verzeichnis der Betriebe, für die sie diese Garantien zu bieten vermögen.
Dieses vorläufige Verzeichnis wird anhand der Verzeichnisse der von den zuständigen Behörden der Mitgliedstaaten zugelassenen und kontrollierten Betriebe erstellt, nachdem die Kommission sich vergewissert hat, daß Übereinstimmung mit den Grundsätzen und den allgemeinen Regeln dieser Richtlinie besteht;

b) die aktualisierte Fassung dieses Verzeichnisses nach Maßgabe der in Absatz 4 vorgesehenen Kontrollen;

c) die besonderen Bedingungen sowie die gleichwertigen Garantien in bezug auf die weiteren Anforderungen dieser Richtlinie neben jenen, die es erlauben, entsprechend Artikel 3 Absatz 2 Buchstabe d und Artikel 5 Fleisch für genußuntauglich zu erklären, und jenen des Anhangs I Kapitel IV und V sowie jenen, die nach der Richtlinie 77/96/EWG für die Trichinenschau mit der Methode der künstlichen Verdauung vorgesehen sind; diese Bedingungen und Garantien dürfen – mit Ausnahme der in den Artikeln 6 und 8 vorgesehenen Bedingungen und Garantien – nicht weniger streng als diejenigen des Kapitels II sein.

(4) Sachverständige der Kommission und der Mitgliedstaaten überprüfen an Ort und Stelle,

a) ob die von dem betreffenden Drittland gebotenen Garantien für die Erzeugungs- und Vermarktungsbedingungen mit den in der Gemeinschaft verlangten Garantien gleichgesetzt werden können;

b) ob die Bedingungen nach Artikel 18 erfüllt sind.

Die Sachverständigen der Mitgliedstaaten, die mit der Durchführung dieser Kontrollen zu beauftragen sind, werden von der Kommission auf Vorschlag der Mitgliedstaaten bestellt.

Die Kontrollen werden im Auftrag der Gemeinschaft durchgeführt, die die entsprechenden Kosten übernimmt. Häufigkeit und Einzelheiten der Durchführung dieser Kontrollen werden nach dem Verfahren des Artikels 22 festgelegt.

(5) Solange die in Absatz 4 vorgesehenen Kontrollen noch nicht stattfinden, gelten die einzelstaatlichen Bestimmungen für Inspektionen in Drittländern weiterhin mit der Maßgabe, daß bei diesen Inspektionen festgestellte Verstöße gegen die Hygienevorschriften im Ständigen Veterinärausschuß gemeldet werden.

Artikel 17

(1) Die Mitgliedstaaten sorgen dafür, daß ganze Wildtierkörper oder Wildfleisch nur in die Gemeinschaft eingeführt werden, wenn sie

- mit der in Artikel 16 Absatz 1 Buchstabe c vorgesehene Bescheinigung versehen sind, die von der zuständigen Behörde beim Verladen ausgestellt wird und sowohl die tierseuchenrechtlichen als auch die gesundheitlichen Anforderungen betrifft;
- die von der Richtlinie 90/675/EWG vorgesehenen Kontrollen ohne Beanstandung durchlaufen haben.

(2) Bis zur Festlegung der Durchführungsvorschriften zu diesem Artikel

- gelten für Einfuhren aus Drittländern, für die keine Anforderungen auf Gemeinschaftsebene festgelegt sind, weiterhin die einzelstaatlichen Regelungen, sofern sie nicht günstiger als diejenigen des Kapitels II sind;
- müssen die Einfuhren unter den in Artikel 11 der Richtlinie 90/675/EWG vorgesehenen Bedingungen erfolgen;
- bedarf der Handel mit ganzen Wildtierkörpern oder Wildfleisch, die bzw. das entsprechend den Bestimmungen dieses Absatzes eingeführt wurden bzw. wurde, der vorherigen Zustimmung des Bestimmungslandes.

Artikel 18

In die in Artikel 16 Absatz 2 vorgesehenen Verzeichnisse dürfen nur diejenigen Drittlänger oder Teile von ihnen aufgenommen werden,

a) von denen aus die Einfuhr nicht aufgrund des Auftretens einer der im Anhang A des OIE-Verzeichnisses genannten Krankheiten oder einer sonstigen für die

Gemeinschaft exotischen Krankheit bzw. aufgrund der Richtlinie 72/462/EWG* Artikel 6, 7 und 14 oder aufgrund der Richtlinie 91/494/EWG Artikel 9 bis 12 verboten ist;

b) die aufgrund ihrer Rechtsvorschriften und des Aufbaus ihres Veterinärdienstes und ihrer Inspektionsdienste, der Befugnisse dieser Dienste und der Aufsicht, der sie unterliegen, gemäß Artikel 3 Absatz 2 der Richtlinie 72/462/EWG oder gemäß Artikel 9 Absatz 2 der Richtlinie 91/494/EWG anerkanntermaßen die Anwendung der geltenden Rechtsvorschriften garantieren können;

c) deren Veterinärdienst die Einhaltung von den Vorschriften des Kapitels II mindestens gleichwertigen Gesundheitsvorschriften garantieren kann.

Artikel 19

(1) Es gelten die Grundsätze und Bestimmungen der Richtlinie 90/675/EWG, insbesondere hinsichtlich der Durchführung der von den Mitgliedstaaten vorzunehmenden Kontrollen und der Folge- und Schutzmaßnahmen.
Unbeschadet der Einhaltung der in Unterabsatz 1 genannten Grundsätze und Bestimmungen gelten bis zum Beginn der Anwendung der Beschlüsse nach Artikel 8 Nummer 3 und Artikel 30 der Richtlinie 90/675/EWG weiterhin die einschlägigen einzelstaatlichen Durchführungsbestimmungen zu Artikel 8 Nummern 1 und 2 der genannten Richtlinie.

Kapitel IV
Schlußbestimmungen

Artikel 20

Diese Richtlinie berührt nicht die gemeinschaftlichen Vorschriften zur Erhaltung der Tierwelt.

Artikel 21

Der Rat ändert auf Vorschlag der Kommission mit qualifizierter Mehrheit die Anhänge, um sie insbesondere an den technischen Fortschritt anzupassen.

Artikel 22

(1) Wird auf das in diesem Artikel festgelegte Verfahren Bezug genommen, so befaßt der Vorsitzende des durch den Beschluß 68/361/EWG** eingesetzten Ständigen Veterinärausschusses, nachstehend »Ausschuß« genannt, diesen unverzüglich von sich aus oder auf Antrag eines Mitgliedstaats.

* Richtlinie 72/462/EWG des Rates vom 12. Dezember 1972 zur Regelung viehseuchenrechtlicher und gesundheitlicher Fragen bei der Einfuhr von Rindern und Schweinen und von frischem Fleisch aus Drittländern (ABl. Nr. L. 302 vom 31. 12. 1972, S. 28). Richtlinie zuletzt geändert durch Richtlinie 91/497/EWG (ABl. Nr. L 268 vom 24. 9. 1991, S. 69).

** ABl. Nr. L 255 vom 18. 10. 1968, S. 23.

(2) Der Vertreter der Kommission unterbreitet dem Ausschuß einen Entwurf der zu treffenden Maßnahmen. Der Ausschuß gibt seine Stellungnahme zu diesem Entwurf innerhalb einer Frist ab, die der Vorsitzende unter Berücksichtigung der Dringlichkeit der betreffenden Frage festsetzen kann. Die Stellungnahme wird mit der Mehrheit abgegeben, die in Artikel 148 Absatz 2 des Vertrags für die Annahme der vom Rat auf Vorschlag der Kommission zu fassenden Beschlüsse vorgesehen ist. Bei der Abstimmung im Ausschuß werden die Stimmen der Vertreter der Mitgliedstaaten gemäß dem vorgenannten Artikel gewogen. Der Vorsitzende nimmt an der Abstimmung nicht teil.

(3) a) Die Kommission erläßt die beabsichtigten Maßnahmen und führt sie unverzüglich durch, wenn sie mit der Stellungnahme des Ausschusses übereinstimmen.

b) Stimmen die beabsichtigten Maßnahmen mit der Stellungnahme des Ausschusses nicht überein oder liegt keine Stellungnahme vor, so unterbreitet die Kommission dem Rat unverzüglich einen Vorschlag für die zu treffenden Maßnahmen. Der Rat beschließt mit qualifizierter Mehrheit.

Hat der Rat nach Ablauf einer Frist von drei Monaten von seiner Befassung an keinen Beschluß gefaßt, so werden die vorgeschlagenen Maßnahmen von der Kommission erlassen, es sei denn, der Rat hat sich mit einfacher Mehrheit gegen diese Maßnahmen ausgesprochen.

Artikel 23

(1) Die Mitgliedstaaten erlassen die erforderlichen Rechts- und Verwaltungsvorschriften, um dieser Richtlinie vor dem 1. Januar 1994 nachzukommen. Sie setzen die Kommission unverzüglich davon in Kenntnis.

Wenn die Mitgliedstaaten die Vorschriften nach Unterabsatz 1 erlassen, nehmen sie in den Vorschriften selbst oder durch einen Hinweis bei ihrer amtlichen Veröffentlichung auf diese Richtlinie Bezug. Die Mitgliedstaaten regeln die Einzelheiten der Bezugnahme.

(2) Die Mitgliedstaaten teilen der Kommission gegebenenfalls den Wortlaut der wichtigsten innerstaatlichen Rechtsvorschriften mit, die sie auf dem unter diese Richtlinie fallenden Gebiet erlassen.

Artikel 24

Diese Richtlinie ist an die Mitgliedstaaten gerichtet.

Geschehen zu Luxemburg am 16. Juni 1992

Im Namen des Rates
Der Präsident

Anhang I *(zur EG-Richtlinie)*

Kapitel III

Hygienevorschriften für die Zurichtung von Wild und die Zerlegung und Behandlung von Wildfleisch

1. Wildtiere müssen unmittelbar nach dem Erlegen folgenden Arbeitsgängen unterzogen werden:
   - großes Wild muß aufgebrochen und ausgeweidet werden;
   - Die Brustorgane, die vom Tierkörper abgetrennt werden, sowie die Leber und die Milz sind dem Wildtierkörper bis zum Wildbearbeitungsbetrieb beizufügen und so zu kennzeichnen, daß der amtliche Tierarzt die Beschau der Eingeweide zusammen mit der Beschau des übrigen Tierkörpers vornehmen kann; die übrigen Bauchorgane sind zu entfernen und an Ort und Stelle zu untersuchen. Der Kopf kann als Trophäe abgenommen werden;
   - Kleinwild kann unbeschadet des in Artikel 3 Absatz 1 Buchstabe a dritter Gedankenstrich der vorliegenden Richtlinie vorgesehenen Falles an Ort und Stelle oder im Bearbeitungsbetrieb ganz oder teilweise ausgeweidet werden, wenn die Wildtiere bei einer Raumtemperatur von höchstens 4 °C innerhalb von zwölf Stunden nach dem Erlegen in den genannten Betrieb verbracht werden.
2. Das Wild muß nach den Arbeitsgängen im Sinne von Nummer 1 auf eine Innentemperatur von +7 °C oder weniger bei großem Wild und +4 °C oder weniger bei Kleinwild abgekühlt werden. Reicht die Außentemperatur dafür nicht aus, so ist das erlegte Wild möglichst bald, spätestens jedoch innerhalb von 12 Stunden nach dem Erlegen in den Wildbearbeitungsbetrieb oder in eine Sammelstelle zu verbringen, wobei
   - ganze Tierkörper von großem Wild unter zufriedenstellenden Hygienebedingungen – insbesondere dürfen sie nicht übereinandergestapelt werden – so schnell wie möglich nach den Arbeitsgängen im Sinne von Nummer 1 zu einem Wildbearbeitungsbetrieb transportiert werden müssen;
   - ganzen Wildtierkörpern, deren Eingeweide bereits einer tierärztlichen Inspektion unterzogen wurden, bei der Beförderung zum Bearbeitungsbetrieb eine Bescheinigung des Tierarztes beizugeben ist, in der das positive Ergebnis der Inspektion und der ungefähre Zeitpunkt des Erlegens des Tieres vermerkt sind.
3. Das Ausweiden muß – außer in dem nach Artikel 3 Absatz 1 Buchstabe d zugelassenen Fall – unverzüglich nach dem Eintreffen im Wildbearbeitungsbetrieb durchgeführt werden, sofern es nicht an Ort und Stelle vorgenommen wurde. Lunge, Herz, Leber, Nieren, Milz und Mittelfell können entweder abgetrennt werden oder in natürlichem Zusammenhang mit dem Tierkörper verbunden bleiben.
4. Bis zum Abschluß der Inspektion ist dafür zu sorgen, daß nicht untersuchte Tierkörper und Nebenprodukte mit bereits untersuchten Tierkörpern und Ne-

benprodukten nicht in Berührung kommen können; die Entfernung von Tierkörperteilen, das Zerlegen oder eine weitere Behandlung des Tierkörpers sind verboten.

5. Es ist zu vermeiden, daß vorläufig beschlagnahmtes oder für genußuntauglich erklärtes Fleisch, Mägen, Därme und ungenießbare Nebenprodukte mit für genußtauglich erklärtem Fleisch in Berührung kommen, und sie sind baldmöglichst in dafür bestimmte Räume oder Behältnisse zu verbringen, die so gelegen und konzipiert sein müssen, daß eine Kontamination von sonstigem Fleisch vermieden wird.
6. Das Herrichten, die Behandlung, die weitere Bearbeitung und die Beförderung von Fleisch einschließlich der Nebenprodukte müssen unter Beachtung der Hygienevorschriften erfolgen. Beim Verpacken dieses Fleisches sind die Bedingungen von Kapitel VIII einzuhalten. Verpacktes Fleisch darf nicht im selben Raum wie unverpacktes oder nicht umhülltes Fleisch lagern.
7. Die zuständigen Behörden legen die besonderen Vorschriften für die Inspektion der Trophäen fest, die der Jäger aufbewahren möchte.

Kapitel V
Fleischuntersuchung

1. Alle Teile des Wildtieres sind binnen 18 Stunden nach Eingang im Bearbeitungsbetrieb auf die Genußtauglichkeit des Wildfleischs hin zu untersuchen, wobei insbesondere die Leibeshöhle so geöffnet sein muß, daß sie besichtigt werden kann.
2. Auf Verlangen des amtlichen Tierarztes sind Wirbelsäule und Kopf längs zu spalten.
3. Bei der Fleischuntersuchung muß der amtliche Tierarzt folgende Untersuchungen vornehmen:
   a) die Besichtigung des Wildtieres und seiner Organe.
   Reichen die Ergebnisse der Besichtigung für eine Beurteilung nicht aus, so ist eine weitergehende Untersuchung im Laboratorium durchzuführen. Solche Untersuchungen können sich auf eine für die Beurteilung der gesamten gemeinsamen Strecke ausreichende Stichprobenzahl beschränken;
   b) eine Untersuchung auf Abweichung der Konsistenz, der Farbe und des Geruchs;
   c) das Durchtasten der Organe, soweit er dies für erforderlich erachtet;
   d) eine stichprobenweise Rückstandsuntersuchung, insbesondere bei begründetem Verdacht.
   Wird eine weitergehende Untersuchung wegen begründeten Verdachts durchgeführt, so ist die Beurteilung aller Tiere einer gemeinsamen Strecke oder von Teilen davon, von denen den Umständen nach angenommen werden kann, daß sie die gleichen Abweichungen aufweisen, so lange zurückzustellen, bis die weitergehende Untersuchung abgeschlossen ist;
   e) eine Untersuchung auf Merkmale, die das Fleisch als gesundheitlich bedenklich erscheinen lassen. Diese liegen insbesondere vor bei

i) vom Jäger mitgeteilten abnormen Verhaltensweisen und Störungen des Allgemeinbefindens;
ii) Geschwülsten oder Abzessen, wenn sie zahlreich oder verteilt in inneren Organen oder in der Muskulatur vorkommen;
iii) Arthritis, Orchitis, Veränderungen der Leber oder Milz, Darm- oder Nabelentzündung;
iv) fremdem Inhalt in den Körperhöhlen, insbesondere Magen- und Darminhalt oder Harn, wenn Brust- oder Bauchfell verfärbt sind;
v) erheblicher Gasbildung im Magen- und Darmkanal mit Verfärbung der inneren Organe;
vi) erheblichen Abweichungen der Muskulatur oder der Organe in Farbe, Konsistenz oder Geruch;
vii) offenen Knochenbrüchen, soweit sie nicht unmittelbar mit der Jagd in Zusammenhang stehen;
viii) Kachexie und/oder Hydrämie ganz allgemein oder an bestimmten Stellen;
ix) frischen Verklebungen oder Verwachsungen von Organen mit Brust- oder Bauchfell;
x) sonstigen erheblichen augenfälligen Veränderungen, wie z. B. Fäulnis.

4. Der amtliche Tierarzt muß alles Wildfleisch beschlagnahmen lassen,
   - das Verletzungen – mit Ausnahme von beim Erlegen entstandenen frischen Verletzungen –, Mißbildungen oder örtlich begrenzte Abweichungen aufweist, soweit diese Verletzungen, Mißbildungen oder Abweichungen sich auf die Genußtauglichkeit des Wildfleischs auswirken oder die menschliche Gesundheit gefährden;
   - das von Tieren stammt, die nicht gemäß den einzelstaatlichen Jagdvorschriften erlegt worden sind;
   - bei dem die Fleischuntersuchung ergeben hat, daß Merkmale gemäß Nummer 3 Buchstabe e vorliegen;
   - das von ganzen Kleinwildtierkörpern stammt, die gemäß Artikel 3 Absatz 1 Buchstabe d vierter Gedankenstrich beschlagnahmt worden sind;
   - bei dem Trichinose festgestellt wurde.
5. Im Verdachtsfall kann der amtliche Tierarzt an den betreffenden Teilen der Tiere weitere Schnitte und Inspektionen vornehmen, die für eine endgültige Entscheidung notwendig sind.
   Stellt der amtliche Tierarzt fest, daß ein eindeutiger Verstoß gegen die Hygienevorschriften dieses Kapitels oder ein Hindernis für eine angemessene Gesundheitsinspektion vorliegt, so ist er befugt, auf die Verwendung von Arbeitsgeräten und Räumen Einfluß zu nehmen und alle erforderlichen Maßnahmen zu treffen; diese können soweit gehen, daß der Produktionsprozeß vorübergehend ausgesetzt wird.
6. Die Ergebnisse der Fleischuntersuchungen werden vom amtlichen Tierarzt registriert und bei Feststellung einer auf den Menschen übertragbaren Krankheit im Sinne des Artikels 3 Absatz 1 Buchstabe d dritter Gedankenstrich oder des Artikels 9 den für die Kontrolle des Gebiets zuständigen Veterinärbehörden, in dem das Wild gejagt wird, sowie der für dieses Gebiet verantwortlichen Person mitgeteilt.

Kapitel X
Lagerung

Nach der Fleischuntersuchung muß Wildfleisch gekühlt oder gefroren und bei einer Temperatur gelagert werden, die zu keinem Zeitpunkt +4 °C gekühltes Fleisch von Kleinwild und +7 °C für gekühltes Fleisch von großem Wild und −12 °C für gefrorenes Fleisch übersteigt.

Kapitel XII
Beförderung

1. Beim Versand von Wildfleisch ist hinsichtlich der Beförderungsdauer und der Beförderungsbedingungen sowie der eingesetzten Beförderungsmittel sicherzustellen, daß das Fleisch während der Beförderung gegen jegliche Kontamination oder andere Beeinträchtigung seiner Qualität geschützt ist. Insbesondere müssen die für die Beförderung verwendeten Fahrzeuge so ausgestattet sein, daß die in Kapitel X angegebenen Temperaturen nicht überschritten werden.
2. Wildfleisch darf nur in gereinigten und desinfizierten Beförderungsmitteln transportiert werden.
3. Tierkörper und Tierkörperhälften sind – mit Ausnahme von Gefrierfleisch in hygienisch einwandfreier Verpackung – stets hängend zu befördern; eine Ausnahme bildet die Beförderung auf dem Luftweg.
   Andere Teilstücke sind entweder hängend oder auf Unterlagen zu befördern, falls sie sich nicht in Verpackungen oder korrosionsfesten Behältnissen befinden. Die Unterlagen, Verpackungen und Behältnisse müssen hygienisch einwandfrei sein und, soweit es sich insbesondere um die Verpackungen handelt, den Vorschriften dieser Richtlinie entsprechen. Sie sind vor jeder Wiederverwendung zu reinigen und zu desinfizieren.
4. Der amtliche Tierarzt hat sich vor dem Versand davon zu überzeugen, daß die Beförderungsmittel und die Ladebedingungen den in diesem Kapitel genannten hygienischen Anforderungen entsprechen.

Notizen

Notizen

Notizen